KB061438

원격수업의 설계와 운영

-미래교육을 이끄는 수업 지침서-

유선주 · 노혜란 · 박미혜 공저

학지사

▶ 머리말

∥ ▶◀ ◆ ─────────────────────────────

 2007년 박사학위 취득을 위해서 다니던 직장을 그만두고 떠난 미국의 대학교에서 처음 맡은 일은 테크니컬 컨설턴트(Technical Consultant)였습니다. 테크니컬 컨설턴트로서 원격으로 진행하는 교육과정의 콘텐츠를 개발하고 운영을 지원하는 업무를 수행하였습니다. 주요 학습 대상자는 재교육을 받고자 하는 현직교사들과 온라인 석사학위 취득을 원하는 전 세계 다양한 국적의 학생들이었습니다. 제가 처음으로 원격교육을 가까이에서 경험한 시기입니다. 이때 실시간 원격화상수업과 무들(Moodle)이라는 학습지원 시스템의 토론 게시판을 활용한 블렌디드 학습(Blended Learning)의 형태로 수업하였습니다.

 특수한 교육사례라고 생각하였던 원격교육을 COVID-19로 인해 초·중·고등학생뿐만 아니라 대학생과 조직 구성원 역시 재택근무로 원격화상회의를 경험하고 있습니다. 이제 원격교육은 예비교사들이 새롭게 수업역량을 키워야 할 영역으로 부각되었으며 기업의 교육담당자, 평생교육기관의 교사 및 강사에게도 필요한 지식과 기술 영역이 되었습니다. 그러나 최근 시중에 출판된 여러 원격수업 책은 오랜 원격교육의 경험과 연구를 충분히 반영하고 있지 못하고, 너무 이론적이거나 실용적으로 치우쳐 있습니다. 이 책은 원격수업의 설계와 운영에 관심을 가진 예비교사, 교육담당자를 포함한 교육계 종사자들이 쉽고 편하게 원격수업의 이론을 이해하여 적용할 수 있도록 대화체로 풀어서 서술하였습니다. 이 책을 원격수업을 위한 교재로 활용할 경우, 다양한 학습자 참여형 수업이 가능하도록 학습활동을 제공하고 이론과 사례를 모두 풍부하게 다루고자 하였습니다.

이 책은 크게 세 부분으로 구성하였습니다. 예비교사를 주요 대상으로 내용을 구성하였기에 예비교사는 순서대로 학습하고, 일반교사나 교육담당자라면 관심 있는 부분을 선택적으로 읽어 보시기를 추천드립니다.

제1부는 원격수업의 이해에 대한 내용으로 원격교육의 현재와 미래, 역사와 쟁점, 이론을 기술하였습니다. 제2부는 원격수업의 설계에 대한 내용으로 교수체제설계, 유형별 설계, 혼합형 원격수업 설계, 평가 설계를 다루었습니다. 제3부는 원격수업의 개발 및 운영에 대한 내용으로 콘텐츠 개발 시 유의사항, 운영 도구, 상호작용 전략, 사례를 포함하였습니다. 향후 원격수업에서 가장 많이 변화될 내용은 원격수업의 운영 도구와 사례일 것입니다.

박사학위를 받기까지 수많은 사람의 도움 없이는 결코 가능하지 않다는 사실을 깨달았던 그때처럼 한 권의 책이 나오기까지 수많은

분의 도움이 있었습니다. 방학 기간 쉼 없이 글을 쓰신 공저자들의 노력에 감사드립니다. 공저자분들이 함께하지 않았다면 아마 이 책은 출판될 기회가 없었을 것입니다. 원격 분야에 대하여 때로는 망원경의 관점으로, 현미경의 관점으로 공저자들과 토론하며 새롭게 학습하고 성찰할 수 있었습니다. 책의 출판을 허락하여 주신 학지사 김진환 사장님, 책의 기획을 위해 애써 주신 한승희 부장님, 책이 나오기까지 긴 시간 동안 노력해 주신 학지사의 홍은미 님을 비롯한 학지사 관계자분들 모두 감사드립니다. 마지막으로, COVID-19로 인해 초등학교 2, 3학년을 원격수업으로 보낸 조카가 그려 준 그림을 토대로 책 표지를 디자인해 봤습니다. 표지 디자인에 아이디어를 준 조카 유서영에게도 특별한 감사를 전합니다.

2022년 3월
저자들을 대표하여
유선주

6

▶ 차례

제3부 | 원격수업의 개발 및 운영

제1장

원격수업의 오늘

1. 원격수업의 개념
2. 원격수업의 최근 이슈

학습목표 ●●●●●

1. 원격수업의 개념을 설명할 수 있다.

2. 원격수업의 진화된 학습전략을 블렌디드 학습, 형식적·비형식적 학습의 결합인 컨버전스 학습과 글로벌 학습 측면에서 설명할 수 있다.

주요 용어

- 원격수업(remote instruction): COVID-19에 대응하기 위해 교육부에서 사용한 정식 용어로서 교수자와 학습자가 동일한 장소에 있지 않고, 인터넷이나 방송 등 다양한 방식을 이용한다. 학교에서 이루어지는 대면수업의 교육을 원격수업에서도 동일하게 교육하기 위하여 교수자와 학습자 및 학습자와 학습자 간에 다양한 상호작용을 통하여 교육을 실시하는 것이다.

- 원격교육(distance education): 교수자와 학습자가 분리된 상태의 교육을 효과적으로 지원하기 위하여 제도적 기반으로 상호작용적 원격통신을 활용함과 동시에 다양한 형태의 학습자료를 공유하는 교육 형태이다.

- 원격학습(distance learning): 인쇄, 방송, 컴퓨터와 같은 상호작용을 지원하는 테크놀로지를 통해 이루어지는 자기주도적인 학습이나 비계획적인 학습 형태이다.

- 블렌디드 학습(blended learning): 두 가지 이상의 전달 매체나 방법을 결합하여 활용함으로써 학습 효과를 증진시키기 위한 전략으로 주로 이러닝 방식과 전통적인 대면 교육의 장점을 결합·활용하는 학습전략이다.

- 형식 학습(formal learning): 특정 목적을 달성하기 위해 이론적이고 체계적인 교육을 주로 교수자에 의해 의도적으로 전달하는 학습 방식이다.

- 비형식 학습(informal learning): 실용적이고 비체계적으로 이루어지는 학습 방식으로서 학습자의 내적 동기를 기반으로 하여 학습자 주도적으로 이루어지는 학습 방식이다.

- 컨버전스 학습(convergence learning): 형식 학습과 비형식 학습을 결합하여 이루어지는 학습전략이다.

- 글로벌 학습(global learning): 첨단 정보통신 공학의 발달로 인해 교육의 접근성이 특정 지역이나 국가에 한정되지 않고, 전 세계의 다른 나라에 교육 서비스를 제공하거나 다른 나라의 교육 서비스를 제공받는 교육이다. 이때 교육은 주로 첨단 원격교육 매체를 활용한다.

1. 원격수업의 개념

1) 원격교육의 정의와 특징

원격교육(distance education)은 일반적으로 교사·학생 간 물리적 거리가 존재하는 환경에서 인쇄, 방송, 컴퓨터와 같은 상호작용을 지원하는 테크놀로지를 통해 교육이 이루어지는 방식(Schlosser & Simonson, 2002)을 의미합니다. 원격교육의 정의는 1972년 국제통신교육협의회(International Council for Correspondence Education)에서 처음으로 용어가 소개된 이후 개념이 확장되고 다양해졌습니다(조은순, 염명숙, 김현진, 2012). 팬데믹 이후 학교 현장에서 많이 사용되고 있는 용어인 원격수업(romote learning)은 오랜 전통을 가지는 원격교육과 다소 개념상에 차이가 있습니다. 먼저 원격교육의 정의를 살펴보도록 하겠습니다.

〈표 1-1〉 원격교육의 정의

구분	정의
무어(Moore, 1973)	교사·학생 간 물리적 거리가 존재하는 환경에서 가르치기 위해서 인쇄자료, 전자기기 또는 기계 장치와 같은 의사소통 수단을 활용하는 교육 형태
키건(Keegan, 1986)	학생과 교사의 분리, 교육조직의 영향, 교사와 학습자를 연결하는 매체 사용, 쌍방향 의사소통 교환, 학습 그룹의 부재, 그룹보다는 개인으로서의 학습자, 산업화된 형태로서의 교육

칸(Khan, 2005)	원격교육 범주의 하나인 이러닝은 인터넷 자원과 디지털 테크놀로지를 활용하여 개방성, 융통성, 분산성을 가진 학습환경을 제공하며, 누구나 원하는 시간에 원하는 장소에서 잘 설계된 학습자 중심의 쌍방향 학습을 가능하게 하는 학습 방법
신나민, 이선희, 김수연 (2021)	교수자와 학습자가 공간적으로 분리된 상황에서 매체를 통해 중재되는 교수 · 학습 활동

원격교육(distance education)은 이러닝(e-learning), 사이버교육(cyber education), 원격학습(distance learning), 온라인 학습(online learning)과 혼용되어 사용되기도 합니다. 그러나 원격교육은 이러닝(e-learning), 사이버교육(cyber education), 원격학습(distance learning), 온라인 학습(online learning)과 엄밀하게 그 개념이 다르다고 할 수 있습니다.

먼저, 이러닝은 전자매체를 사용하는 원격교육의 한 유형이라고 할 수는 있으나, 이러닝이 원격교육을 의미하지는 않습니다(신나민, 이선희, 김수연, 2021). 왜냐하면 원격교육에는 이러닝이 아닌 형태도 있기 때문입니다. 이러닝(e-learning)은 'electronic learning'의 약자로 1999년 엘리엇 마시(Elliott Masie)에 의해 처음 사용되었다고 알려졌습니다. 이러닝의 정의를 살펴보면 '전자적 수단, 정보통신 및 전파 · 방송 기술을 활용하여 이루어지는 학습'이라고 합니다(이러닝산업발전법, 2015). 사이버교육은 사이버공간에서 일어나는 교육으로 원격교육의 한 유형이라고 할 수는 있으나, 이러닝과 마찬가지로 사이버교육이 원격교육을 의미하지는 않습니다(신나민 외, 2021). 인쇄매체, 라디오, 텔레비전, 오디오나 비디오 콘퍼런싱을 통해서 원격교육을 실시하는 경우도 있기 때문입니다. 원격학습 역시 원격교육과 다르다고 할 수 있습니다. 원격교육은 '교수자와 다른 시간 혹은 공간에서 계획된 학습에 참여하는 학습자에게 인쇄나 전자적 소통매체를 통해 이루어지는 교육'이라는 정의(McIsaac & Gunawardena, 2001)에 따르면, 계획되지 않은 자기주도적 학습이나 비계획적인 원격학습은 원격교육의 정의에 포함되지 않는다고 보기 때문입니다(신나민 외, 2021).

키건(Keegan, 1980)은 원격교육의 핵심 요인을 다음과 같이 여섯 가지로 제시하였습니다.

- 교수자와 학습자의 반영구적 분리
- 교육조직의 영향 아래에서 교육 참여(형식적 교육 형태임을 강조)
- 기술매체의 이용
- 쌍방향 커뮤니케이션의 제공
- 지속적이지 않은 간헐적 학습 모임으로 개별학습이 기본 형태
- 산업화된 형태의 교육

키건(Keegan)이 제시한 핵심 요소 중에서 '산업화된 형태의 교육'은 교수활동이 교수자의 역량에 의존하기보다는 하나의 코스가 설계, 개발, 운영되는 과정이 체계적이어야 하며, 이런 시스템을 갖춘 교육기관에 의해 실행되어야 한다고 강조하고 있습니다(신나민 외, 2021). 그러나 정인성과 나일주(2004)는 미국교육공학회와 라이스(AECT & Rise, 1997)의 의견을 바탕으로 키건이 제시한 원격교육의 핵심 요소를 다음과 같이 비판하였습니다(노혜란, 2011).

- 텔레콘퍼런싱 기술의 발달은 원격교육에서 교사와 학생이 공간적으로 분리되어 있으나, 같은 시간대에 가르치고 배울 수 있는 환경을 제공하고 있어 '교사와 학생 간의 분리'가 반드시 시공간적 분리를 의미하지 않는다.
- '개별학습이 기본 형태'는 최근 기술의 변화로 교사와 다른 학생과의 토론이나 협동적 과제수행을 위한 협동학습으로 통합되어 진행된다.
- 지금까지 원격교육이 대다수 학생을 대상으로 산업화된 형태로 이루어졌으나, 소수 학생을 대상으로 특화되어 제공되는 사례가 증가하고 있다.

정인성과 나일주(2004)는 물리적인 거리, 매체 활용, 설계·개발·운영상의 과정적 특성 강조, 상호작용이라는 네 가지로 원격교육의 특징을 정리하였습니다. 신나민(2007)은 원격교육의 구성 요소를 교수자, 학습자, 교과 내용, 소통매체, 교수활동의 사전기획과 준비로 요약하였습니다. 여러 학자의 정의와 구성 요소를 기반으로 원격교육을 정의하면, '교수자와 학습자의 물리적인 교수·학습 환경의 제약을 극복할 수 있도록 다양한 기술적·문화적·사회적·교육적 지원을 통해 교육의 질을 향상시킬 수 있도록 지원하는 대안적 교육 형태'를 의미합니다(노혜란, 2011).

원격교육을 다른 개념과 구분하고 지나치게 한정하여 접근하기보다는 원격교육이 다른 교육 형태와 어떻게 통합될 수 있는지에 대한 관심을 가지는 것이 중요할 수 있습니다. 현재 매우 빠르게 변화하고 있는 다양한 교육의 모습을 원격교육과 관련하여 이해하고 적용하는 것이 필요합니다. 우리는 이미 세계에서 유명한 대학들이 고유의 대학 강좌를 무료로 인터넷에 공개하여 일반인들과 고품질의 콘텐츠를 공유하고 있으며, 교육의 수용자였던 학습자들이 다양한 방식을 통해 콘텐츠의 생산자가 된 세상을 맞이했기 때문입니다.

2) 원격교육의 필요성

역사적으로 볼 때 면대면 교육에 참여하기 어려운 학습자를 위한 대안으로 원격교육이 생겨났습니다. 지극히 실제적인 요구 때문에 원격교육이 필요한 것이었습니다. 그러나 최근에는 면대면 수업의 단점을 보완하거나 새로운 혁신적인 교육에 대한 요구 때문에 원격교육에 대한 관심이 커지고 있습니다. 테크놀로지의 발전에 따라 원격교육을 구성하고 있는 측면이 보다 복잡해지고 그 한계에 대한 많은 문제가 제기됨에 따라 이를 이해하고 적절한 해결책을 제시하는 연구의 필요성이 점차 증가하고 있습니다.

원격교육 연구에서 제기하는 실제적 요구가 무엇인지 대학교육의 기회 제공, 평생학습사회 구현, 기업의 직무훈련 기회 제공 그리고 초 · 중등학교의 교육문제 해결의 네 가지 측면으로 구분하여 살펴보고자 합니다(신나민, 2007; 이동주, 임철일, 임정훈, 2019).

(1) 대학교육의 기회 제공

원격교육의 가장 전통적인 교육 형태는 원격대학교(distance university)입니다. 국내와 서구의 교육 발전에 있어서 대학은 매우 중요한 위치에 있습니다. 근대화 과정에서 초·중등교육의 대중화를 경험하면서 대학교육 역시 자연스럽게 대중화되었습니다. 특히 제2차 세계대전 이후 대학교육의 수요가 급격히 증가하게 되었습니다. 영국은 해럴드 윌슨(Harold Wilson)에 의하여 1969년 개방 대학교(The Open University)가 설립되었습니다.

국내의 경우에도 1972년 영국의 개방 대학교와 유사한 형태의 '한국방송통신대학교'가 설립되었습니다. 2년제 초급 대학과정으로 시작하여 1991년 4년제 학사과정으로 개편되었으며 2021년 기준 재학생이 104,613명에 이릅니다. 한편, 2000년에 공표된 「평생교육법」을 근거로 사이버대학교가 설립되면서 대학교육의 기회는 더욱 확대되기 시작하였습니다. 2020년 현재 고등교육기관으로서 한국디지털대학교, 경희사이버대학교, 한국사이버대학교를 포함한 19개의 사이버대학교와 2개의 평생교육시설로서의 원격대학교인 21개의 대학이 총 101,551명의 정원으로 운영되고 있습니다(사이버대학정보센터, 2020).

영국의 개방 대학교 그리고 국내의 한국방송통신대학교와 일반 사이버대학교의 사례에서 볼 수 있듯이 원격교육의 필요성은 무엇보다도 대학교육의 확대에서 찾을 수 있습니다. 이 점은 기본적으로 성인들을 대상으로 이루어지는 대학 수준의 교육 형태가 원격교육의 전형이라는 인식에 영향을 끼치게 됩니다.

(2) 평생학습사회 구현

원격교육은 평생학습사회를 구현하는 과정에서 매우 중요합니다. 1970년대 유엔 교육 과학 문화 기구(United Nations Educational, Scientific and Cultural Organization: UNESCO), 경제협력개발기구(Organization for Economic Cooperation and Development: OECD) 등의 교육 관련 국제기구가 평생학습의 개념을 소개한 이후 평생학습은 이제 현대사회의 새로운 교육 패러다임으로 자리 잡고 있습니다. 특히 지식정보사회의 도래와 함께 기존의 전통적인 학교교육만으로는 개인의 생존과 자아실현이 어려워지면서 전 인생에 걸쳐서 학습이 이루어지는 것을 지향하는 평생학습의 개념이 강조되고 있습니다. 평생학습의 이념을 구현하는 과정에서 원격교육은 매우 중요한 기능을 담당합니다. 앞에서 언급한 대학교육의 기회를 성인들에게 제공하는 측면은 물론, 이 외에도 다양한 성인학습의 기회가 원격교육의 형태로 제공되고 있습니다. 예컨대, 이미 대학을 마치고 자신의 생업에 종사하면서도 또 하나의 학위를 취득하기 위해 사이버대학교를 다니는 사람들이 점차 증가하고 있습니다. 석사학위 수준 이상의 대학원 과정을 인터넷 기반의 대학을 통해 이수하는 경우 역시 늘어나고 있습니다. 또한 온라인 대중 공개수업(Massive Open Online Course: MOOC) 등 각종 교육기관에서 운영하는 일반인 대상의 온라인 강좌가 점차 증가하고 있습니다.

(3) 기업의 직무훈련 기회 제공

1990년대 중반 이후 인터넷의 도입과 확산으로 전통적인 기업의 교육훈련에도 변화가 생겼습니다. 면대면의 강의실 교육훈련이 아닌 인터넷 기반의 정보통신기술을 활용한 교육훈련 방식인 이러닝이 사회 전반에 활용되었습니다. 특히 이러닝이 기업의 교육훈련 방식에 큰 변화를 가져오게 되면서 기존의 연수원 중심의 집합식 교육의 틀에서 벗어나 이러닝 형태의 원격교육이 국내외를 막론하고 급속하게 성장하였습니다. 국내의 경우만 하더라도 지난 1999년 이후 인터넷 기반의 원격교육을 노동부의 「고용보험법」에 의거하여 재정을 지원하는 제도가 운영되면서 폭발적으로 증가하는 추세를 보였습니다. 기업의 직원들에 대한 전통적인 집합식 교육훈련 기회의 제공은 제한적일 수밖에 없었습니다. 교육시설이나 비용의 한계 때문에 수많은 직원은 적절한 교육 기회를 가지지 못하였습니다. 그러나 이러닝의 도입과 함께 반드시 연수원 등의 기관에 가지 않고 업무 현장에서 업무를 수행하면서도 필요한 교육훈련에 참여하는 것이 가능해졌습니다. 이처럼 이러닝 형태의 원격교육이 기업 교육훈련의 새로운 방식으로 활용되기 시작하였습니다.

(4) 초 · 중등학교의 교육문제 해결

원격교육은 전통적인 면대면 교육의 대체 방법으로서 일부 교수자와 학습자가 참여하는 제한된 사례였습니다. 그러나 전통적인 교실 수업의 대체 방법으로 특정 교수자와 학생에게만 적용되던 원격교육이 2020년 COVID-19의 상황으로 초 · 중등학교 교육과 대학교육 전체로 확대되었습니다. 전 세계 대부분의 국가에서 온라인 개학이 이루어지며 원격수업(remote learning)이 중심 위치를 차지하였습니다. 오늘날 원격수업을 통해 질적으로 우수한 교수·학습 경험을 어떻게 제공할 것인가의 문제는 교사들에게 중요한 위치를 차지하였습니다. 과거에는 공교육기관인 초·중등학교에서의 원격수업은 방송통신중·고등학교와 같이 특수한 학습자를 위한 교육(정순원, 2020)과 보충학습용으로 실시하였습니다. 초·중등학교에서는 일부 상황을 제외한 모든 학생을 대상으로 하는 원격수업을 인정하는 법적 근거가 마련되어 있지 않았기 때문입니다. COVID-19 초기 초·중등학교에서는 학교 단위의 플랫폼을 확보하고 있지 못했기 때문에 e-학습터나 EBS 온라인 클래스와 같은 보충학습용 공공 플랫폼을 활용하였고, 일부 교사는 민간 플랫폼(예: 구글 클래스룸)을 사용하였습니다. 콘텐츠의 측면에서 지식의 원천은 대부분 교수자였으며, 교사가 직접 만든 콘텐츠가 가장 많이 활용되었고 EBS 콘텐츠도 활용되었습니다(교육부, 2020b). 교육활동은 교육부에서 정한 지침에 따라서 실시간 화상수업과 콘텐츠 활용 수업, 과제 기반을 중심으로 이루어졌습니다. 협력학습이나 토의식 수업과 같은 학습자 활동 중심 수업은 원격수업에서 많이 활용되지 못하였습니다.

3) 원격수업의 정의와 특징

원격수업(remote learning)은 최근 COVID-19로 인해 교육부(2020a)의 「원격수업 운영 기준안」에서 사용한 공식 용어입니다.

원격수업과 원격교육은 서로 혼용하여 사용하는 경우도 많으나, 전혀 다른 개념으로 보기도 합니다. COVID-19 초기 정상적인 학교교육이 어려웠을 때 최소한의 교육을 위해 운영된 실시간 원격수업은 화상회의 도구를 활용하여 대면 교실의 시간표와 대면 교사의 강의 모습을 그대로 가져오는 점을 강조하였습니다(계보경, 김혜숙, 이용상, 김상운, 손정은, 2020).

원격수업은 교수와 학생이 동일한 장소에 있지 않고, 인터넷이나 방송 등 다양한 방식을 이용하여 대면수업의 교육을 원격수업에서도 동일하게 교육하기 위한 교수와 학생 및 학생과 학생 간 다양한 상호작용으로 교육을 실시하는 것이라고 정의할 수 있으며 특징은 다음과 같습니다(조인식, 2020).

- 실시간과 비실시간 원격수업으로 구분할 수 있다.
- 실시간 화상수업과 콘텐츠 활용 수업(인터넷 동영상 강의), 과제 기반의 활동 중심으로 구분할 수 있다.
- 정해진 커리큘럼에 따라 대면 수업의 공백을 최소화하기 위해 정해진 수업 시간에 참여하여야 한다.
- 교수자와 학생들이 동일한 물리적 공간에 모여서 교육을 진행하지 않고 인터넷을 통해 온라인상에서 교육이 진행되기 때문에 교수와 학생들 및 학생과 학생 간의 상호작용이 중요하다.

〈표 1-2〉 원격수업의 유형과 특징

실시간 화상수업	콘텐츠 활용 수업	과제 기반의 활동 중심 수업
• 실시간 원격교육 플랫폼을 활용하여 교사와 학생 간 화상수업을 실시하며, 실시간 토론 및 소통 등 즉각적인 피드백이 가능한 수업	• 학생은 지정된 녹화강의 혹은 학습 콘텐츠를 시청하고 교사는 학습 내용을 확인 · 피드백하는 수업	• 교사가 교과별 성취기준에 따라 온라인으로 학생들에게 과제 제시 후 피드백하는 수업

출처: 교육부(2020a).

원격수업은 원격교육과 달리 여전히 교수자와의 상호작용을 전제로 합니다. 온라인 커뮤니티, 이메일, 학습관리 시스템을 통해서 학습자의 학습에 대한 학습 방향을 안내하고 피드백하는 교수자의 역할을 강조하고 있습니다.

2. 원격수업의 최근 이슈

원격수업이 첨단 정보통신공학의 발달로 인해 점차 고도화되면서 국경을 넘어 이루어지는 원격수업의 글로벌화 현상이 나타나고 있습니다. 원격수업 분야에서 국제화가 강조되는 점은 첨단 정보통신공학의 발달로 인해 교육으로의 접근성이 크게 향상되면서 원격수업 프로그램이나 서비스가 특정 지역 혹은 국가에 국한되지 않고 전 세계로 널리 확산되었기 때문입니다. 뿐만 아니라 원격수업에도 경제논리가 널리 확산되면서 재정 향상을 위한 목적으로도 자국의 원격수업 프로그램을 전 세계적으로 수출하려는 움직임이 활발히 일어나고 있습니다.

또한 원격수업은 인터넷을 기반으로 하는 테크놀로지의 발전과 불가분의 관계를 맺고 있습니다. 유선을 기반으로 하던 인터넷이 무선으로 진화하고, 언제 어느 곳에서나 인터넷에 접속하여 자신이 원하는 다양한 활동을 수행할 수 있는 유비쿼터스 컴퓨팅(ubiquitous computing) 시대가 오면서 첨단매체를 기반으로 하는 원격수업 역시 고도화 · 첨단화될 가능성이 높기 때문입니다. 아울러 온라인 환경과 오프라인 환경을 결합하여 교수 · 학습 활동을 수행하는 블렌디드 학습(blended learning)의 확산, 여러 가지 기능을 한 매체에서 수행할 수 있도록 고안된 융복합 매체의 등장, 형식 교육과 비형식 교육의 결합을 통해 학습 효과를 극대화하려는 노력, 기존에는 존재하지 않았던 새로운 형태의 원격교육기관의 등장 역시 미래 원격교육의 모습을 지금보다 많이 변모시킬 가능성이 매우 높습니다. 다음에서는 원격수업의 글로벌화와 블렌디드 학습, 컨버전스 학습에 대한 원격수업의 주요 이슈를 살펴보고자 합니다.

1) 글로벌 교육

최근 원격교육 분야에서 국제화가 강조되는 것은 첨단 정보통신공학의 발달로 인해 교육으로의 접근성이 크게 향상되었기 때문입니다. 원격교육이 단순히 특정 지역이나 국가에만 한정되지 않고 전 세계에 교육 서비스를 제공하거나 다른 나라의 교육 서비스를 자국에서 제공받는 것이 가능해졌습니다. 신나민(2007)은 최근 원격교육에서 국제화 경향이 나타나고 있는 원인을 다음과 같이 네 가지로 정리하였습니다.

첫째, 글로벌 교육은 교육 기회의 확대에 기여합니다. 지식은 날로 전문화 · 세분화되어 가고 있으며 제한된 지적 자원을 가진 개발도상국뿐만 아니라 선진국에서도 학습자가 원하는 교육을 자국 내에서 모두 제공해 주기 힘들어지게 되었습니다. 그렇기 때문에 자국에는 없는 원격교육 서비스를 다른 나라에서 찾을 수 있는 글로벌 교육이 강조됩니다.

둘째, 글로벌 교육은 질 좋은 교육으로의 접근성을 높일 수 있습니다. 특정 교육에 대한 요구가 자국 내에서 충족될 수 있더라도 '수입된 교육'이 질적으로 더 우수하다면 소비자에게 선택할 권리를 보장해 주어야 하기 때문에 최근 들어 점차 원격교육의 서비스도 양질화 · 국제화되어 가고 있습니다.

셋째, 글로벌 교육은 학습자의 국제이해능력을 향상시키는 데 도움을 줍니다. 이는 교수자와 학습자들이 다인종 · 다민족 · 다국적의 배경을 가지고 있기 때문에 생기는 부수적인 효과로서 학습자 간 상호작용은 서로 다른 문화와 세계관에 대한 이해와 관용성을 키워 주게 됩니다.

넷째, 원격교육 코스 자체가 본질적으로 글로벌한 성격을 요구하기도 합니다. 유럽의 경영학 석사학위 프로그램과 인문학의 경우 유럽 개별 국가들의 특성을 강조하기보다는 그것을 아울러서 통합적으로 이해하는 접근을 필요로 합니다. 대개 글로벌 교육은 교육 프로그램이나 코스를 제공함으로써 이루어지는데, 글로벌 코스는 학습자 구성이 글로벌하다는 점, 교수자나 교육기관이 글로벌 학습자를 유치하겠다는 의도를 공식적으로 표명한다는 점, 교육과정 또한 다국적 학생을 염두에 두고 개발한다는 점, 글로벌 학생을 지원하는 시스템이 구축되어 있다는 점과 같은 특징이 있습니다.

최근 비교적 규모가 큰 원격교육기관들은 자국의 학생들은 물론 다른 나라 학생들을 교육 대상으로 유치함으로써 경제적인 측면에서 적극적으로 이익을 추구하려는 노력을 기울이고 있습니다. 때문에 모국어뿐만 아니라 영어나 기타 외국어로 구성된 교육 프로그램을 전략적으로 개발하는 한편, 다국적 학생들을 대상으로 적절한 서비스를 지원하기 위한 지원 시스템을 구축하여 실행하고 있습니다. 이러한 경향은, 특히 고등교육을 비롯한 성인교육, 기업교육 분야에서 두드러지게 나타나는데, 전 세계적으로 교육에 대한 정부의 재정적 지원은 줄어들고 대학진학 연령 인구는 점차 감소하여 그로 인해 원격수업의 비용효과성을 극대화할 수밖에 없는 원격교육기관들의 현실과도 밀접하게 관련이 있습니다.

원격교육의 국제화가 전 세계적인 원격교육의 대표적인 동향이라 할 수 있긴 하지만, 글로벌 원격교육이 반드시 긍정적인 효과만 있는 것은 아닙니다. 원격교육을 글로벌화하는 데 핵심 역할을 수행하는 것이 첨단 정보통신기술에 기반을 둔 컴퓨터와 인터넷이라는 점 그리고 원격교육을 글로벌화하려는 노력 자체가 경제적 원리를 기반으로 원격교육의 시장을 확대하려는 목적을 갖고 있다는 점 때문입니다. 신나민(2007)은 무어(Moore) 등 원격교육 국제화에 관심을 갖고 있는 원격교육 학자들의 논의에 기초하여 글로벌 원격교육이 갖고 있는 문제점을 크게 세 가지로 지적하고 있습니다.

첫째, 글로벌 원격교육은 지식의 '디지털화'를 조장하는 측면이 있습니다. 이는 글로벌 교육이 컴퓨터와 인터넷을 기반으로 하는 첨단 정보통신기술에 의존하고 있기 때문에 나타나는 문제라고 볼 수 있습니다. 전자화하거나 디지털로 전환할 수 있는 지식이나 정보는 글로벌 원격교육 콘텐츠로 쉽게 선정될 수 있지만, 그렇지 않은 지식과 정보는 글로벌 원격교육 콘텐츠에서 배제되는 문제가 발생할 수 있다는 것입니다. 지식 중에는 선언적 지식처럼 쉽게 이러닝 콘텐츠로 전환하여 학습자에게 전달될 수 있는 것이 있는 반면, 지식 소유자에게 체화된 암묵지식이나 심화지식 같은 경우 쉽게 디지털화하거나 이러닝 콘텐츠로 전환하기 어려운 것도 있습니다(Nonaka & Takeuchi, 1995; Yoo & Huang, 2016). 이러한 지식은 이러닝 콘텐츠로 개발하는 것이 가능하더라도 학습자들에게 지식을 전달하는 과정에서 지식의 본래 의미가 왜곡되거나 변질되는 경우가 적지 않기 때문에 온라인을 통해 교류되는 것 자체가 교육적으로 효과가 없을 수도 있습니다.

둘째, 글로벌 원격교육은 기본적으로 소비주의 논리에 입각해 있다고 볼 수 있습니다. 즉, 교육자와 학습자의 관계를 공급자와 소비자로 보는 관점으로 교육도 결국 서비스 중 하나라는 것입니다. 수요자가 존재하면 공급자가 존재하듯 소비적 관점에서 보는 사람들은 자국이 보유한 것을 원격교육을 원하는 해외 사람들에게 해당 서비스를 제공하는 것이 큰 문제가 아니라고 보는 시각이 적지 않습니다. 그렇지만 원격교육 서비스를 이윤 추구만을 위한 목적으로 볼 경우 교육의 본질보다는 교육 서비스를 사고파는 것에만 초점을 맞추게 되어 결과적으로 교육의 가치와 목적이 상실될 가능성이 매우 큽니다. 학습의 질에 초점을 맞추기보다 이윤 추구에 치우침으로써 결과적으로 교육의 질이 떨어질 위험이 높습니다. 흔히 시장 경쟁이 상품의 질을 높일 것이라고 기대하지만 교육과 같은 공공재의 경우 반드시 그런 결과를 가져오는 것은 아닙니다. 특히 최근에는 컴퓨터와 인터넷을 기반으로 하여 누구든지 쉽게 원격교육기관이나 학습 관련 기업을 설립·운영하여 원격교육 서비스를 제공할 수 있기 때문에 질적으로 우수성이 확보된 원격교육 콘텐츠를 제공하지 못하거나, 체계적이고 충실하게 학습자 관리를 하지 못함으로써 부실교육을 양산할 가능성이 적지 않습니다.

셋째, 글로벌 원격교육은 문화적 제국주의에 기여할 수 있습니다. 교육 프로그램을 통해 특정 문화와 사회의 가치관이 보편적이고 일반적인 것처럼 전달할 위험이 있다는 것입니다. 원격교육의 국제화를 위해 사용되는 보편적인 언어가 영어인 것은 물론, 전 세계적으로 국제 원격교육 사업을 추진·운영하는 데 있어서 미국의 영향이 절대적인 것은 사실입니다. 문화적 제국주의는 원격교육에서뿐만 아니라 일반 글로벌 교육에서도 많은 쟁점이 되고 있습니다. 따라서 원격교육에서도 이 문제를 어떻게 해결할 것인지에 대한 진지한 고민이 있어야 합니다. 예컨대, 원격교육 프로그램 개발 단계에서부터 다양한 국가나 지역 전문가들이 함께 참여한다든지 원격교육 과정의 설계·개발·운영자들이 문화적 다양성을 충분히 고려하여 과정을 개발하고 학습자들을 관리하는 등의 적절한 노력이 수반되어야 할 것입니다.

2) 원격수업에서의 블렌디드 학습

블렌디드 학습은 무언가를 '섞다' '결합하다' '혼합하다' '조화시키다' 등의 의미를 갖고 있는 'blend'에 기초한 용어입니다. 일반적으로 이러닝을 통해 전통적인 면대면 교육 방식이 갖고 있던 시간과 공간상의 제약 및 상호작용성의 한계를 극복하려던 노력에서 한 걸음 더 나아가, 이러닝 방식에 전통적인 면대면 교육이 갖고 있는 교육적 장점을 결합·활용함으로써 학습 효과를 극대화하기 위한 교수설계 전략으로 알려져 있습니다(임정훈, 2004). 블렌디드 학습은 온라인 교육과 오프라인 교육 각각이 갖고 있는 단점을 보완하면서 동시에 고유의 장점을 효과적으로 활용할 수 있다는 점, 시공간적 한계를 뛰어넘어 학습의 장을 확대시켜 줄 수 있다는 점, 다양한 소통 채널을 통해 개인차를 만족시키는 학습자 중심의 학습이 가능하다는 점, 학습 성취 향상에 기여할 수 있다는 점 등 여러 가지 교육적 유용성이 있는 것으로 알려졌습니다. 이러닝 분야에서는 이미 수년 전부터 블렌디드 학습을 다양하게 적용하려는 노력이 활발히 진행되어 왔으며, 기업교육이나 평생교육은 물론 최근에는 학교교육까지 블렌디드 학습을 적용하려는 노력을 시도하고 있습니다.

실제로 온라인을 통해 모든 교수·학습 활동과 학사관리가 이루어지는 국내 사이버대학교에서도 오프라인 특강이나 면대면 세미나 등을 통해 부분적으로 면대면 활동을 적용하고 있습니다. 한국방송통신대학교에서도 기본적으로 라디오, 텔레비전, 교재, 이러닝 콘텐츠가 수업을 위한 주요 매체로 활용되지만, 출석 수업이나 특강 등의 방식으로 교수자와 학습자가 직접 만나서 수업을 진행하는 방식도 활용하고 있습니다. 물론 여기에는 많은 논란이 있을 수 있습니다. 원격수업 자체가 교수자와 학습자가 '거리'라는 측면에서 서로 다른 곳에 존재한 상태에서 교수·학습이 이루어지는 것인데, 인위적으로 오프라인 활동을 추가하거나 학습자들로 하여금 면대면 참여를 요구하는 것이 '과연 타당한가'라는 문제가 제기될 수 있기 때문입니다. 또한 학습자에게 면대면 참여를 요구할 경우 수도권에 사는 학생들과 비수도권에 사는 학생들 간에 교육의 불균형이 발생할 수 있기 때문에 오프라인 활동을 원격교육기관에서 하도록 강조하거나 유도하는 것이 바람직하지 않다는 지적도 제기되고 있습니다. 그렇지만 블렌디드 학습을 온라인과 오프라인 활동을 결합하는 방식으로 보지 않고 '학습매체나 학습전략의 혼합'이라는 관점에서 접근할 때, 원격수업에서 블렌디드 학습의 활용은 고려할 만한 가치가 매우 높습니다(임정훈, 2018). 즉, 블렌디드 학습을 오프라인, 온라인과 같은 학습환경의 결합보다는 다양한 매체와 교수·학습 방법을 적절히 혼합하여 활용하는 방식을 뜻하는 것으로 이해할 필요가 있습니다. 원격수업을 더욱 풍요

롭게 하는 교수·학습 전략으로 블렌디드 학습을 적극 고려할 필요가 있다는 것입니다. 예컨대, 온라인으로 이루어지는 원격수업이라 할지라도 이러닝 콘텐츠를 기반으로 한 비실시간 원격수업과 웹 카메라를 활용한 실시간 원격수업을 혼합할 수도 있고 교재를 통한 개별적 자율학습 활동과 온라인 커뮤니티를 활용한 협력학습 활동을 혼합할 수도 있을 것입니다. 따라서 향후 원격수업의 블렌디드 학습은 단순히 온라인과 오프라인을 결합한 학습 방식을 지칭하는 블렌디드 학습의 개념에서 벗어나 원격수업 환경에서 여러 교수·학습 매체나 방법, 전략, 지원체제 등을 어떠한 조합으로 결합하여 학습 성과를 향상시킬 것인지에 대한 블렌디드 학습 전략과 방법론의 탐색이 요구됩니다(이동주 외, 2019).

3) 형식 학습과 비형식 학습의 결합: 컨버전스 학습

2000년대 들어 일부 학자들은 첨단 정보통신공학의 발달로 등장한 이러닝이 차세대 교육 패러다임의 변화, 매체기술 환경의 변화, 학습자의 심리적 요소에 기초하여 새롭게 변모할 것이라고 제안한 바 있습니다(조광수, 장근영, 계보경, 정태연, 이수진, 2005). 그 변화의 핵심은 바로 형식 학습과 비형식 학습이 결합된 컨버전스 학습으로서 미래에는 체계적이며 특정 목적을 갖고 의도적으로 전달하는 형식 학습에만 국한되지 않고, 실용적이고 비체계적이며 학습자의 내적 동기를 기반으로 학습자 주도적으로 이루어지는 비형식 학습이 결합된 교육 방식이 주목을 받게 될 것이라는 점입니다.

현대사회는 스스로 학습하지 않으면 살아남기 어려운 사회가 되고 있고 교육 분야에서도 교수자보다 더욱 전문적인 지식과 경험을 갖고 있는 학습자가 등장하여 기존의 교수와 학습의 경계가 불분명한 학습과정이 나타날 수 있습니다(염명숙, 조은순, 2006). 그렇기 때문에 원격수업을 실시하는 기관 역시 공식적으로 개발하여 학습자에게 제공하는 원격수업 코스는 물론 학습자들이 자발적으로 학습에 참여하는 비형식적 코스나 활동을 장려하고 그것을 원격수업의 성과를 극대화하는 데 적절히 활용하는 방안을 깊이 고민할 필요가 있습니다.

비형식 학습은 학습자들이 어느 곳에서든지 내적 동기를 기반으로 하여 자기주도적으로 학습을 수행하기 때문에 몰입도가 높고 성취도 또한 매우 높게 나타납니다. 원격수업 학습자들은 많거나 적은 차이가 있을 뿐 비형식 학습을 수행하게 되는데, 앞으로는 비형식 학습의 비중이 점차 높아지게 될 가능성이 높습니다. 향후 원격수업 분야에서는 학습자들이 어떤 상황에서 자발적이고 능동적으로 비형식 학습에 참여하는지를 파악하여 형식 학습과 연계시키거나 형식 학습을 보조해 줄 수 있는 방안을 적극적으로 모색할 필요가 있습니다. 그래야만 자기주도적이며 자발적인 학습을 통해 의미 있는 학습 효과를 극대화할 수 있기 때문입니다.

학습활동

1. COVID-19 전후로 원격수업에 어떤 변화가 있는지 유사점과 차이점을 논의해 봅시다.

2. 전 세계인들을 대상으로 글로벌 원격수업을 설계할 때 특별히 유의해야 할 사항을 논의해 봅시다.

참고문헌

교육부(2020a). 코로나-19 감염병 대응: 2020학년도 초 · 중 · 고 · 특수학교 원격수업 운영 기준안. 세종: 교육부.

교육부(2020b). 체계적인 원격수업을 위한 운영 기준안 마련. Press Release. Retrieved from https://blog.naver.com/moeblog/221875590767.

계보경, 김혜숙, 이용상, 김상운, 손정은, 백송이(2020). COVID-19에 따른 초 · 중등학교 원격교육 경험 및 인식 분석: 기초 통계 결과를 중심으로. 한국교육학술정보원 연구자료, GM 2020-11.

노혜란(2011). 원격교육론. 경기: 교육과학사.

사이버대학정보센터(2020). 사이버대학 통계. http://www.cuinfo.net/home/eudc/statistics.sub.action?gnb=55&gubunNm=univ&sttYear=2020.

신나민(2007). 원격교육입문: 기술복제시대 교육에 대한 이해. 경기: 서현사.

신나민, 이선희, 김수연(2021). 교사와 예비교사를 위한 원격교육론. 서울: 박영스토리.

염명숙, 조은순(2006). 인터넷 세대를 위한 원격교육활용론. 서울: 남두도서.

이동주, 임철일, 임정훈(2019). 원격교육론. 서울: 한국방송통신대학교 출판문화원.

임정훈(2004). 혼합형학습(blended learning) 전략의 초 · 중등학교 현장 적용 가능성 탐색. 교육학 연구, 42(2), 399-431.

정순원(2020). 초중등학교의 원격수업에 관한 법령 현황 및 개선 방안. 한국교육, 47(2), 53-82.

정인성, 나일주(2004). 원격교육의 이해(2판). 경기: 교육과학사.

조광수, 장근영, 계보경, 정태연, 이수진(2005). 학습자의 흥미·동기·몰입 강화에 기반한 차세대 e-러닝 학습 모델 및 개발 방법론 연구. 한국교육학술정보원 연구보고서.

조은순, 염명숙, 김현진(2012). 원격교육론. 경기: 양서원.

조인식(2020). 대학의 원격수업 관련 쟁점과 개선과제. 서울: 국회입법조사처.

AECT., & Rise. (1997). *Distance education: Review of the literature.* (2nd ed.). Washington, D.C.: Association for Educational Communications and Technology.

Bozkurt, A., Akgun-Ozbek, E., Yilmazel, S., Erdogdu, E., Ucar, H., Guler, E., & Aydin, C. H. (2015). Trends in distance education research: A content analysis of journals 2009-2013. *International Review of Research in Open and Distributed Learning, 16*(1), 330-363.

Garrison, D. R., & Shale, D. (1987). Mapping the boundaries of distance education: Problems in defining the field. *American Journal of Distance Education, 1*(1), 7-13.

Keegan, D. (1980). *On Defining Distance Education, Distance Education, 1*(1), 13-36.

Keegan, D. (1986). *The foundations of distance education* (2nd ed.). London: Routledge.

Khan, B. H. (Ed.). (2005). *Managing e-learning: Design, delivery, implementation, and evaluation.* Hershey, PA: Information Science Publishing.

McIsaac, M. S., & Gunawardena, C. N. (1996). Distance education. In D. H. Jonassen (Ed.), *Handbook of research for educational communications and technology* (pp. 403-437). New York:

Simon & Schuster.

Moore, M. G. (1973). Toward a Theory of Independent Learning and Teaching. *The Journal of Higher Education, 44*(9), 661-679.

Nonaka, I., & Takeuchi, H. (1995). *The knowledge-creating company: How Japanese companies create the dynamics of innovation.* New York: Oxford University Press.

Schlosser, L. A., & Simonson, M. (2002). *"Distance education: Definition and glossary of terms."* Bloomington, IN: Association for Educational Communications and Technology.

Yoo, S. J., & Huang, W. D. (2016). Can e-learning system enhance learning culture in the workplace? A comparison among companies in South Korea. *British Journal of Educational Technology, 47*(4), 575-591.

이러닝산업발전법. http://law.go.kr.

제2장
원격수업의 미래

1. 첨단 정보통신기술 발전에 따른 원격수업의 미래 모습
2. 학습관리 시스템에서 학습경험 플랫폼으로 발전

학습목표 ●●●●

1. 원격수업의 발전 방향과 미래의 모습을 그릴 수 있다.
2. 원격수업에서 활용되는 학습관리 시스템과 학습경험 플랫폼의 차이를 구분할 수 있다.

주요 용어

- 인공지능(artificial intelligence): 학습, 문제해결, 패턴 인식 등과 같이 주로 인간 지능과 연결된 인지문제를 해결하는 데 주력하는 컴퓨터 공학 분야이다.

- 머신러닝(machine learning): 인공지능 기술 중 하나로, 명시적으로 컴퓨터를 프로그래밍하는 대신, 컴퓨터가 데이터를 통해 학습하고 경험을 통해 개선하도록 훈련하는 데 중점을 둔 알고리즘으로 대규모 데이터세트에서 패턴과 상관관계를 찾고 분석을 토대로 최적의 의사결정과 예측을 수행하도록 훈련하는 것이다.

- 가상현실(virtual reality): 컴퓨터 등을 사용하여 인공기술로 만들어 낸, 실제와 유사하지만 실제가 아닌 어떤 특정한 환경이나 상황 혹은 그 기술 자체이다.

- 증강현실(augmented reality): 가상현실(VR)의 한 분야로서 실제로 존재하는 환경에 가상의 사물이나 정보를 합성하여 마치 원래의 환경에 존재하는 사물처럼 보이도록 하는 컴퓨터 그래픽 기술이다.

- 메타버스(metaverse): 메타버스 또는 확장 가상세계는 가상, 초월의 의미인 '메타(meta)'와 세계, 우주의 의미인 '유니버스(universe)'를 합성한 신조어로 실제 일상생활과 법적으로 인정되는 직업, 금융, 학습 등의 다양한 활동이 연결된 가상세계이다.

- 학습관리 시스템(learning management system): 학습자의 학습 과정과 결과를 효율적으로 관리할 수 있도록 학습자와 교수자를 지원하는 시스템이다. 최근에는 학습 콘텐츠 관리 시스템을 별도로 구축하여 기 개발된 콘텐츠의 재사용성과 공유성을 높이도록 하고 있다. e-학습터, 온라인클래스 등이 이에 해당된다.

- 학습 경험(learning experience): 학습이 이루어지는 학습과정, 프로그램, 상호작용 또는 학습에서 발생되는 경험이다. 형식 학습(예: 학교, 교실, 원격수업 등)과 비형식 학습(예: 학교 밖 장소와 야외환경에서의 학습, 인터넷 검색 등)에서 발생하는 활동을 모두 지칭한다.

- 학습경험 플랫폼(learning experience platform): 학습자에게 학습 콘텐츠, 학습

도구, 소통의 기회, 학습활동 등의 학습 경험을 개인화하여 제공하는 큐레이션 플랫폼이다. 큐레이션(curation)은 다른 사람이 만들어 놓은 콘텐츠를 목적에 따라 가치 있게 구성하고 배포하는 일을 지칭한다.

1. 첨단 정보통신기술 발전에 따른
원격수업의 미래 모습

인터넷 기반의 이러닝이 도입되면서 원격수업의 방법과 유형이 다양화되고 교육 대상이 급속하게 확대되었던 것처럼, 미래에도 테크놀로지의 발전은 원격수업의 방식과 양상을 다양화시킬 것으로 예상됩니다. 이러한 관점을 토대로 미래의 원격수업에 대한 전망을 첨단 테크놀로지인 인공지능, 가상현실과 증강현실, 메타버스를 중심으로 살펴보고자 합니다.

1) 인공지능 기술을 활용한 교육

인공지능(Artificial Intelligence: AI)은 학습, 문제해결, 패턴 인식 등과 같이 주로 인간지능과 연결된 인지문제를 해결하는 데 주력하는 컴퓨터 공학 분야입니다(부산광역시교육청, 2019).

교육 분야에서는 인공지능을 학습과정에서의 불필요한 요소를 없애 학습의 최적화를 이끌어 낼 수 있는 수단으로 보고 있습니다. 인공지능을 활용한 학습 도구는 학습자들의 흥미 유발 및 학습동기를 지속적으로 유지할 수 있도록 돕습니다. 또한 인공지능이 교육에 접목되면 개인 맞춤형 학습이 가능해집니다. 학습자 개개인의 학습능력을 파악해 데이터를 종합한 후 최적의 성과를 내기 위한 방법을 실시간으로 제공할 수 있습니다(부산광역시교육청,

2019).

　인공지능을 기반으로 한 맞춤형 수학 교육 플랫폼 '노리(Knowre)'는 수학 문제 풀이 단계를 쪼개고 단위화하여, 학습자들이 문제를 풀 때 어느 과정에 풀이가 막히는지 인공지능으로 파악할 수 있습니다. 문제풀이 검색 플랫폼 '콴다(Qanda)'는 학습자들이 모르는 수학 문제를 촬영하기만 하면 풀이와 해답을 알려 주는 기능을 갖추었습니다. 광학문자판독(OCR) 기술로 수학 문제를 인식하고, 문제은행을 머신러닝(machine learning)으로 학습해 어떤 문제든 대응할 수 있도록 설계되었습니다. 머신러닝은 인공지능 기술 중 하나로, 명시적으로 컴퓨터를 프로그래밍하는 대신 컴퓨터가 데이터를 통해 학습하고 경험을 통해 스스로 개선하도록 훈련하는 데 중점을 둡니다. 머신러닝에서 알고리즘은 대규모 데이터 세트의 패턴과 상관관계를 찾고 분석한 결과를 토대로 최적의 의사결정과 예측을 수행하도록 훈련됩니다(홍선주 외, 2020).

　인공지능의 활용은 교수자들에게도 여러 가지 편리함을 제공할 수 있습니다. 대표적인 사례가 인공지능을 활용한 학습자들의 과제나 성적 평가입니다. 자동 작문평가 시스템(Automatic Essay Scoring)이 대표적 사례 중 하나인데, 작문평가는 교수자들의 엄청난 시간과 노력이 투입되어야 하는 까다로운 작업입니다. 수천 개의 학습자 작문 결과와 평가과정을 머신러닝에 학습시키면 인간의 피드백을 대체할 만큼의 결과를 제공할 수 있다고 합니다. 인공지능 기술이 활용된 학습관리 플랫폼이나 협업 툴을 사용함으로써 단순반복적인 과제평가나 성적 처리는 인공지능 프로그램에

맡기고, 학습 콘텐츠를 개발하는 데 교수자의 역량을 집중할 수 있습니다. 사람이 판별하기 어려운 시험 부정도 인공지능이 추적한 행동 패턴을 통해 알아낼 수 있습니다. 오픈소스 무크(MOOC) 플랫폼 에드엑스(Edx)는 하버드 대학교, 매사추세츠 공과대학교 등 11개의 주요 대학교와 함께 에드엑스 자동채점 시스템(Edx System Automatic Grading System)을 개발하고 있습니다.

최근 인공지능 기반의 챗봇, 머신러닝, 자연어 처리와 같은 세련된 기술은 수업 피드백을 발전시키는 데 많은 기여를 하였습니다. 챗봇을 통해 정량적·정성적 피드백 수집도 용이해졌습니다. 대화형 인터페이스를 활용하여 실제 인터뷰와 동일한 의견을 수집할 수 있습니다. 또한 인터뷰 과정에서 답변과 개인별 성향에 근거해 최적화된 질문을 제공하고 응답한 의견에 대한 근거를 분석하는 과정도 용이해졌습니다. 자기평가, 점수, 동료평가, 효과적인 교수·학습 방법 등의 과학적인 데이터를 더 많이 더 깊이 연계할수록 교수자의 역량을 강화할 수 있는 보다 명확한 정보를 더 얻을 수 있습니다. 이렇게 수많은 데이터가 전 세계의 다른 교수자들과 공유될수록 더 강력한 교수자의 역량강화 방법이 개발될 것입니다(부산광역시교육청, 2019).

2) 가상현실과 증강현실 기술을 활용한 교육

가상현실(Virtual Reality: VR)은 컴퓨터 등을 사용하여 인공기술로 만들어 낸, 실제와 유사하지만 실제가 아닌 어떤 특정한 환경이나 상황 혹은 그 기술을 의미합니다. 증강현실(Augmented Reality: AR)은 가상현실의 한 분야로서 실제로 존재하는 환경에 가상의 사물이나 정보를 합성하여 마치 원래의 환경에 존재하는 사물처럼 보이도록 하는 컴퓨터 그래픽 기술입니다.

학습자들은 새로운 정보통신기술이 적용된 교육용 콘텐츠에 몰입(flow)하게 되는 신기 효과(novelty effect)를 경험할 수 있습니다. 가상현실과 증강현실은 모두 가상성에 바탕을 두고 있습니다. 컴퓨터가 구축한 가상공간 속에 사용자를 몰입하게 하는 기술인 가상현실과 TV 영상과 같은 현실의 중간에 위치하는 증강현실 기술은 사용자의 실제 환경에 가상의 정보를 더해 줌으로써 실재감을 향상시킬 수 있는 기술입니다. 사용자가 가지고 있는 기존의 실제 환경 정보를 유지한다는 점에서 증강현실 기술은 컴퓨터가 생성한 환경에 실제 환경을 완전히 대체하는 가상현실 기술과 차이가 있습니다. 증강현실은 실제 현실세계에서의 맥락성을 유지하며 3차원의 가상객체를 통해 증강된 정보를 학습자에게 제공합니다. 또한 기존 데스크 톱 PC를 통해 지배적으로 활용하던 그래픽 인터페이스(Graphic User Interface: GUI) 방식이 아닌 구체적인 실제세계의 사물을 가지고 가상객체를 조작하는 실물형 인터페이스(Tangible User Interface: TUI)를 제공합니다. 이러한 매체적 특성으로 증강현실은 체험에 의한 학습(learning by doing)과 실제적인 학습(authentic learning)을 가능하게 함으로써 학습에서의 실재감(presence)과 몰입(flow)을 높여 학습 효과를 극대화할 수 있습니다(장상현, 계보영, 2007).

3) 메타버스

COVID-19로 비대면 사회가 성큼 다가오고 대용량 정보를 고속으로 전송할 수 있는 5G(5세대 이동통신) 통신망이 확충되면서 메타버스가 주목받고 있습니다. 가상세계에서 입학식, 졸업식, 신입사원 연수를 진행하거나 아이돌 뮤직비디오 공개, 팬 사인회를 진행하는 일도 흔합니다.

메타버스란 초월, 추상을 의미하는 '메타(meta)'에 세계, 우주를 의미하는 '유니버스(universe)'가 더해진 합성어로, 현실과 연동된 가상의 세계라는 뜻입니다. 가상세계에서 아바타의 모습으로 구현된 개인이 서로 소통하고 돈을 벌고 소비하며 놀이·업무를 하는 것을 넘어 우리가 살고 있는 현실세계와 가상세계를 쌍방향으로 연동하는 개념으로 점차 확장되고 있습니다(김상균, 2020).

메타버스 어원을 찾자면 30년 전으로 거슬러 올라가는데, 미국 작가 닐 스티븐슨(Neal Stephenson)은 1992년작 SF소설 '스노우 크래쉬'에서 메타버스라는 단어를 처음 사용하였습니다. 주인공이 고글과 이어폰을 활용해 3D 가상세계에서 활동하는 내용을 담았습니다. 이후 등장한 '싸이월드'의 미니미, 3D 아바타로 활동하는 '세컨드라이프', 현실세계에 스마트폰을 비추면 포켓몬이 등장하는 '포켓몬 고', 가상세계를 배경으로 한 영화 '레디 플레이어 원' 등도 대표적인 메타버스의 사례로 꼽힙니다(김상균, 2021).

최근 메타버스의 열풍 뒤에는 MZ세대(밀레니얼세대+Z세대, 1981~2004년생)가 있는데, 디지털에 익숙한 MZ세대가 COVID-

19로 인해 집에 머무는 시간이 길어지자 메타버스를 교류의 장으로 선택하기 시작하였습니다.

2021년 3월 입학식에 새로운 풍경이 등장했는데, 순천향대학교가 대면 입학식 대신 가상 입학식을 진행하여 점프 VR 플랫폼을 통해 본교와 흡사한 맵으로 구현된 가상공간에 신입생들의 아바타가 참여하는 이례적인 시도를 하였습니다. 또한 방탄소년단(BTS)이 신곡 「Dynamite」 안무버전 영상을 게임 플랫폼 '포트나이트 파티로얄'을 통해 세계 최초로 공개한 바 있습니다. 닌텐도 '동물의 숲', 로블록스 코퍼레이션 '로블록스', 마이크로소프트(MS)사의 '마인크래프트' 등은 이미 게임 내에 가상공간을 만들고, 현실세계에서 하는 일을 그대로 수행하는 메타버스 콘텐츠의 대표적인 사례입니다. 이러한 이벤트성 콘텐츠 외에도 메타버스가 가상회의, 교육, 마케팅·쇼핑, 의료 등 전 산업과 일상생활의 다양한 영역에서 현실세계와 가상세계의 경계를 소멸시키고 있습니다.

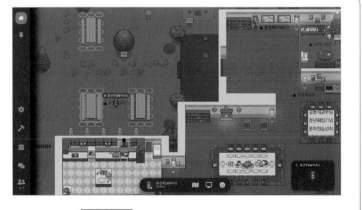

그림 2-1 메타버스를 활용한 모임 예시

김상균(2021)은 메타버스가 교육에 영향을 주는 모습을 크게 세 가지로 이야기하고 있습니다.

첫째, 부캐와 아바타를 통해 배우는 과정에서 학습자를 움츠리게 만들었던 심리적 부담감을 낮춰 주고 자유로운 다양성을 보장할 수 있습니다.

둘째, 귀로 들어서 배우는 방식이 몸으로 경험해서 배우는 방식으로 바뀌고 있으며, 배움의 경험을 만드는 공간은 물리적 제약의 한계를 넘어 메타버스 안에서 다양하게 구현할 수 있습니다.

셋째, 배움에 존재했던 가르치는 자와 배우는 자의 구분이 흐려져서 모두가 동시에 배우고 가르치는 형태로 변화하게 되는 데, 메타버스에서 이를 실현할 수 있습니다.

2. 학습관리 시스템에서 학습경험 플랫폼으로 발전

1) 학습관리 시스템의 등장

위키피디아에서는 학습관리 시스템(Learning Management System: LMS)을 사이버공간에서 학습 진행을 위해 교육과정을 개설하고, 학습과정을 추적하며, 학습 이력을 관리하는 시스템이라고 정의하고 있습니다. 학급 편성, 협동학습, 출결관리, 게시판 기능 등이 주요 기능이고, 학습관리 시스템의 기능이 고도화될수록 학생 개인에 대한 맞춤형 학습환경을 구성할 수 있게 된다고 설명하고 있습니다.

컴퓨터와 인터넷을 통해 이러닝의 활용이 확대됨에 따라 학습자와 교수자 지원, 클래스와 성적 관리 등의 교육 전반의 운영 관리 기능이 1세대 학습관리 시스템의 특징이라면, 교육에 필요한 콘텐츠 생성 및 관리 그리고 소통이 그 뒤를 잇는 학습관리 시스템의 추가 기능이라고 할 수 있습니다. 2세대 학습관리 시스템의 궁극적인 목적은 공급자 위주의 교육과 학습자 주도적인 학습의 간극을 최소화하는 데 있으며, 교수자와 학습자 모두의 입장에서 교육 효과를 극대화하기 위한 도구와 과정을 구현하는 것이었습니다(윤대균, 2019).

국내 대표적인 초 · 중등학교의 학습관리 시스템은 e학습터 · 온라인클래스가 있습니다. 실시간 쌍방향 화상수업도 할 수 있도록 기능을 개선하여 실시간 조회 · 종례 및 쌍방향 원격수업이 가능합니다(계보경 외, 2020). 〈표 2-1〉은 서울시교육청에서 제공한 다양한 온라인 학습관리 시스템에 대한 정보를 보여 줍니다.

1990년대의 기업 교육은 집합교육에서 온라인 학습으로 옮겨 가기 시작하였습니다. 네트워크 속도가 증가하고, 온라인을 활용하여 교육을 할 경우 상대적으로 교육 시간이 단축되었기 때문에 기업들은 온라인 수업을 만들어서 저장하고, 구성원 학습의 과정과 결과를 추적하기 위해 학습관리 시스템을 새로 구축하거나 구입하였습니다. 기업의 교육부서는 학습관리 시스템을 콘텐츠로 채우는 것에 초점을 두었기 때문에 집합교육에서 제공하는 상호작용이

〈표 2-1〉 원격수업을 위한 온라인 학습관리 시스템

	e학습터	EBS 온라인클래스	서울 newsSSEM ※'21. 2. 4. 신청마감	구글 클래스룸	MS 팀즈
출결 확인	진도율 확인	진도율 확인	진도율 확인	과제 활용, 댓글 활용	과제 활용, 댓글 활용
특징	기본 탑재 학습 자료 활용 용이	기본 탑재 학습 자료 활용 용이	수업 이력 관리	문서 도구 제공, 문서 공유	MS오피스 연동, 문서 공유
진도율 체크	○	○	○	△	△
과제 등록	○	○	○	○	○
영상 용량	300MB 이하 추후 개선 예정 (21년 2월 중)	300MB 이하 추후 개선 예정 (21년 2월 중)	개당 2GB	제한 없음	제한 없음
실시간 화상	○	○	○	○	○
사용 환경	웹	웹	웹, 앱	웹, 앱	웹, 앱

출처: 서울시교육청(2021).

상대적으로 부족하였고 개인 간 접촉과 개인 맞춤으로 학습자를 관리하기에는 부족하였습니다. 기업들은 직원들이 이러한 학습자원에 접근할 수 있도록 많은 노력을 기울였지만, 생각보다 직원들은 학습관리 시스템에 담겨 있는 이러닝을 학습하여 현업에 적용하지는 못하였습니다(Hietala, 2021).

직원들은 공급자 중심의 학습 플랫폼을 높이 평가하지 않았는데, 학습일정과 커리큘럼의 내용이 정해져 있고 A-Z 단계별로 학습하는 것에 대한 불만이 높았습니다. 특히 국내의 경우 고용보험 환급과정 정책에 따라 월 단위 20 차수의 콘텐츠를 학습자의 선행학습 수준과 상관없이 모두 수강해야 국가로부터 교육비용을 환급·지원받을 수 있었습니다. 직원들은 유튜브와 같은 보다 유연하고 개별적으로 필요로 하는 학습자원을 요구하였으며, 특정 업무에 필요한 정보만 신속하게 접근하기를 원하였습니다.

이러한 요구를 충족하기 위해 마이크로 러닝(micro learning)과 같이 새로운 유형의 콘텐츠(더 짧고 업무지향적인 리소스)와 더 나은 접근 방법을 위한 기능들이 학습관리 시스템에 포함되었습니다.

일반적으로 학습관리 시스템에서 제공되는 주요 영역과 기능은 〈표 2-2〉와 같습니다.

〈표 2-2〉 학습관리 시스템의 영역과 기능

영역	세부 기능
교수 지원	• 다양한 방식의 강좌 및 과목 생성 • 모듈별 콘텐츠 생성, 조직 및 관리 • 학습자 현황 파악 • 일정 공유 및 관리 • 강좌 안내 및 정보 제공(공지사항, 강의계획서 작성 등) • 학습자료 자동 데이터베이스화 및 결과 제시
학습활동 지원	• 다양한 온라인 학습 도구 통합 • 다양한 형태의 학습자료 제공 • 그룹 및 커뮤니티 구성 • 강좌 내의 학습 내용 검색 • 동영상 학습 중 내용 작성 및 활동(메모, 주석, 책갈피 등) • 다양한 형태의 멀티미디어 피드백 제공 • 활동 결과 추출
개별화, 적응적 학습 관리 및 지원	• 개인별 학습패턴 및 필요 분석 • 단원 혹은 차시별 학습 측정 • 사전 지식수준 파악 • 강좌 로드맵, 학습경로 구현 및 추천 • 알림 및 경고 등의 적응적 조직 • 우수 학습자의 학습 표준 궤적 제공 및 비교

개별화, 적응적 학습 관리 및 지원	• 실시간 및 단계적 피드백 • 대시보드 및 시각도구 제공 • 로그 기록 자동 저장
콘텐츠, 자료 저작 및 관리	• 학습자 질문 및 토론 등을 고려한 학습자 중심 콘텐츠 개발 • 메타데이터 변환을 통한 플랫폼, 콘텐츠 공유 및 호환 • 콘텐츠 및 자료 데이터베이스 구축 • 플랫폼 내외 콘텐츠 검색 • 다양한 주제의 콘텐츠 저작 템플릿 제공 • 학습자료 변환
협력 및 의사소통 지원	• 소셜 네트워크 서비스 • 위키, 포럼, 투표 • 실시간 채팅 • 이메일 및 SMS • 화상수업 및 비디오 콘퍼런싱 • 의사소통 내용 추출 • 공동작업 수행 • 다양한 언어의 자막 제공
평가 지원 및 관리	• e-포트폴리오 • 자가 및 동료 평가 • 사전 루브릭 생성 및 루브릭 기반 평가 • 학습자료, 동영상 내 퀴즈 추가 • 평가 결과 자동 산출 • 배지(badge), 인증서, 이수증 발급 및 관리 • 표절 검사 등의 부정행위 방지

출처: 임철일, 한형종, 정다은(2017) 재구성.

2) 개인 학습이 가능한 학습경험 플랫폼

(1) 학습경험 플랫폼

학습관리 시스템은 인터넷을 통해 모든 종류의 외부 자료를 끌어오는 외부 지향적 학습경험 플랫폼(Learning Experience Platform:

LXP)으로 변모하고 있습니다.

홍정민(2021)은 2021 인재개발협회(Association for Talent Development: ATD) TK(Techknowledge) 디브리핑 자료에서 학습을 제공하는 경험의 형태가 더욱 다양해지고 있으며, 조직 직원들의 79%가 교육부서나 인적자원개발(Human Resource Development: HRD) 부서가 공급하는 학습이 아닌 외부 학습 자원을 활용해 학습하고 있다는 점에 주목하였습니다. 기업마다 직원들의 교육훈련을 위해 확보하고 있는 정형화된 콘텐츠에 더하여 유튜브, 팟캐스트 등 외부 학습자원이 포함되면 해당 숫자가 급속하게 증가되어 학습자는 조직화되지 않은 콘텐츠들로 인해 압도될 수 있습니다. 수많은 콘텐츠에서 개인 학습자에게 무엇을 제공해야 하는지를 고려하는 것이 학습경험 플랫폼(LXP) 개발의 핵심입니다.

인적자원관리 컨설턴트인 버신(Bersin, 2018)에 따르면, 학습관리 시스템보다 학습경험 플랫폼을 사용자 친화적으로 만들기 위해 고려해야 하는 주요 요소를 다음과 같이 소개하고 있습니다.

- 역량 기반 학습: 학습자의 직무 경력과 직무역량을 기반으로 학습경로를 선택하도록 추천함
- 사용 기반 권장사항: 유사한 학습자의 데이터를 집계하여 해당 그룹 기본 설정에 따라 학습하도록 권장함
- 인공지능 기반 콘텐츠 분석: 학습목표에 따라 학습자 수준에 적절한 콘텐츠로 학습을 유도하기 위해 필요한 지식의 전문성 수준을 식별할 수 있는 콘텐츠를 수집함

- **학습자와 채팅**: 학습자 설문조사와 챗봇은 학습자에 대한 이해
  를 보완하여 각 학습자의 업무 경험, 학습환경 설정, 포부 및
  경력 목표에 따라 적합한 자료를 안내함

이처럼 학습경험 플랫폼은 학습경험을 통합적으로 보여 주며,
이를 학습자들에게 맞춤형으로 제공하는 플랫폼을 의미합니다(홍
정민, 2021). 직원들은 근무 시간의 업무 흐름에 맞추어 필요한 학
습에 쉽게 접속할 수 있어야 합니다. 업무 중에 문제가 발생하면
학습경험 플랫폼을 통해서 적절한 학습자원에 즉시 접속하여 업무
와 관련된 문제를 적시에 해결할 수 있어야 합니다. 학습경험 플랫
폼의 주요 기능은 다음과 같습니다.

- **검색 기능**: 학습자에게 가장 적합한 콘텐츠를 제시할 수 있도
  록 검색 결과의 일치성이 높고 사용하기 쉬워야 함
- **개인화**: 학습경험 플랫폼은 학습자의 선호도와 역량 격차를
  고려하여 학습자에게 맞는 방식으로 학습할 수 있도록 제공
  해야 함. 비디오 및 오디오 자원을 자유롭게 활용하기 위해
  작은 크기의 학습 형태(Bite-sized learning: 한입 크기 덩어리)로
  제시되어야 함. 이렇게 하면 PC나 모바일에서도 콘텐츠 활용
  에 문제가 없음
- **업데이트 기능**: 학습경험 플랫폼은 정보를 최신 상태로 유지해
  야 하며 이를 위해 자동적으로 업데이트해야 함. 학습자는 자
  신의 콘텐츠를 공유할 수 있어야 하며 커뮤니티 등급별로 콘

텐츠를 사용할 수 있어야 함
- 개방성: 주제는 경력 개발뿐만 아니라 필요한 시점에서 직업/직무 학습을 포함해야 함. 학습경험 플랫폼은 기업 아카이브를 인터넷에 연결하는 개방형 생태계여야 함. 이렇게 하면 사용자가 짧은 형식의 동영상에서 온라인 책에 이르기까지 필요한 것에 접근할 수 있음
- 데이터 관리: 관리자는 개별 학습자원과 학습 프로그램을 포함한 콘텐츠 사용 추세를 분석하여 활용함

과거에 학습자는 학습을 하려면 오프라인 교육이나 온라인 교육을 신청하였습니다. 하지만 최근 디지털 기술이 발달하면서 학습자들이 다양한 채널로 학습할 수 있게 되었습니다. 기존의 교육은 오프라인 교육, 온라인 교육을 통해 일방향적인 콘텐츠를 전달받았지만, 학습경험 플랫폼에서는 실습, 강의, 영상, 클라우드, 채팅, 게임, 모바일 학습, 오디오북 등 다양한 콘텐츠를 상황에 맞게 쌍방향으로 주고받을 수 있습니다.

학습경험 플랫폼은 학습자의 관점에서 학습 범위의 확장과 통합적인 학습관리를 가능하게 해 줍니다.

(2) 학습관리 시스템과 학습경험 플랫폼의 차이

학습관리 시스템은 학습 자원을 디지털화하고 이러닝의 활성화를 위해 빠르게 확산되었습니다. 조직화된 교육 콘텐츠를 표준화로 개발하여 모든 학습자에게 동일하게 제공하고, 학습자가 학습

진도를 어느 정도 완료했는지 파악하고 출결과 같은 학습 관리, 평가 등에 최적화된 시스템입니다.

반면, 학습경험 플랫폼은 다양한 학습 경험을 통한 학습자와의 상호작용에 초점을 두었습니다. 학습 경험은 학습이 이루어지는 학습과정, 프로그램, 상호작용 또는 학습에서 발생되는 경험을 의미하며, 형식 학습(예: 학교, 교실, 원격수업 등)과 비형식 학습(예: 학교 밖 장소와 야외환경에서의 학습, 인터넷 검색 등)에서 발생하는 활동을 모두 포함합니다. 그리고 학습자의 학습 데이터와 다양한 학습 경험에 대한 반응을 추적해 맞춤형 학습 콘텐츠를 추천·제공합니다. 이러한 특징 때문에 기존의 교육 방식을 일방향의 일부 콘텐츠를 관리하는 시스템인 TV 시청이라고 한다면, 학습경험 플랫폼은 통합적 콘텐츠를 개인화하여 제공하는 '넷플릭스' '유튜브' 시청 경험에 비유합니다. 콘텐츠를 제공하는 방식도 기본 개념부터

〈표 2-3〉 학습관리 시스템과 학습경험 플랫폼의 차이

학습관리 시스템	학습경험 플랫폼
폐쇄형	개방형
자체 콘텐츠	자체 콘텐츠 + 외부 콘텐츠 (유튜브, 팟캐스트, MOOC, 블로그 등 이용의 자유로움)
One Size Fits All	Right Size Fits One
정해진 진도, 순서대로 학습	유연한 학습경로
교수자 중심	학습자 중심
초·중등 및 대학 교과과정	기업, 성인/평생교육 학습자

출처: 홍정민(2021) 재구성.

시작해 순차적으로 학습을 제공하지 않고, 학습자의 요구에 따라
특정 콘텐츠만 활용해서 따로 제공하기도 합니다.

학습활동

1. 인공지능, 가상현실, 증강현실, 메타버스 형태로 원격수업하는 모습을 상상해 봅시다.

   학습목표, 학습 대상, 학습 내용, 학습 방법, 상호작용 방법 측면으로 어떻게 적용하여 진행할 수 있는지 주요 아이디어를 중심으로 제안합니다. 그림, 글, 영상 등 발표 형태는 제한을 두지 않습니다.

2. 인공지능, 가상현실, 증강현실, 메타버스로 원격수업을 운영할 때의 장단점을 나열해 봅시다.

3. 현재 우리 학교에서 사용하는 학습관리 시스템의 기능을 학습자 측면, 교수자 측면, 운영자 측면에서 파악해 보고, 학습 경험을 반영한 학습관리 시스템을 만든다면, 어떤 종류의 데이터를 수집할지 생각해 봅시다.

참고문헌

김상균(2020). 메타버스: 디지털 지구, 뜨는 것들의 세상. 경기: 플랜비디
자인.

김상균(2021). 인터넷·스마트폰보다 강력한 폭풍, 메타버스 놓치면
후회할 디지털 빅뱅에 올라타라. 동아비즈니스리뷰, 3(2).

계보경, 김혜숙, 이용상, 김상운, 손정은, 백송이(2020). COVID-19에
따른 초·중등학교 원격교육 경험 및 인식 분석: 기초 통계 결과
를 중심으로. 한국교육학술정보원 연구자료, GM 2020-11.

부산광역시교육청(2019). 인공지능 기반교육 가이드북. 경기: 어가.

서울시교육청(2021). 원격교육운영도움자료. 서울: 서울시교육청.

윤대균(2019). 학습관리시스템(LMS)이란 무엇인가. https://
slownews.kr/73684.

임철일, 한형종, 정다은, Yunus Emre Ozturk, 홍정현(2017). 학습 설계
를 지원하는 이러닝 플랫폼 프로토타입 탐색 연구. 교육공학연구,
33(4), 799-837.

장상현, 계보영(2007). 증강현실(Augmented Reality) 콘텐츠의 교육적
적용. 한국콘텐츠학회지, 5(2), 79-85.

홍선주, 조보경, 최인선, 박경진, 김현진, 박연정, 박정호(2020). 학교
교육에서의 인공지능(AI) 활용 방안 탐색. 한국교육과정평가원
연구보고, RR 2019-4.

홍정민(2021). 2021 ATD TK 디브리핑 자료. 에듀테크 블로그. https://
m.blog.naver.com/redmin00/222232893369.

Bersin, J. (2018). The learning experience market explodes: Degreed acquires pathgather, Taking an Early Lead.

Hietala, J. (2021). *Digital transformation of the workforce*. Joensuu, Finland: Valamis.

제3장

원격수업의 역사

1. 원격교육의 역사
2. 한국 원격교육의 역사
3. COVID-19로 인한 비대면 정규 원격수업 도입

학습목표 ●●●●●

1. 통신매체의 발달에 따른 원격교육 역사의 세대별 특징을 설명할 수 있다.

2. 원격교육의 역사에서 원격수업의 가치를 도출할 수 있다.

주요 용어

- 우편통신(postal communication): 각종 운수수단을 이용하여 우편물의 교환과 정기 출판물의 체송, 전달을 실현하는 통신. 신문 · 잡지 · 편지 · 소포 · 송금 등을 비교적 쉽고 편리하게 이용할 수 있는 대중적인 통신 형태이다.

- 통신교육(correspondence education): 통신수단을 이용하여 실시하는 교육 활동으로 우편이나 라디오, 텔레비전을 이용하여 일정한 과정을 이수하게 한다. 19세기 중엽에 산업화와 도시화로 교육을 받은 노동자가 필요하고 인쇄술과 우편제도가 개선되면서 발전하였다.

- 통신위성(communication satellites): 대륙 간이나 원거리 사이에 전파 통신의 중계로 사용되는 인공위성이다.

- 양방향 케이블 TV(interactive cable TV): 케이블TV 방송국과 가입자가 HFC망으로 연결되어 비디오, 데이터 등의 송신과 수신이 쌍방향으로 이루어지는 텔레비전 시스템이다. 현재는 '인터랙티브(interactive) CATV'의 개념으로 널리 이용되고 있다.

- 사이버대학교(cyber university): 컴퓨터나 정보통신기술을 활용하여 현실이 아닌 가상으로 만들어진 공간에서 교수·학습 활동, 제반 학사 관리 업무를 수행할 수 있는 고등교육을 베푸는 교육기관이다.

- 이러닝(e-learning): 전기나 전자를 의미하는 electronic의 'e'와 학습을 의미하는 'learning'이 합성된 용어로서 기본적으로는 전자적 환경을 기반으로 하는 학습을 가리킨다. 최근의 전자적 환경은 곧 인터넷 환경을 의미하기 때문에 이러닝이란, 인터넷 기반의 전자매체를 통해 구현된 융통성 있는 학습환경에서 학습자들이 시간과 공간을 초월하여 상호작용 및 자기주도적 학습 활동을 통해 다양한 형태의 학습경험을 수행하는 학습체제로 정의된다.

- 학습관리 시스템(learning management system): 학교단위의 모든 교수·학습 콘텐츠 및 교무학사관리 일체를 전산화하여 교사-학생 혹은 교사 간 일어나는 교수·학습 활동이 모두 탑재되고, 전체 학생분 아니라 학생 개개인의 학습발달 이

력까지 모두 피드백되며 조회가 가능하다.

- 온라인 대중 공개강좌(massive open online course): 웹 서비스를 기반으로 이루어지는 상호 참여적이며 거대 규모의 교육이다.

- 공개 과정(open courseware): 대학의 이러닝 콘텐츠를 온라인에 공개함으로써 지식 나눔 문화를 확산하기 위한 공적 목적을 가진다. 매사추세츠 공과대학교(MIT)의 공개 과정을 통해서 매사추세츠 공과대학교에서 실제 진행되고 있는 강연과 수업자료, 숙제, 시험지 및 답지 그리고 관련 프로젝트를 열람해 볼 수 있다.

1. 원격교육의 역사

최근 들어 비대면 수업이나 비대면 화상회의 등이 활성화되어 원격수업이나 원격화상회의를 경험해 본 사람들은 원격교육의 역사가 그리 오래되지 않은 것으로 생각할 수 있지만, 사실 원격교육은 아주 오래전부터 발전해 온 분야입니다.

어릴 때 한글이나 한문을 배우기 위해서 매일 집으로 배달되던 일일 학습지나 EBS 교육방송을 보면서 학습했던 것도 원격교육에 해당됩니다. 원격교육은 "교수자와 학습자가 직접 대면하지 않고 인쇄교재, 방송교재, 오디오나 비디오교재 등을 매개로 하여 교수·학습 활동을 하는 형태"라고 정의할 수 있습니다(정인성, 나일주, 2004). 이처럼 원격교육의 역사는 인쇄매체, 오디오, 텔레비전,

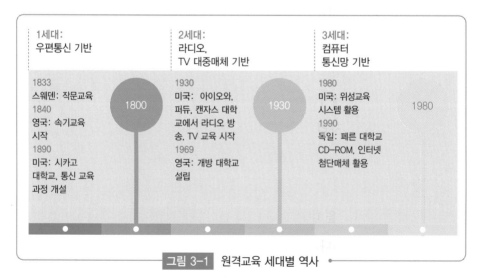

그림 3-1 원격교육 세대별 역사

출처: https://community.articulate.com/download/history-of-elearning 참조 및 재구성.

비디오, 컴퓨터, 인터넷 등의 통신매체와 테크놀로지의 발달과 맥
락을 같이하며 발전해 오고 있습니다. 여러 학자가 원격교육의 역
사에 대해 3세대 혹은 5세대로 구분하여 제시하고 있는데(Moore &
Kearsley, 1996; Nipper, 1989; Simonson, Smaldino, Albright, & Zvacek,
2006), 이 장에서는 3세대로 구분하여 원격교육의 역사를 살펴보
고자 합니다(노혜란, 2011; 신나민, 2007).

1) 1세대 원격교육: 우편통신 기반

1세대 원격교육은 1800년대 중반 교육 내용을 우편으로 전달받
은 후 학습한 내용을 다시 보내 교수자의 피드백을 받는 형태인 우
편통신교육에서 시작되었습니다. 현재 원격교육의 기반이 된 우
편통신교육은 1833년 스웨덴에서 실시되었던 '작문교육'과 1840년
영국에서 '속기교육'이 시초가 되었습니다. 유럽에서 시작된 통신
교육은 1883년 미국 예일 대학교 윌리엄 하퍼(William Harper) 교
수가 통신과정을 이수한 학생들에게 학위를 주는 과정과 1890년
시카고 대학교에서는 통신교육 과정이 필수로 제공되어 대학 확장
프로그램으로 자리 잡게 되었습니다. 이처럼 통신교육은 성인들
을 대상으로 하여 어학과 기술교육을 위주로 제공하다가 1920년
대에는 중등학교 교육과정에도 영향을 미쳐 공교육의 기회를 가질
수 없는 아동들을 대상으로 하는 대안적인 학교교육의 형태로 발
전하게 되었습니다(김영환, 이상수, 정의태, 박수홍, 2003).
1세대 원격교육에는 두 가지 철학적 흐름이 존재하는데, 하나는

스웨덴에서 제안한 프로그램으로 학생이 학습 속도를 결정하는 학습자 통제권한을 강조하는 자유주의 흐름이고, 다른 하나는 시카고 대학교가 제안한 좀 더 엄격한 주별 학습 계획을 강조하는 흐름으로 학습자의 통제권한이 적은 방식이었습니다(Simonson et al., 2006).

2) 2세대 원격교육: 라디오, TV 대중매체 기반

1930년대에 라디오 방송으로 시작된 대중매체 기반의 2세대 원격교육은 보다 많은 학습자를 대상으로 본격화됩니다(Bates, 1995). 우편통신제도가 비용이 저렴하여 이용이 편리하지만 정보 전달이 느리고 개별적인 정보전달의 특성을 가지고 있는데, 라디오나 텔레비전과 같은 대중매체가 다량의 정보를 다수의 학생에게 전달할 수 있다는 장점이 부각되어 본격적으로 원격교육이 성장하는 계기가 되었습니다. 미국은 1930년대 초반 텔레비전을 이용한 실험적인 교육 프로그램을 아이오와, 퍼듀, 캔자스 대학교에서 개발하였으며, 1957년부터 뉴욕 대학교는 CBS를 통해 대학과정에 사용할 텔레비전 연속물을 제공하기도 하였습니다(Simonson et al., 2006). 대량의 정보를 다수의 학생에게 전달할 수 있는 특징을 가진 라디오와 텔레비전의 발전으로 세계 각 나라에 방송학교, 개방학습센터, 방송대학교, 개방 대학교 등의 설립이 가속화되었습니다. 특히 1969년에 설립된 영국의 개방 대학교(The Open University)는 대중매체를 활용한 원격교육의 발전에 매우 큰 영향을 주었습니다. 영국의 개방 대학교의 경우 1970년대에 라디오를 적용하여 기존 인쇄매체의 단점을 보완하는 형태로 사용하였으며, 그 이후 BBC와 협조하여 교육매체를 영상으로 제공하였습니다. 그러나 라디오나 텔레비전의 대중매체가 가진 일방적인 정보전달 방식의 단점을 보완할 또 다른 테크놀로지의 필요성이 대두된 시기였습니다.

3) 3세대 원격교육: 컴퓨터 통신망 기반

1980년대 정보통신공학의 발전은 원격교육의 형태를 다시 변화시킵니다. 컴퓨터, 쌍방향 케이블 TV, 통신위성, 인터넷을 중심으로 2세대 원격교육에서 활용된 방송매체의 단점인 일방향성이 극복되어 다양한 상호작용이 가능해지면서 원격교육은 급속한 발전을 이루게 됩니다.

1980년대에 비용효과성이 개선된 위성기술은 텔레비전을 통한 교육을 빠르게 확산시키는 계기가 되었는데, 1980년에 제작된 미국의 주립 위성교육 시스템인 Learn/Alaska는 매일 6시간씩 100개의 알래스카 마을에 교육방송 프로그램을 제공하였습니다. 1985년 이후 텍사스주에서는 사설 운영 TI-NI network를 통해 미국 전역의 고등학교에 위성을 통해 다양한 교육과정을 제공하기도 하였습니다. 광섬유 통신 시스템의 개발로 쌍방향 고품질의 비디오와 오디오가 확대되어 아이오와 통신 네트워크는 주 내의 600여 개 교실에 동영상, 쌍방향 비디오, 인터넷, 음성 서비스를 제공하게 됩니다.

1980년대 이후로는 학점 과정과 비학점 과정 모두 온라인으로 제공되고 있습니다. 인터넷의 등장으로 교수자는 과제와 읽기자료를 온라인으로 제공하고 학습자는 온라인을 통해 과제를 완성하고 온라인 토론에 참여합니다. 컴퓨터 콘퍼런싱(예: 실시간 오디오, 비디오 수업)은 학생들과의 상호작용과 협력을 증대시키고 있습니다. 더욱 발전한 영국의 개방 대학교, 독일의 원격 대학교, 네덜란드의 트웬티 대학교, 미국의 개방 대학교, 노바 사우스이스턴 대학교, 피닉스 대학교가 원격교육에 있어 선도적인 역할을 수행하였습니다(Simonson et al., 2006).

1980년대부터 영국의 개방 대학교는 컴퓨터 통신 매체를 활용한 쌍방향 원격교육 방식을 시도하였으며, 유럽의 원격교육기관에서도 1990년대 들어오면서 인쇄교재와 함께 통신매체를 이용한 원격교육을 제공하였습니다. 독일의 페른 대학교 역시 1990년대 중반 이후 CD-ROM이나 인터넷 등의 첨단매체를 교육에 도입하여 적극 활용하였습니다.

멀티미디어에 기반을 둔 풍부한 정보 제공, 쌍방향 의사소통, 협력학습 등을 포함한 다양한 학습활동을 지원할 수 있게 되었습니다. 그러나 교수자나 학습자 모두 테크놀로지의 활용에 대한 사용 능력이 필요하고, 멀티미디어를 활용한 콘텐츠는 혼자서 제작하기에는 어려움이 있어 내용전문가, 교수설계자, 그래픽 디자이너, 프로그래머 등의 전문가들로 이루어진 개발팀을 확보해야 하는 어려움이 나타났습니다.

〈표 3-1〉 각 세대별 원격교육의 특징

세대별	원격교육의 특징
제1세대	• 교육 기회의 확대
제2세대	• 교육방법의 다양화
제3세대	• 개별화된 원격교육

4) 3세대 이후의 원격교육

제3세대 이후 인터넷 기반 원격교육 시대가 왔다고 할 수 있습니다. 웹 기반 학습(Web based Learning)은 웹에 있는 자료를 활용할 수 있고, 교수자와 학습자의 상호작용도 학습자가 원하는 공간과 시간에 할 수 있다는 장점으로 인해 효율적인 원격학습이 가능해졌습니다. 그중에서도 공개 과정(Open Course Ware: OCW)과 온라인 대중 공개강좌(Massive Open Online Courses: MOOC)의 출현으로 원격교육이 더욱 활성화되었습니다.

오픈 코스웨어를 일컫는 공개 과정은 1990년대 후반 매사추세츠 공과대학교(Massachusetts Institute of Technology)의 약자인 MIT를 포함한 유명 대학의 강좌들을 인터넷에 무료로 제공하는 프로젝트를 통해 전 세계로 공유되었습니다. 전 세계의 교육자와 학습자들은 인터넷에 접속만 하면 공개 과정을 교육콘텐츠로 활용할 수 있습니다. 매달 2백만 명 이상의 방문자가 공개 과정에 접속하고 있으며 방문자의 절반 이상은 북미 지역 외에서 접속하고 있습니다. 2002년 유엔교육과학문화기구(UNESCO)는 이러한 공개교육

자료를 개방교육 자료(Open Educational Resource: OER)라고 이름 지었으며, 이 개방교육 자료(OER)가 오늘날 온라인 대중 공개강좌 (MOOC)의 탄생 배경이 되었습니다(Yuan & Powell, 2013).

온라인 대중 공개강좌(MOOC)란 대중에게(Massive) 공개된 (Open), 인터넷으로 들을 수 있는(Online) 무료 강의(Courses)를 의미하는데, 실제 세계적으로 유명한 대학교인 매사추세츠 공과대학교, 스탠퍼드 대학교, 하버드 대학교와 같은 대학교의 교수들이 인터넷을 통해 대학 강의를 동영상으로 제작하여 수강생의 제한 없이 무료로 제공하는 새로운 콘텐츠 플랫폼을 말합니다. 이는 대학의 경우 오프라인 강의를 제작하는 비용을 절감할 수 있다는 경제적 측면에서의 이익과 함께 비싼 등록금을 내고 꼭 대학교의 오프라인 강의를 들어야 하는가라는 대학의 근본적인 목적과 가치에 대한 논의를 부추기는 계기가 되기도 하였습니다. 온라인 대중 공개강좌가 대학을 중심으로 한 고등교육 서비스를 통해 학습자에게 양질의 교육을 제공하고, 교수자의 생산성을 향상시키며 대학의 경제적 이득을 얻을 수 있다고 보는 관점이 있습니다. 반면, 고등교육에서 학습의 가치와 의미가 면대면 수업의 질적 향상에 있다는 점에서 교수자가 자신의 학생들의 상황을 분석하여 가장 알맞은 수업 내용을 선택하고 직접 동영상을 제작하여 수업에 활용하는 것이 그 목적에 더 잘 부합된다며, 온라인 대중 공개강좌의 활용을 부정적으로 보는 관점도 존재하였습니다(유상미, 2015).

2011년 스탠퍼드(Stanford) 대학교의 서배스천 스런(Sebastian Thrun) 교수가 공개한 '인공지능 입문' 강좌에는 190개국 이상에서 150,000명 이상의 학생이 수강하면서 온라인 대중 공개강좌 (MOOC) 시대가 열리게 되었습니다. 이어 2012년 1월 스탠퍼드 대학교의 앤드루 응(Andrew Ng) 교수는 세계 유명 대학교의 강의를 무료로 들을 수 있는 코세라(Coursera)를 오픈했는데 10개월 만에 170만 명이 수강 등록을 하였습니다. 같은 해 9월 하버드 대학교와 매사추세츠 공과대학교에서도 비영리를 추구하는 에드엑스 (Edx)를 열었는데, 첫 번째 공식 강좌에 37만 명이 등록하였으며 같은 시기에 서배스천 스런 교수도 유다시티(Udacity)라는 회사를 세웠습니다. 온라인 대중 공개강좌(MOOC)의 대표 격이라 할 수 있는 3개의 기관이 세워진 2012년을 『뉴욕 타임스』는 '무크의 해 (The Year of the MOOC)'라고 칭했을 정도였습니다(Pappano, 2012). 2012년 수백만 명이 온라인 대중 공개강좌에 등록하여 학습을 했을 때에는 고등교육 제공 모델을 변혁하는 성과를 거둘 것으로 예상했으나 두 가지 문제가 부각되었습니다. 첫째, 강좌를 등록했지만 실제로 수료한 학생은 상대적으로 소수로 나타났으며, 둘째, 비학위 수료증의 가치가 인정받지 못했다는 점이었습니다(Reich, 2020).

대부분의 온라인 대중 공개강좌(MOOC) 기관에서 제공하는 과정은 무료이나 운영 방식에 따라 수료증을 수여하는 유료 강의도 있습니다. 일반적으로 강의는 4주에서 12주 과정으로 구성되고 3분에서 10분 내외의 짧은 동영상을 제공하며, 학습 중간에 학습 내용과 관련된 퀴즈나 동료 간의 상호토론 및 상호평가 등의 학습 활동의 기회를 제공하고 있습니다(배예선, 전우천, 2014).

대표적인 온라인 대중 공개강좌(MOOC) 기관으로는 미국의 에드엑스(Edx), 코세라(Coursera), 유다시티(Udacity)가 있으며, 이 외에도 일본의 스쿠(Schoo), 호주의 오픈투스터디(Open2Study), 브라질의 베두카(Veduca), 영국의 퓨처런(FutureLearn), 독일의 아이버시티(iversity) 등이 있습니다(Grossman, 2013). 국내에서도 이러한 국제 온라인 대중 공개강좌 동향의 경쟁력을 갖추기 위해 한국형 온라인 공개 강좌(K-MOOC) 사이트를 오픈하여 양질의 고등교육 과정을 공개 운영하고 있습니다.

2. 한국 원격교육의 역사

1) 한국방송통신대학교의 개교

한국은 1972년 한국방송통신대학교의 개교와 함께 원격교육이 시작되었습니다. 당시 원격교육은 통신교육, 개방교육, 방송통신교육이라는 이름으로 지칭되었는데, 주로 인쇄물, 라디오, 텔레비전을 활용하였습니다. 1990년 원격교육학회가 발족하며 본격적으로 원격교육의 연구와 개발에 대한 관심이 높아지게 되었습니다.

2) 사이버대학교의 설립

1995년에는 교육부에서 '교육정보화 종합 추진계획'을 발표하였고, 1997년에는 일부 대학에서 가상대학 프로그램을 시범 실시하였습니다. 2001년에는 원격교육만으로 학사학위를 수여하는 사이버대학교가 설립되었고, 현재 총 21개의 사이버대학교가 설립되어 운영 중입니다. 1999년에 노동부에서는 종래의 재직 근로자의 직업능력개발 방법과 관련하여 기존의 현장훈련 중심에서 벗어나 통신 훈련까지 지원함으로써 훈련 방법의 범위를 확대하였습니다. 한국의 경우 정보기술을 교육에 적극 활용하도록 고무한 정부의 정책과 법적 제도가 원격교육의 발전에 큰 기여를 하였습니다(신나민, 2007).

3) 국내 대학에서 온라인 대중 공개강좌의 출현

온라인 대중 공개강좌(MOOC)는 수강인원에 아무 제한이 없는 공개강좌입니다. 대학의 강의를 무료로 공개하여 그 강의를 필요로 하는 누구나 인터넷을 통해 들을 수 있도록 하겠다는 취지를 가지고 있습니다. 온라인 대중 공개강좌의 전신이라고 할 수 있는 공개 과정(OCW)은 강의 동영상만을 제공할 뿐이지만, 온라인 대중 공개강좌는 사이버대학교처럼 과제와 퀴즈, 상호작용, 학습평가를 온라인으로 수행하고, 소정의 비용을 지불하면 수료증을 받을 수 있다는 차이점이 있습니다(Kim, Lee, & Kim, 2014).

세계 유명 대학의 온라인 대중 공개강좌 사이트인 'MOOC'의 출현으로 우리나라의 대학 역시 공개강의 사이트를 개설하기 시작하였습니다. 우리나라의 서울대학교에서도 2013년부터 학부 강의의 일부를 스누온(SNUON)이라는 온라인 대중 공개강좌 서비스를 통해 일반인에게 무료로 제공하고 있습니다. 숙명여자대학교에서 운영하는 스노우(SNOW), 고려대학교의 오픈KU(OpenKU), 성균관대학교의 스콜라(SKKOLAR) 등도 있습니다. 그러나 국내 공개강의 사이트에서는 학습자가 한 주제에 대한 강좌를 체계적으로 수강하며 학습하고 토론하고 평가하며 인증받는 관리시스템은 준비되어 있지 않습니다. 각 대학의 강의 공유 사이트의 개설과 운영의 움직임은 활발하고 서울대학교는 에드엑스(Edx)에, 연세대학교와 카이스트는 코세라(Coursera)에 강좌를 개설했고 성균관대학교와 연세대학교도 영국의 퓨처런(FutureLearn)과 파트너십 계약을 맺고 강좌를 개발하였습니다(배예선, 전우천, 2014).

그림 3-2 한국형 온라인 공개강좌 홈페이지 화면

출처: www.kmooc.kr.

또한 한국형 온라인 공개강좌 서비스인 한국형 온라인 공개강좌 (K-MOOC)가 2015년에 운영을 시작하여 현재 많은 수강생이 온라인 공개강좌를 수강하고 있습니다. 한국형 온라인 공개강좌는 주요 대학의 우수 강좌를 무료로 이용할 수 있는 점이 강점입니다. 2019년 12월 말 기준 50만 5,000명이 회원으로 가입했고 116만 건의 수강신청을 한 것으로 보고되었습니다(교육부 정책위키, 2020).

2019년 9월 일반 국민이 한국형 온라인 공개강좌의 이수 결과를 학점은행제 학점으로 인정받을 수 있도록 '한국형 온라인 공개강좌 학점은행제 학습과정' 11개 과정이 처음으로 개설되었습니다. 학점은행제는 다양한 형태의 학습과 자격을 학점으로 인정하고, 학점이 쌓여 일정 기준을 충족하면 학위취득이 가능한 평생학습제도입니다. 한국형 온라인 공개강좌 이수 결과는 기존에는 대학의 학칙에 따라 소속 학생의 대학 학점으로만 인정이 가능했으나, 일반 국민도 한국형 온라인 공개강좌를 수강하고 필요에 따라 학점과 학위 취득에 활용할 수 있도록 2018년 11월에 법적 근거를 마련하였습니다(교육부 정책위키, 2020).

온라인 대중 공개강좌(MOOC)의 출현으로 많은 대학이 위기의식을 느끼고 있으나, 대학 역시 온라인 대중 공개강좌 개발에 참여해야 하는 것은 피할 수 없을 것입니다. 따라서 대학은 공유된 온라인 대중 공개강좌와는 다른 대학 캠퍼스의 장점을 살려 효과적인 학습 현장으로 만들어 가야 할 것입니다(배예선, 전우천, 2014).

한국의 원격교육은 다음과 같은 특징을 가집니다(신나민, 2007).

첫째, 한국방송통신대학교의 설립으로 시작한 한국의 원격교육은 통신교육과 방송교육이 거의 같은 시기에 이루어져 서양에서 100여 년에 걸쳐 진행된 원격교육의 1, 2세대가 한 시기에 이루어졌습니다.

둘째, 한국의 원격교육은 전화나 위성을 활용한 텔레콘퍼런싱 방식이 활성화되지 못하였습니다. 실시간 상호작용을 지원하는 방식에 대한 시도가 국외와 같이 활발하지 못한 채 인터넷 기반의 원격교육으로 진화되어 실시간 상호작용 방식의 원격교육에 대한 요구와 실행이 다소 미흡한 편이었습니다.

3. COVID-19로 인한 비대면 정규 원격수업 도입

2020년 초 COVID-19로 인해 전 세계 대부분의 나라에서 초·중·고등학교를 포함하여 대학들까지 사전 준비 없이 비대면 교육을 시작하게 되었습니다.

전 세계적으로 유행하는 COVID-19로 인하여 각 정부 교육 당국은 학교 시설 폐쇄에도 지속적인 학습을 위한 다양한 정책과 방안을 마련하여 시행하였습니다. 국제연합전문기구(UNESCO)는 73개국이 참여하는 화상교육 장관회의를 개최하여 각 국가의 교육 현황을 공유하는 한편, 경제협력개발기구(OECD)와 세계은행(World Bank)에서는 COVID-19에 신속 대응하기 위하여 각종 보고서로 대체 교육안과 각종 온라인 사례 및 개선 방안 등을 제시하였습니다(김현준, 2020).

학교에 가지 못하는 학생들을 위해서 콘텐츠를 제공하거나 줌 (Zoom) 등의 화상회의 도구를 활용한 실시간 수업을 제공하고, 기업도 재택근무하는 직원들을 위해 원격연수를 실시하는 등 전 세계의 학생들, 학부모, 기업의 구성원 등 대다수의 사람이 원격교육을 경험하게 된 시기라고 할 수 있습니다.

우리나라는 COVID-19 첫 감염자가 발생한 이후(2020. 1. 20.) 교육부가 네 차례에 걸쳐 개학 연기를 결정하였습니다. 2020년 4월 9일부터 단계적 온라인 개학을 실시하였습니다. 아무도 예측하지 못했던 COVID-19의 발생으로 인해 학생, 교사, 학부모뿐만 아니라 조직의 구성원도 포함하여 거의 전 국민이 원격교육을 경험하게 되었습니다. 교육부 차원에서 EBS와 e-학습터의 플랫폼을 제공하고, EBS, 한국교육학술정보원, 한국교육개발원 등이 보유하고 있던 교육용 콘텐츠를 제공하여 온라인 개학을 시행하였으나, 원격수업을 위한 학교환경의 물리적인 제약점인 컴퓨터 등의 기기부족, 서버 용량의 부족, 낮은 인터넷 접근성 등으로 어려움이 있었습니다. 충분히 준비되지 않은 온라인 개학으로 학습격차가 심화될 것에 대한 우려가 크기에 온라인 개학 이후, 학교시설의 인프라 개선, 공공플랫폼 개발, 학습자 개인별 맞춤형 콘텐츠 개발 및 제공, 교사 및 학습자의 디지털리터러시 역량향상 등을 위한 지속적인 노력이 필요합니다(계보경 외, 2020).

학습활동

1. 5세대 원격교육 예측하기

원격교육의 역사에 대한 각 세대별 내용을 확인한 후 원격교육 5세대의 트렌드를 예측해 봅시다.

	1세대	2세대	3세대	4세대	5세대
시대	1800년대	1900~1970년대	1980~2000년	2000~2020년	2020~2040년
주요 매체 및 기술	우편통신 기반	대중매체 기반	컴퓨터 통신망 기반	인터넷 기반	
주요 특징	• 우편제도와 인쇄교재 활용 • 성인 대상의 교육기회 확대 • 종교교육 • 아동 대상 대안 교육	• 라디오 TV 방송으로 대상 확장 • 각국의 개방학습센터, 방송대학교, 개방 대학교 설립 가속화	• 통신 네트워크를 활용한 멀티미디어의 동시적, 비동시적 학습 가능	• 인터넷을 활용한 온라인 교육	
주요 사례	• 1833 스웨덴 작문교육 • 1883 예일 대학교 하퍼 교수의 통신 과정	• 1969 영국 개방 대학교	• 1980 미국 주립 위성교육 • 1990 네덜란드 트웬티 대학교, 미국 피닉스 대학교, 독일 페른 대학교	• 코세라 (Coursera) • 에드엑스 (Edx) • 유다시티 (Udacity) • K-MOOC	

참고문헌

계보경, 김혜숙, 이용상, 김상운, 손정은, 백송이(2020). COVID-19에 따른 초·중등학교 원격교육 경험 및 인식 분석: 기초 통계 결과를 중심으로. 한국교육학술정보원 연구자료, GM 2020-11.

교육부 정책위키(2020). K-MOOC(한국형 온라인 공개강좌). https://www.korea.kr/special/policyCurationView.do?newsId=148866901.

김영환, 이상수, 정희태, 박수홍(2003). 원격교육의 이론과 실제. 서울: 학지사.

김현준(2020). 미국의 COVID-19 대응 원격학습현황과 시사점: 학부모, 학생 면담을 중심으로. 한국교육개발원 이슈 페이퍼, CP 2020-11.

노혜란(2011). 원격교육론. 경기: 교육과학사.

배예선, 전우천(2014). 온라인 공개 강좌 MOOC의 현황 분석 및 개선안 연구. 한국정보통신학회, 18(12), 3005-3012.

신나민(2007). 원격교육입문: 기술복제시대 교육에 대한 이해. 경기: 서현사.

유상미(2015). Flipped Learning 열풍 속에서 본 수업 가치의 재탐색과 EBS 역할. 미디어와 교육, 5(1), 14-36.

정인성, 나일주(2004). 원격교육의 이해(2판). 경기: 교육과학사.

Bates, A. W. (1995). *Technology, open learning and distance education*. London & New York: Routledge.

Grossman, S. (2013). The Chronicle of Higher Education, "American MOOC Providers Face International Competition" [Online].

http://chronicle.com/blogs/wiredcampus/american-mooc-providers-face-international-competition/44637.

Kim, J. M., Lee, W. K., & Kim, Y. (2014). Revitalization methods of online courses for linkage with korean MOOC, Research Report of the Ministry of Education.

Moore, M. G., & Kearsley, G. (1996). *Distance education: A systems view.* 양영선, 조은순 역(1998). 원격교육의 이해와 적용. 서울: 예지각.

Nipper, S. (1989). Third generation distance learning and computer conferencing. In R. Mason & A. Kaye (Eds.), *Mindweave: Communication, computers and distance education.* Oxford: Pergamon.

Pappano, L. (2012). The Year of the MOOC. The New York Times. https://www.nytimes.com/2012/11/04/education/edlife/massive-open-online-courses-are-multiplying-at-a-rapid-pace.html.

Reich, J. (2020). *Failure to disrupt: Why technology alone can't transform education.* 안기순 역(2021). 언택트 교육의 미래. 서울: 문예출판사.

Simonson, M., Smaldino, S., Albright, M., & Zvacek, S. (2006). *Teaching and learning at a distance: Foundations of distance education* (3rd ed). New York: John Wiley.

Yuan, Li, & Powell, S. J. (2013). *MOOCs and open education: Implications for higher education.* white paper. University of Bolton: CETIS. http://publications.cetis.ac.uk/wp-content/uploads/2013/03/MOOCs-and-Open-Education.pdf (Retrieved 26 July 2014).

Articulate E-Learning Heroes Community. PowerPoint: The history of e-learning timeline. https://community.articulate.com/download/history-of-elearning

Coursera. https://www.coursera.org.

KOCW. http://www.kocw.net/home/indexB.do.

제4장

원격수업의 쟁점

1. 원격수업의 쟁점
2. 원격수업의 문제점

학습목표 • • • • •

1. 원격수업을 불신하게 하는 원격교육에 대한 쟁점을 논의할 수 있다.

2. 원격수업의 문제점에 대한 원인과 해결방안을 탐색할 수 있다.

주요 용어

● 원격교육 효과성(effectiveness): 원격교육을 실시한 후 학습자에게 교육 효과가
있었는지를 확인하기 위해 일반적으로 학습자의 학업성취도, 학습 태도, 만족도
등의 변인을 활용하여 평가한다.

● 원격교육 편리성(convenience): 원격교육의 가장 중요한 장점으로 원격교육은
학습자가 시간과 장소의 제약에서 벗어나 학습할 수 있다.

● 원격교육 학습격차(learning gap): 원격교육은 교육의 평등화를 표방하고 있으
나, 학습자의 자기주도 학습능력과 학교나 가정의 학습환경에 대한 지원 차이는
학습자의 학습격차를 더욱 벌어지게 하고 있다.

● 원격교육 피로감(fatigue): 교육을 받기 위해 다양한 디지털 기술과 정보를 활용
하는 과정에서 발생하는 정신적 피로감이다.

1. 원격수업의 쟁점

COVID-19 이후 불가피하게 시작된 원격수업, 교사도 학생도 원하지는 않으나, 다른 대안이 없어 시작한 원격수업에 대한 불안감은 여전히 계속되고 있습니다. 이에 대해 우리는 이 불안감이 무엇이고 어디에서 기인하는지 살펴볼 필요가 있습니다. 원격교육에 대한 많은 불안감은 원격교육에 대한 선입견이나 좋지 않은 경험에서 기인한 것입니다. 이 장에서는 원격교육과 관련하여 오랫동안 제기되어 온 쟁점과 그 의미를 살펴봄으로써 원격교육에 대한 불안감의 실체를 파악해 봅니다.

1) 원격교육은 비인간적이다

신나민(2007)은 전통적인 면대면 교육에서 교수자의 현존이 주는 아우라(aura)의 효과를 설명하면서 '지금-여기 함께한다'는 사실만으로 사람들은 인간적이라고 느끼는 경향을 가진다고 하였습니다. 정서적으로 잘 돌봐 주는 인간적인 교사라는 역할이 원격교육에서는 부재하다는 것인데, 교사 개입이 부족하고 교사들의 교육적인 활동을 대부분 교육매체가 대체하기 때문에 비인간적 교육이라고 인식하는 경향이 있습니다. 따라서 원격교육으로 태도형성과 같은 정서적 영역은 교육이 불가능하고, 지식전달 등의 인지적 영역에 한해서만 교육이 가능하다는 인식에 영향을 줍니다.

2) 원격교육은 효과적이지 않다

원격교육이 전통적인 대면 교육과 비교했을 때 효과가 없다는 오해는 매우 오래된 원격교육 쟁점의 하나입니다. 초기 원격교육과 관련된 많은 연구가 이 의문에 답하기 위해 전통적인 면대면 교육에 비하여 효과가 있음을 증명하려 하거나, 새로운 기술이 더 높은 학업성취를 가져온다는 증명을 시도하였습니다. 효과성은 주로 학업 성취도, 학생 태도, 만족도 변인으로 많은 연구가 이루어졌습니다만, 연구들을 종합하여 메타연구를 진행한 클라크(Clark, 1994)는 전달시스템(매체)이 학업성취에 유의미한 영향을 미치지 못한다고 결론지었습니다. 결국 원격교육과 전통적인 면대면 교육의 비교는 특별한 차이를 증명할 수 없었습니다. 그럼에도 불구하고 지금까지 원격교육의 효과에 대한 인식은 여전히 부정적입니다.

3) 원격교육은 상업적이다

국내에 전통 있는 여러 사교육기관은 2000년대에 들어오며 인터넷 강의를 제공하는 교육기관으로 전환하여 투자대비 월등한 수익을 거두었습니다. 대학교육에서도 빠르게 원격교육 강좌를 확대하였는데, 교육부에서는 다양한 제한조치를 통해 이를 통제하였습니다. 이러한 조치는 원격교육이 교육의 질 개선보다는 투자대비 수익을 고려한 상업성을 목적으로 도입되었다는 부정적인 인식과 관련이 있습니다.

고환상 등(2020)의 『뉴노멀로 다가온 포스트 코로나 세상』의 제 10장에서 탁진규는 우리나라가 IT 강국이지만 IT교육 강국은 아니라고 하며, 우리나라의 온라인 교육이 제대로 자리 잡지 못해 온 이유에 대해 교육부에서 온라인 수업 비율을 20% 이내로 제한하여 대학의 온라인 강의의 활성화를 막았다고 설명하였습니다. 이러한 규제의 원인은 대학들이 대학운영 비용을 줄이기 위해 온라인 강좌를 지나치게 확대하는 것을 방지하기 위한 조치였습니다. 이 조치로 인하여 코로나 이후 국내 대학들이 전면 온라인 강의를 운영하기에는 매우 열악한 상황인 것으로 나타났습니다.

4) 원격교육은 학습격차를 심화시킨다

원격교육(distance learning)에서 '원격'의 어의적 특성은 단순히 교수자와 학습자의 공간적 '거리'뿐만 아니라 개인의 교육 기회를 가로막는 다양한 장애물을 의미합니다. 성, 연령, 이전의 교육 경험, 신체적 장애, 시간 부족, 경제적 이유 등이 모두 '거리'라 할 수 있습니다(신나민, 2007). 원격교육은 교육의 기회를 막는 이러한 장애를 극복하고 교육 기회를 확대하기 위해 탄생한 교육 방식이라 할 수 있습니다. 그러나 아이러니하게도 최근 COVID-19 이후 원격수업은 학생들의 학력격차를 더 심화시키는 교육 방식이라는 부정적인 인식이 커지고 있습니다. 원격교육에서 가장 중요한 조건인 접근성(accessibility)은 반드시 소통매체를 매개로 하기 때문에 기술적 인프라와 모바일 등 기기에 대한 비용이 필요합니다. 학습자의 지불능력 차이에 따라 원격수업이 '언제, 어디서나' 학습하는 것이 가능하기도, 불가능하기도 하기 때문에(신나민, 이선희, 김수연, 2021) 학습격차는 더 심화되고 있음을 알 수 있습니다.

5) 원격교육은 편하다

최근 '거꾸로 학습(flipped learning)'이 효과적인 새로운 교수방법으로 매우 큰 관심을 끌고 있습니다. 거꾸로 학습은 교실에서 수강하는 교수자의 강의는 집에서 동영상 등의 콘텐츠를 활용하여 학습하고, 집에서 개인적으로 수행하는 과제를 교실에서 동료들과 함께 협력적으로 수행합니다. 효과를 인정받고 있는 거꾸로 학습은 형태면에서 기존의 블렌디드 학습(Blended Learning: 온라인과 오프라인 혼합 학습)과 유사합니다. 블렌디드 학습은 기존의 이러닝(e-Learning)이 가지는 제한점인 교수자와 학습자 간, 학습자 간 상호작용의 부족 문제를 해소하기 위해 오프라인 수업을 혼합하여 제공하는 이러닝의 한 가지 형태입니다. 그러나 블렌디드 학습은 기대에 비하여 교육 현장에서 크게 확대 실시되지 못했는데, 이러닝을 수강하는 학습자들이 따로 시간을 내서 오프라인 강의 장소로 정해진 시간에 이동해야 하는 문제, 교수자들이 많은 학습자를 오프라인에서도 관리해야 하는 문제 등이 발생했기 때문입니다. 학습자들의 블렌디드 학습에 대한 만족도가 높지 않았는데, 그 이유는 시공간의 자유라는 이러닝의 편의성에 부정적인 영향을 주기 때문이었습니다. 편하다는 이유만으로 원격교육을 선택한 학습자의 경우 학습 참여를 높이기 위해 활용하는 다양한 수업전략에 부정적일 수 있으며 오히려 학습 효과를 저하시키게 됩니다. 원격교육은 편하게 수강할 수 있는 학습 방법이 아니며, 편하게 가르칠 수 있는 교육방법도 아닙니다. 시공간의 제한 때문에 실행하지 못했던 다양한 학습체험을 제공하는 원격교육은 더 적극적인 참여와 세심한 수업 준비가 필요합니다.

2. 원격수업의 문제점

앞 절에서 살펴본 원격수업에 대한 많은 쟁점은 여전히 원격교육의 여러 문제점이 해소되지 못하는 것과 관련이 있습니다. 다음은 원격수업의 문제점과 그 원인에 대해 살펴보겠습니다.

1) 학습환경 준비의 차이

원격수업은 학습자의 학습환경에 영향을 많이 받습니다. 원격수업은 원하는 곳에서 학습할 수 있는 장점을 가졌지만, 실제로 원활하게 학습할 수 있는 공간을 가진 학습자는 많지 않습니다. 비실시간 콘텐츠로 진행하는 원격수업의 경우 쌍방향 의사소통이 필요 없으므로 비교적 자유로운 장소에서 학습할 수 있으나, 이때에도 안정적인 인터넷 접속 환경과 영상의 화질을 유지하는 기기가 필요합니다. 실시간 쌍방향 원격수업에서 개별 학습자의 학습환경은 다른 학습자들에게도 영향을 줍니다. 안정적인 접속을 위한 인터넷 환경과 최소한의 영상 화질을 보장하는 기기 외에도 주변 소음과 방해 요인을 차단해 주는 안정된 학습 공간을 확보하도록 학생에게 요구하는 것은 쉬운 일이 아닙니다.

교육기관은 학습자들의 콘텐츠 수강이 용이하도록 콘텐츠를 탑재하고 진도를 관리할 수 있도록 원격수업을 원활하게 운영할 수 있는 '학습관리 시스템(LMS)'을 제공해야 합니다. 질 좋은 콘텐츠를 제공하기 위해서는 시스템의 안정적인 운영을 위해 학습자가 컴퓨터 환경을 점검하고 필요한 프로그램을 미리 설치하여 학습환경을 준비하도록 지원할 필요가 있습니다.

학교에서는 수업에 필요한 교구와 자료를 대부분 교사가 준비하기 때문에 원격수업에서는 교구와 자료가 필요한 실험이나 실기 수업은 제한된다고 생각하는 것이 일반적입니다. 그러나 오히려 교구와 자료를 학생들의 일상적인 생활과 학생들의 집에서 구할 수 있는 것들로 범위를 확대하여 시도하는 역발상이 필요합니다(김란, 이슬기, 장세영, 황성환, 2020). 또한 실물화상기 등을 활용하면 실험과 실습상황, 교재 등을 확대하여 근접 촬영으로 제공할 수도 있습니다.

2) 자기주도 학습능력의 차이

원격수업은 학습자의 성취도 수준, 학습 의지, 태도, 자발성 등의 영향을 많이 받습니다. 원격수업은 교실수업과 달리 개인적인 공간에서 학습자의 자발성에 의지하여 진행되며 학습자가 학습의 주체가 되기를 요구하는데, 때로는 이것이 학습자에게 부담이 되기도 합니다(이동주, 임철일, 임정훈, 2019). 성인교육에서 먼저 실시된 역사를 가진 원격교육은 성인의 자발적인 의사결정에 기초하기 때문에 이에 학습자들은 책임감을 가지고 자기주도로 학습해 왔습니다. 그러나 COVID-19 이후 원격수업은 자신의 의지와 관련 없이 수업에 참여해야 하는 다양한 학습자로 인하여 성인대상 교육보다 더욱 자기주도적인 학습에 어려움을 겪는 학습자가 많을 수 있습니다.

원격교육에서 학습자들이 겪는 가장 큰 어려움 중의 하나는 '불안'입니다(신나민, 2007). 여기서 불안은 기술적 측면에서는 매체와 관련된 불안으로 매체 사용능력, 매체 접근성, 매체 적응성 문제 등과 관련이 있습니다. 성인대상의 원격교육에서는 연령이 높거나 컴퓨터 사용의 경험이 적은 학습자가 문제였습니다. 한국은 10대들의 스마트폰 보급률이 높지만, 디지털 활용능력이 뒤처지는 것으로 조사되었습니다. 경제협력개발기구(OECD)의 국제학생평가프로그램(Programme for International Student Assessment: PISA)에 대한 평가를 보면, 학교에서 컴퓨터를 활용하는 비율은 최하위권이었으며, 학생들의 학습 디지털기기 활용 빈도는 30개국 중 29위, 디지털기기 활용에 대한 인식은 32개국 중 31위로 최하위였습니다. 학생들의 전반적인 디지털 문해력이 떨어져 스마트기기는 잘 다루어 이미지에는 친숙하지만, 문자와 설명서를 이해하는 능력은 떨어지는 것으로 나타났습니다(윤기영, 이명호, 2020). 이는 원격수업에서 10대 학습자들이 디지털을 매개로 하는 학습에 '불안'을 느끼는 요인이 될 수 있습니다.

원격학습자가 해결하기 어려운 사회적 측면의 문제로서는 '일'이나 '가족' 요인이 있습니다. 이들은 학습을 촉진하거나 방해하는 데 가장 많은 영향을 미치는 요인으로 알려져 왔습니다(신나민, 2007). 공부와 일과 가족 구성원으로서의 병행이 성인 원격학습자에게 가장 큰 부담으로 나타났는데, 초·중등 학습자에게도 원격수업의 상황에서 가족의 협조가 매우 중요한 요인일 수 있음을 시사합니다.

'고립'과 '외로움'도 원격학습자의 중요한 심리적 특성의 하나로 연구되어 왔습니다. 고립이 학습자원이나 지원으로부터의 고립이라면, 외로움은 '사회적 관계의 결핍에서 기인한 유해한 주관적인 감정'으로서 '사회적 지원'과 '네트워크'에 연결되지 못한 개인의 사회심리 상태를 의미합니다(신나민, 2007). 원격학습자의 외로움에 대한 연구는 최근 COVID-19로 인한 원격수업에서도 시사하는 점이 많은데, 소속감이나 친밀한 우정의 부재, 연결의 부재 등은 전통적인 면대면 교육 형태가 교육의 전형이라고 생각하는 학생들에게 원격학습에서의 상대적 고립감에 대해 더 불편함을 느끼는 것으로 알려져 있습니다. 사교성이 아주 높거나 아주 낮은 양극단의 학생 모두 원격학습에 잘 적응하지 못하는 것으로 나타나기도 하였습니다. 따라서 학습자들이 원격수업에 대해 긍정적인 태도를 가지도록 지원하고 사회적 교류감을 높이기 위한 수업전략을 보강하는 것이 필요합니다.

3) 교수자와 학습자, 학습자 간 소통의 어려움

멀티미디어의 발달로 역동적인 시청각 화면에 익숙하며 인터넷의 발달로 여러 접속자와 빈번하게 의사소통하는 학습자에게 원격수업은 지나치게 일방향으로 전통적인 형태의 수업을 제공하고 있습니다. 원격교육은 멀티미디어와 인터넷 기술을 활용하여 다양한 상호작용을 지원하는 쌍방향 학습환경으로서의 장점을 가진다고 알려져 왔으나, 콘텐츠 중심 원격수업에서는 교수자와 학습자의 소통, 학습자 간의 소통이 어려워 지속적으로 비판받아 왔습니다(노혜란, 박선희, 최미나, 2012).

COVID-19 이전의 원격교육은 비실시간 콘텐츠 수업이 주를 이루어 왔습니다. 콘텐츠 수업은 언제든지 반복수강할 수 있다는 장점이 있으나, 학습자들이 어떻게 수강하고 있는지를 파악하는 것이 어려워 일반적으로는 학습관리 시스템의 진도체크 기능을 활용하여 수강 여부를 판단해 왔습니다. 일방향적인 콘텐츠 수강은 학습자가 홀로 컴퓨터에 앉아 동영상 시청을 하므로 집중력 저하 문제와 콘텐츠 학습 피로도의 문제를 야기합니다. 또한 교사와 학생, 학생 간의 정서적 교감을 통해 서로 배려하고 책임지는 자세, 공동작업을 통한 협력 방법 등을 배우는 것이 어렵습니다(장원일, 정호중, 김성혁, 2021).

이러한 콘텐츠 중심 원격수업의 문제는 실시간 쌍방향 수업에 대한 관심을 증가시키며 교수자들 역시 다양한 상호작용을 활용한 원격수업 방식을 발굴·공유하고 있습니다. 쌍방향 원격수업을 시도하면서 학습자 간 교류의 장점을 인식한 교사들이 새로운 기술에 대한 두려움을 극복하고 오프라인에서만 가능하다고 여긴 다양한 수업 형태를 쌍방향 실시간 원격수업에서 시도하고 있습니다(김란 외, 2021).

4) 공정한 평가의 어려움

평가의 공정성에 대한 논란은 원격교육에서 오래된 문제 중의 하나입니다(노혜란 외, 2012). 원격교육은 비실시간의 평가, 실시간 평가 모두 서로 다른 장소에서 학습자들이 평가에 참여하기 때문에 시험감독이나 문항의 보안 문제가 더욱 부각됩니다(조은순 외, 2012). 기업의 원격교육에서는 시험 결과가 인사고과에 영향을 주는 경우도 있기 때문에 더욱 공정한 평가를 위한 조치가 요구됩니다. 개인인증을 강화하는 방법, 모사율 확인을 통한 방법, 복사 붙여넣기 방지, 문제은행 활용, 줌을 활용한 시험 상황 실시간 화면 공유 등을 적용하고 있지만, 학교에서의 원격수업 평가의 공정성 확보를 위해 지속적인 개선방안이 필요합니다.

한편, 호턴(Horton, 2006)은 전통적인 평가 형식의 원격수업 평가에는 한계가 있으며 최상의 선택이 아닐 수 있다고 하였습니다. 그래서 학점 기반의 공식 평가의 비중을 줄이기 위해 다양한 형태의 평가를 혼합할 필요가 있음을 제안하였습니다. 오픈북 평가, 과업을 완수하는 수행평가, 자기평가, 게임 활용 평가, 프로젝트 평가, 팀 평가 등을 혼합하여 활용할 수 있습니다. 다양한 자료들로 구성하는 포트폴리오, 활동별 토큰 제공, 실시간 온라인 활용 설문, 소프트웨어 활용 과제, 구술시험, 상호교수 활용, 개방형 문제 등을 고려할 수 있습니다.

5) 원격수업 피로감

디지털 피로감이란 갈수록 복잡해지는 디지털기기와 폭발적으로 증가하는 온라인 정보를 따라잡는 데 개인이 느끼는 피로감을 의미합니다(정숙분, 2021). 디지털 피로감 외에도 사이버 피로감, SNS 피로감 등의 기술 변화는 사용자에게 지속적으로 피로감을 야기하고 있습니다. 원격수업은 매체를 매개로 하는 수업 방식으로 인하여 실행하는 과정에서 교수자와 학습자 모두 다양한 디지털 기술과 정보를 활용하며 여러 형태의 정신적 피로감을 경험할 수 있습니다.

최근 화제가 된 '줌피로도(Zoom Fatigue) 증후군' 연구들은 실시간 쌍방향 수업 후 교수자와 학습자가 왜 몹시 피곤함을 느끼게 되는지 설명해 줍니다(Machemer, 2021). 스웨덴의 고센버그 대학교(University of Gothenburg) 연구원은 '내셔널 지오그래픽'(National Geographic)에서 뇌가 언어와 비언어적 소통 사이의 간극을 자신의 오류로 간주하여 자꾸만 수정하려 든다고 설명하며, 화상회의 시스템상의 문제를 뇌기능 문제로 착각하여 혼란과 과부하가 발생한다고 하였습니다. 스텐퍼드 대학교의 가상인간 상호작용 연구소(Virtual human Interaction Lab)에서는 10,000명 이상을 대상으로 ZEF(Zoom Exhaustion and Fatigue Scale)라는 줌피로도 측정도구를 활용한 연구 결과에서 여성이 남성보다 13.8% 더 많이 피로하며, 비언어적 단서 부족, 한 지점에 갇힌 느낌, 자신의 창을 보며 거울 불안(산만함을 유발하고 불안과 우울증을 증가시킴), 다른 사람들이 자신을 쳐다보고 있다는 느낌인 '과시현(hypergaze)'의 문제가 있었다고 제시하였습니다. 줌 피로도를 낮추기 위해 스탠딩 데스크를 활용하거나, 눈 피로를 줄이기 위해 주황색 필터를 활용하고, 셀프 뷰를 없애는 방법, 화면 크기를 제한하는 등의 방법을 제안하였습니다.

학습활동

⏳ 활동 1

❶ 활동명: 원격수업의 쟁점 토론하기
❷ 활동 목적: 원격수업의 주요 쟁점에 대해 자신의 입장을 정하여 토론할 수 있다.
❸ 활동 절차:
- 쟁점 중에서 주요 쟁점 2가지를 선정한다.
- 4개의 팀으로 구성한다.
- 4개의 팀에게 2개의 쟁점인 찬성과 반대를 나누어 배정한다.
- 구글 문서 도구나 패들렛을 활용하여 쟁점별로 찬성과 반대의 입론글을 작성한다.
- 상대편의 페이지에 반박글을 작성한다.
- 반박글에 대한 대응글을 작성한다.
- 각 팀은 자신들의 주장과 상대 반박에 대한 대응을 발표한다.
- 우수 팀을 평가한다.

〈참고 양식〉

원격교육 쟁점	찬성	반대
효과성	원격교육은 효과적인 방법이다.	원격교육은 비효과적인 방법이다.
학력격차	원격교육은 학력격차를 심화한다.	원격교육은 학력격차를 해소한다.

원격교육의 효과성	찬성팀	반대팀
입론		
반박글		
대응글		

⏳ 활동 2

❶ 활동명: 원격수업의 문제점에 대한 원인과 해결방안 찾기
❷ 활동 목적: 학습자가 원격수업에서 직면하는 문제점과 원인, 해결방안을 탐색할 수 있다.
❸ 활동 절차:
- 4개의 팀으로 나눈다.
- 각 팀은 교재에 제시된 원격수업의 문제점 외에 학습자가 겪는 어려움은 무엇이 있는지에 대해 브레인스토밍을 진행한다. 가장 시급한 해결이 필요한 어려움을 한 가지를 선정하여 패들렛(padlet)이나 구글 문서 도구를 활용하여 문제를 개시한다.
- 모든 팀은 갤러리 워크를 통해 각 팀의 문제에 대한 원인을 찾고, 이에 대한 해결방안을 논의하여 개시한다.
- 자신의 팀에 개시된 해결방안 중 가장 우수한 팀을 선택하고 추가 사항은 댓글을 활용하여 보완한다.
- 각 팀은 발표하고 문제 발굴이 우수한 팀, 원인 규명이 우수한 팀, 해결방안이 우수한 팀, 발표가 우수한 팀을 평가한다.

참고문헌

고환상, 권한섭, 김상묵, 김승범, 김용찬, 김찬배, 오성호, 왕순주, 이규형, 이상기, 이영기, 이종구, 최성락, 탁진규, 한석희, 황재일 (2020). 뉴노멀로 다가온 포스트코로나 세상. 서울: 지식플랫폼.

김란, 이슬기, 장세영, 황성환(2020). 줌 수업에 날개를 달아 줌: 줌 기초부터 학생 중심 온라인 수업까지. 서울: 테크빌교육.

노혜란, 박선희, 최미나(2012). 교육방법 및 교육공학. 경기: 교육과학사.

신나민(2007). 원격교육입문: 기술복제시대 교육에 대한 이해. 경기: 서현사.

신나민, 이선희, 김수연(2021). 교사와 예비교사를 위한 원격교육론. 서울: 박영스토리.

윤기영, 이명호(2020). 뉴 노멀: 우리가 알던 세상은 끝났다. 서울: 책들의 정원.

이동주, 임철일, 임정훈(2019). 원격교육론. 서울: 한국방송통신대학교 출판문화원.

장원일, 정호중, 김성혁(2021). 인터랙티브한 쌍방향 온라인 수업 강의: 내일의 학교를 준비 하는 언택트 시대의 교육. 서울: 박영스토리.

정숙분(2021). 디지털 피로감이 과거 지향적 소비에 미치는 영향: 노스탤지어의 매개효과를 중심으로. 동국대학교 대학원 석사학위 논문.

조은순, 염명숙, 김현진(2012). 원격교육론. 경기: 양서원.

Clark, R. E. (1994). Media will never influence learning. *Educational Technology Research and Development, 42*(2), 21-29. doi: 10.1007/BF02299088.

Horton, W. (2006). *E-Learning by design.* 김세리, 한승연, 우영희, 박

성희 역(2009). Horton의 이러닝 설계: 활동의 유형 및 사례. 서울: 아카데미프레스.

Machemer, T. (2021). 'Zoom fatigue' may be with us for years. Here's how we'll cope. https://www.nationalgeographic.com/science/article/zoom-fatigue-may-be-with-us-for-years-heres-how-well-cope.

K-MOOC. www.kmooc.kr.

제5장

원격수업의 이론

1. 원격교육 이론에서 배우는 원격수업의 기본 원칙
2. 새로운 학문 분야의 원격수업 적용 가능성

학습목표 ●●●●●

1. 원격교육 이론에 기초하여 원격수업의 기본 원칙을 도출할 수 있다.
2. 새로운 교육이론 분야에서 원격수업에 적용하기 위한 시사점을 도출할 수 있다.

주요 용어

- 독립성(independence): 원격교육에서는 가르침과 배움의 행위가 분리되기 때문에 교수자는 잘 가르치기 위한 계획, 교재 마련, 피드백의 책임이 있으며, 학습자는 내용을 스스로 학습해야 할 책임이 있다.

- 자율성(autonomy): 원격교육은 교수자를 대체할 수 있는 다양한 교육적 도구를 활용하여 온라인 학습환경에서 학습자가 스스로 학습할 수 있도록 해야 한다.

- 교류적 거리(transactional distance): 원격교육의 교수자와 학습자의 거리를 지칭한다.

- 안내된 조언적 대화(guided didactic conversation): 원격교육에서의 상호작용은 면대면 수업에서 교사와 상호작용하듯이 학습 내용을 정교화하여 교재를 개발해야 한다. 학습자가 자신이 알고 있는 것과 학습 내용을 연관시키며 활발하게 사고할 수 있도록 원격교육에서 교재를 기술하는 방식을 의미한다. 이는 교육용 콘텐츠를 만들 때도 적용된다.

- 학습 분석학(learning analytics): 테크놀로지가 매개하는 학습환경에서 일어나는 학습행동과 학습과정에서 발생하는 데이터를 측정·수집·분석·예측하여, 증거에 기반한 교수·학습적 의사결정을 지원하는 융합학문이다.

- 게이미피케이션(gamification): 게임을 고려하지 않은 서비스에 게임의 요소를 적용하여 사용자들의 참여를 촉진하는 것으로 게임의 특성을 일상생활에 접목시켜 사용자들의 동기를 높이는 것이다.

- 뇌과학(brain science): 인간의 뇌를 연구하여 유전자의 법칙을 알아내는 것뿐만 아니라 인간의 모든 행동의 발생 원인과 이유 등을 과학적으로 심층 설명함으로써 인간의 마음까지도 연구할 수 있는 학문이다.

1. 원격교육 이론에서 배우는 원격수업의 기본 원칙

1840년 우편통신을 활용하여 원격교육이 시작된 후 본격적으로 발전하게 된 1970년대에 이르러 원격교육에 대한 여러 이론이 등장합니다. 원격교육이 무엇인지, 전통적 교육과 무엇이 다른지를 탐색한 오랜 학자들의 연구가 오늘날 COVID-19로 인해 불가피하게 원격수업을 해야 하는 우리에게 어떤 시사점을 주는지 살펴보는 것은 매우 의미 있는 일입니다. 그들이 밝힌 여러 원격교육 이론에서는 원격수업을 준비할 때 꼭 고려해야 하는 기본적인 지침을 제공합니다.

1) 독립학습 이론

독립학습 이론은 원격교육의 독립성과 자율성을 강조하는 이론으로서 교수자가 가르치는 것과 학습자가 배우는 것이 각각 독립적으로 실행될 수 있음을 가정합니다. 대표 학자로는 델링(Delling)과 웨더마이어(Wedemeyer)가 있습니다. 델링은 원격교육이란 매체를 이용해 학습자와 상호작용하는 것이라 정의하고, 교수자와 학습자가 직접적으로 상호작용하지 않으므로 학습자는 자율적이고 독립적으로 학습해야 함을 강조하였습니다. 웨더마이어도 유사한 견해를 제시했는데, 원격교육에서는 가르침과 배움의

행위가 분리되기 때문에 교수자는 잘 가르치기 위한 계획, 교재 마련, 피드백의 책임이 있으며, 학습자는 스스로 내용을 학습해야 할 책임이 있다고 하였습니다. 그는 학습자가 독립적인 학습을 위해 학습 속도, 교육 내용, 교육목표, 교육활동 등에 대한 선택권을 가져야 함을 강조하였습니다(정인성, 나일주, 2004).

독립학습 이론을 통해 알 수 있는 중요한 원격수업의 기본 원칙은 '원격수업에서는 학습자가 교수자 없이도 독립적으로 학습할 수 있는 환경을 제공해야 한다.'라는 것입니다. 일반적인 교육이 교수자를 가장 중요한 수업의 요소로 전제한다면, 원격교육은 교수자를 대체할 수 있는 다양한 교육적 도구와 환경을 통해 학습자가 스스로 학습할 수 있도록 해야 한다는 것입니다. 원격수업은 다양한 형태로 학습자에게 제공되지만 교수자의 계획과 피드백을 전제로 이루어집니다. 따라서 원격수업을 학습자에게 제공하는 콘텐츠, 학습활동, 과제 중심 학습을 설계할 때에도 학습자가 독립적으로 학습할 수 있을 만큼 세심하게 설계해야 하며 학습자의 학습활동에 대한 피드백도 고려해야 합니다.

2) 교류적 거리 이론

무어(Moore)는 원격교육을 가르치는 행동과 학습하는 행동이 분리되어 수행되는 교수방법이라고 하였습니다. 그는 원격교육의 교수자와 학습자의 거리를 '교류적 거리(transactional distance)'라고 제시하며 원격교육의 구조와 대화라는 두 가지 개념으로 원격교육

을 설명하였습니다. 교류적 거리가 가까운 원격교육에서 학습자
는 교수자와 지속적인 대화를 통해 지도와 조언을 받게 되며 학습
자의 요구와 특성, 학습목표에 따라 수정이 가능한 융통성 있는 교
재를 이용할 수 있지만, 교류적 거리가 먼 원격교육에서는 대화가
적으며, 표준화된 지도를 받으나 개별 지원은 받기 어렵습니다. 교
류적 거리가 멀면 멀수록 학습자는 성공적인 학습을 위한 지원을
받기 어려워 스스로 학습에 대한 책임감이 더욱 커집니다(정인성,
나일주, 2004).

〈표 5-1〉 교류적 거리 수준에 따른 원격교육의 형태 구분

교류적 거리 수준	대화	구조	예시
가깝다	많다	높다	미네르바 스쿨, 실시간 쌍방향 강의 수업
		낮다	개별 전화 및 화상 과외, 온라인 토론 수업
멀다	적다	높다	방송통신대학교, 콘텐츠 중심 수업
		낮다	독서통신교육, 과제 중심 수업

출처: 정인성, 나일주(2004) 참조.

 교류적 거리 이론을 통해 알 수 있는 중요한 원격수업의 기본 원
칙은 '유일하게 효과적인 원격수업의 형태가 존재하는 것은 아니
다'라는 것입니다. 대화와 구조의 수준에 따라 다양한 형태의 원격
수업이 가능하며, 원격수업의 형태는 학습자의 학습에 대한 자율
성과 책임에 영향을 미칩니다. 교류적 거리 이론은 학생의 자율성

을 신장시키고자 할 때, 자율성이 너무 낮은 학생을 대상으로 할 때 고려해야 할 원격수업의 형태가 무엇인지에 대한 기준으로 참조할 수 있습니다.

3) 산업화 이론

독일의 원격대학교인 페른 대학교의 교수였던 피터스(Peters)는 산업화 이론을 통해 원격교육을 교수·학습의 산업화된 형태로 보았습니다. 여러 원격교육기관을 분석한 피터스는 원격교육을 산업사회의 대량상품 생산과 비교하였습니다. 대규모의 학습자 집단에게 잘 구성된 원격교육 교재를 제공하고, 관리하고, 평가하는 방식이 산업사회의 생산체제의 특성을 반영하고 있다는 것입니다. 표준화된 교재는 각 분야 전문가가 참여하여 기획·설계·개발·제작·평가 과정을 거쳐 개발되는데, 산업화의 생산과정에 이를 대응해 보면 '합리화' '노동의 분화' '기계화' '조립라인' '대량생산' 등으로 표현할 수 있습니다. '사전준비' '계획' '조직' '과학적 통제 방법' '표준화' '집중화와 중앙화' 등을 포함하여 원격교육은 산업화의 대량생산체제와 맥락을 함께하고 있다는 것입니다. 산업화 이론은 교육이라는 가치지향적인 활동을 마치 이윤을 위해 최고의 생산성을 추구하는 활동으로 분석하고 있어 원격교육을 다소 부정적으로 본다고 이해될 수 있습니다. 그러나 실제 스타강사를 앞세운 국내 인터넷 강의 산업은 그 규모 면이나 개발 및 판매에 있어 대기업의 생산체계를 능가합니다.

이러한 산업화 이론도 원격수업을 준비하는 우리에게 중요한 시사점을 제공하는데, 이 이론에서 배울 수 있는 원격수업의 기본 원칙은 '원격수업의 전 과정에서 효율성과 효과성을 고려하라'는 것입니다. 더 효과적인 방법이 있음에도 불구하고 익숙하지 않다는 이유만으로 적용을 시도하지 않거나, 더 효율적인 방법으로 학생 모두를 세심하고 정확하게 관리할 수 있음에도 시간이 없어 어렵다고 답한다면 원격교육은 여전히 산업화 이전 단계에 머물게 될 것입니다.

4) 상호작용 이론

베츠(Bååth), 홈버그(Holmberg), 대니얼(Daniel), 스와트(Sewart)에 의해 발전된 상호작용 이론은 원격교육에서 교수자와 학습자, 학습자와 학습자 사이에 이루어지는 상호작용이 왜 중요한지 설명하고 있습니다.

베츠(1979)는 상호작용을 개념화하였는데, 연습문제와 피드백, 질문과 대답, 자기진단 시험과 같은 방식을 이용해 교재 내에서 어떻게 상호작용을 확보할 수 있는지 탐색하였습니다. 홈버그(1986)는 원격교육을 '안내된 조언적 대화(guided didactic conversation)'로 설명하며 원격교육에서의 상호작용은 면대면 수업에서 학습자가 교사와 상호작용하듯이 학습자가 알고 있는 선수학습 내용과 정교하게 개발된 교재의 내용을 연관시키며 활발하게 사고할 수 있도록 교재를 개발해야 한다고 강조하였습니다. '안내된 조언적 대화'

가 가능한 교재는, 첫째, 접근이 용이해야 하며, 분명하고도 대화하듯이 구어체를 활용하고, 적절한 수준의 정보 밀도가 요구됩니다. 둘째, 학습자가 무엇을 해야 하고 무엇을 하지 말아야 하는지를 분명하게 안내합니다. 셋째, 의견의 교환, 질문을 촉진하며, 학습자를 감성적인 수준에서 참여하게 해야 합니다. 대니얼과 마르퀴스(Daniel & Marquis, 1979)는 원격교육이 학습자가 개별적으로 하게 되는 독립적 학습활동과 매체를 통해 교수자와 학습자가 함께 대화하는 상호작용 활동으로 구성되어 있어 이 두 가지 활동이 적절하게 균형을 이루어야 원격교육이 성공한다고 하였습니다. 스와트(Sewart, 1980)도 학생들이 성공적으로 학습성취를 이루려면 교재로는 부족하여 면대면의 즉각적인 피드백을 대신해 줄 수 있는 여러 형태의 매체를 이용한 상호작용이 필요하다고 하였습니다 (정인성, 나일주, 2004).

상호작용 이론은 원격교육에서 교재를 주요 전달 수단으로 활용할 때 교재 개발 시 유의해야 할 원칙을 제시해 주고 있습니다. 좋은 교수자는 내용 전달에만 집중하지 않는 것처럼 원격수업에서 좋은 전달매체는 '대화하는 듯한 구어체, 정확한 지침, 감성을 촉진해야 한다'는 것입니다. 원격수업에서 활용되는 많은 시각 자료는 문어체 위주인데 오디오 설명에서조차 문어체로 제시되는 경우가 많습니다. 또한 학습활동이나 과제의 지침이 모호하여 학습자가 이해하기 어려운 경우가 많습니다. 면대면 교육이 아니라는 이유로 지나치게 인지적 영역에 치우치는 경향도 있습니다. 원격수업에서 실험실습과 같은 운동기능적 영역을 매우 제한적으로 적용하고 있으며, 정의적 영역은 교육이 불가능하다고 여기는 경우도 있습니다. 원격수업이기 때문에 더욱 강조해야 할 상호작용적 영역이 감성적 영역임을 알고, 이를 어떻게 수업에 적용할지 설계 전략을 수립할 필요가 있습니다.

5) 학습공간 확장 이론

정인성과 나일주(2004)는 기존의 원격교육 이론이 새로운 테크놀로지의 특성을 반영하지 못하고 있음을 지적하며 '학습 공간 확장(Expansion of Learning Space)'이라는 개념을 토대로 새로운 원격교육 이론을 제안하였습니다. 기존의 원격교육이 '멀리 떨어진' 교육에 초점을 맞추었다면 정보통신기술에 기반한 '학습 공간 확장'에 초점을 맞춘 이 이론의 주요 특징은 다음과 같습니다.

첫째, '정보 습득 공간의 확대'는 새로운 원격교육에서 웹 등을 통한 다양한 정보, 대화 공간을 통한 정보가 무한정적으로 확대될 수 있음을 의미합니다. 둘째, '정보 활용 공간의 확대'는 학습자가 습득한 정보를 단순히 자신의 학습력 향상에만 활용하는 것이 아니라 다른 학습자들이 활용하도록 공간을 확대할 수 있습니다. 셋째, '학습 대화 공간의 확대'는 다양한 학습 대화의 공간을 나누거나 합치면서 학습 효과를 높여 나갈 수 있습니다. 넷째, '지식 구성 공간의 확대'는 개별적으로 또는 다른 학습자와 협력적으로, 학습자는 문제해결을 위해 지식을 손쉽게 구성할 수 있는 공간을 확대해 갈 수 있습니다.

학습 공간 확장 이론은 테크놀로지를 활용하여 기존의 전통적인 수업이 가지는 공간적·물리적 제약을 원격수업이 해소할 수 있는 교육환경이라고 재인식해야 함을 강조하고 있습니다. 원격수업은 항상 전통적인 면대면 교육에 비하여 비효과적인 교육환경으로 기피되어 왔습니다. 이 이론에 기초한다면 '원격수업은 면대면 수업보다 정보 습득이 더 용이하고 정보 활용이 더 다양하며, 대화는 원활하게 협력은 더 수월할 수 있어야 한다'는 것을 알 수 있습니다.

2. 새로운 학문 분야의 원격수업 적용 가능성

앞에서 살펴본 원격교육 이론 외에도 원격수업을 더욱 잘 이해하고, 더욱 효과적으로 실행하기 위해 적용할 수 있는 새로운 학문 분야를 소개하고자 합니다. 각 분야가 원격수업에 어떠한 시사점을 주는지 살펴보겠습니다.

1) 학습 분석학

(1) 학습 분석학의 정의

학습 분석학(Learning Analytics)은 "학습과 학습이 일어나는 환경에 대한 이해와 그 최적화를 위해 학습자와 그들의 맥락에 대한 데이터의 측정·수집·분석·보고 활동(Siemens et al., 2011)" 또는 "테크놀로지가 매개하는 학습환경에서 일어나는 학습행동과 맥락에서 발생하는 데이터를 측정·수집·분석·예측하여, 증거(evidence)에 기반을 둔 교수·학습적 의사결정을 지원하는 융합학문"(임철일, 조일현, 2016)으로 정의되고 있습니다. 학습 분석학은 빅데이터 분야의 발전에 기초하여 학습자가 학습과정에서 남기는 다양한 행위 로그 데이터를 분석의 대상으로 봅니다. 분석 기법으로 활용되는 데이터마이닝 기법은 데이터를 그 특성에 따라 선별, 분류, 연관시키는 반복적인 수행을 통해 데이터를 분석하는 방법으로 표집과 추론이 필요 없는 모집단 전수 조사가 가능한 빅데이터 기술의 발전이 학습 분석학 발전에 기여해 왔습니다.

(2) 학습 분석학은 누구를 위한 것인가

학습 분석학은 학습자용, 교수자용, 경영자용 유형으로 구분할 수 있습니다. 학습자용 학습 분석학은 학습목표 달성 정도를 예측하고, 학습을 지원하고자 다양한 도움을 제시하기 위한 정보를 만들어 냅니다. 교수자용 학습 분석학은 학습자의 학습행동을 요약하고, 성과를 예측하고, 유형화하고, 고위험군 등을 분류하여 맞춤형 수업전략을 수립하기 위한 정보를 제공합니다. 경영자용은 콘텐츠의 성과를 세분화하여 분석하거나 최단 학습경로를 예측하여 효율적인 학습을 위한 교육 자원을 분배할 수 있는 정보를 제공합니다.

(3) 학습 분석학에 활용되는 학습 데이터는 어떤 것들이 포함되는가

정태적 데이터는 일반적으로 고정적인 성향의 개인특성 정보(일반적 특성, 성취도 수준, 자기조절 학습 수준, 미디어리터러시 수준 등)를 의미하고 동태적 데이터는 학습경로 등 변화하는 정보를 의미합니다.

(4) 학습 분석학의 범위

학습 분석학은 개인과 콘텐츠 간의 상호작용상에서 나타나는 행동 데이터 외에도 생체심리 신호 데이터를 통해 몰입이나 동기 등도 분석하는 개인적 학습 분석학과 SNS의 확대 등으로 네트워크 분석을 활용한 사회적 학습 분석학도 발전 추세입니다.

(5) 원격교육 이론 발전에 학습 분석학은 어떤 기여를 할 수 있는가

임철일과 조일현(2016)은 원격수업 설계에 적용할 수 있는 코스 내 학습 분석학(intra course learning analytics)을 통해 애디(ADDIE) 모형의 분석(Analysis), 설계(Design), 개발(Development), 실행(Implementation), 평가(Evaluation)의 단계에서 실제 학습 상황에 대한 빅데이터를 수집하여 이 분석 결과를 평가한 후 분석에 환류(feedback)하여 애디 모형의 순환성을 현실화할 수 있다고 하였습니다. 코스 간 학습경로(inter-courses)로 학습 분석학의 범위가 확대되고 있는데, 개별 교과 내의 학습경로가 아니라 학습자의 중·장기 역량개발을 목표로 다양한 코스 경로에 대한 데이터를 분석하여 코스 추천을 위한 연구가 진행되고 있습니다. 코스는 마이크로 티칭 추세로 점차 더 작은 콘텐츠로 구성되고 있으며, 최소한의 학습 시간에 최대의 학습 효과를 얻도록 학습자에게 지능화·맞춤화된 원격교육을 제공하기 위한 기초 분야가 될 것입니다.

(6) 학습 분석학은 윤리적으로 문제가 없는가

신나민, 이선희, 김수연(2021)은 원격교육에서는 교수 · 학습 활동이 디지털 매체로 중재되면서 관련 데이터가 기록되어 학습관리 시스템에 남게 되며, 이러한 정보를 누적 · 분석하여 학습패턴과 문제점을 파악한 후 개인 맞춤형 학습에 도움을 줄 수 있는 학습 분석학에 윤리적 문제가 발생할 수 있다고 하였습니다. 어떤 데이터를 어느 정도 이용할 수 있는지, 누가 결정을 할 것인지와 관련된 윤리적 문제에 답하기가 어렵다고도 지적하였습니다.

(7) 학습 분석학에서 배우는 원격수업의 시사점은 무엇인가

다양한 기술적 문제와 윤리적 문제가 있음에도 불구하고 학습 분석학은 원격수업의 효과를 높이기 위해 다음과 같은 시사점을 제공합니다.

첫째, 원격수업에서 학습자의 효과적이고 효율적인 학습을 지원하기 위해 필요한 학습 정보는 무엇인지, 어떻게 수집하고, 어떻게 분석하여 활용할 것인지에 대한 고려가 필요합니다. 둘째, 교수자의 효과적이고 효율적인 수업설계와 개발, 실행과 평가를 지원하기 위해 필요한 수업 정보가 무엇인지, 어떻게 수집하고, 어떻게 분석하여 활용할 것인지에 대한 고려가 필요합니다.

2) 게이미피케이션

(1) 게이미피케이션의 정의

게이미피케이션(Gamification: 게임화)은 게임이 아닌 것에 게임적 사고를 가지고 게임 기법을 활용해 문제를 해결하여 사용자를 몰입시키는 과정을 의미합니다. 게이미피케이션이란 용어는 2004년 3월 닉 펠링(Nick Pelling)이 처음 사용한 이후 비즈니스에 적용된 게임 설계는 관련 기업들의 생산성에 긍정적인 영향을 주었습니다(이동혁, 박남제, 2016).

게이미피케이션은 게임이 아닌 교육, 광고, 건강, 마케팅 등의 다른 분야에 게임의 기제와 구조를 적용시켜 사용자의 참여를 유도하는 것을 의미합니다. 이동엽(2011)에 따르면 게이미피케이션의 궁극적인 목표는 게임의 특성을 일상생활에 접목시켜 사용자의 동기를 높이는 것입니다.

학습환경에서의 게이미피케이션은 학습자에게 동기를 부여해 주며, 콘텐츠의 이해를 돕는 등 교육 콘텐츠가 갖지 못한 단점을 보조하는 역할을 합니다. 게임의 특성과 요소를 교육에 접목시킨 연구를 살펴보면, 임규찬(2015)은 교육 콘텐츠에 상호작용, 보상, 목표 등의 게임화 요소를 적용시켜 학습에 집중하게 도울 수 있는 교육 시스템을 제안하였으며, 송상호와 송병국(2015)은 게임의 요소를 결합한 교육 콘텐츠가 학습동기를 높여 주는 것을 확인하였습니다. 게임의 원리와 요소를 교육환경에 접목하는 것은 학습자에게 재미와 즐거움만 전달하는 것이 아니라 학습에 집중할 수 있

도록 동기를 부여하고 콘텐츠와의 상호작용을 촉진한다는 사실을
제시하였습니다.

(2) 게이미피케이션과 몰입

몰입은 게임 기획에 있어 중요한 요소입니다. 게임의 핵심 가치
는 즐거움으로, 게임을 하면서 느끼는 재미는 게임 참여자가 얼마
나 몰입을 하는지를 통해 측정할 수 있습니다. 게임은 사용자에
게 재미와 즐거움을 느끼게 함으로써 콘텐츠에 대한 흥미를 유발
하고 몰입할 수 있는 환경을 제공합니다. 클라크와 하워스(Clark &
Haworth, 1994)에 따르면, 온라인 게임의 난이도가 증가하면서 사
용자는 게임을 진행할수록 게임 운용 능력이 향상됩니다. 온라인
게임은 기존 매체보다 참여 수준이 높기 때문에 사용자에게 지속
적인 게임활동을 유도하여 최적의 몰입 경험을 제공합니다. 높은
몰입 경험은 사용자의 게임 만족도에 영향을 미치며 게임을 지속
하도록 하는 선행 요인이 됩니다.

(3) 게이미피케이션을 활용한 원격수업 전략

게임 몰입에 관련된 다양한 연구를 바탕으로 민슬기와 김성훈
(2015)은 도전감과 같은 목표와 동기 제공 및 아이템 사용에 따른
경쟁 그리고 다른 게임 참여자들을 통한 참여와 공유 같은 상호작
용이 게임의 몰입을 촉진하며, 학습 촉진을 위해 이 요소들을 교육
용 콘텐츠에서 어떻게 적용할 수 있을지 제시하였습니다. 각 세부
요소는 원격수업에 적용할 수 있는 게임 전략으로 활용할 수 있습

니다(민슬기, 김성훈, 2015).

① 목표(Goal)

몰입에 영향을 미치는 첫 번째 요소로서 목표를 측정하는 세부 요인으로는 보상(reward)과 수준(level) 전략이 있습니다.

보상 전략은 사용자의 특정 행동이나 활동에 대하여 주어지는 매혹적인 대가입니다. 목표를 달성하는 과정에서 게임 참여자에 대한 적절한 보상은 참여자의 몰입도를 변화시키는 중요한 요소로 작용하며, 게임을 진행함에 있어서 또렷한 목표의식을 가지고 게임에 참여할 수 있게 합니다. 학습에서의 보상은 점수나 교환상품, 선물 등 학습자가 가치 있다고 느낄 만한 형태로 제공되어 학습의 참여도와 목표의식에 따른 몰입을 돕습니다.

수준 전략은 정도의 크기나 강도로, 게임의 일정한 정도나 표준을 제공하는 것입니다. 교육 콘텐츠에서 주로 단계별 학습 형태로 나타나며, 단계마다 난이도가 높아지는 구조로 이루어집니다. 수준의 역할은 목표를 구체적으로 설정해 주고 그 목표를 달성하는 방법들을 제시하여 참여자의 동기를 유발시키고 집중도를 높이는 것입니다. 보상과 수준 전략은 학습자가 도전의식을 가질 수 있는 원동력이 되며, 목표를 가지고 학습 설계를 하는 등 자발적인 학습능력과 집중을 높여 학습자의 몰입에 도움을 줍니다.

② 경쟁(Competition)

두 번째 요소로서 경쟁을 측정하는 세부 요인으로는 아이템

(item)과 레벨업(level-up) 전략으로 나뉩니다.

아이템 전략은 게임 참여자가 게임을 진행하면서 습득하여 사용할 수 있는 모든 물건으로서 게임을 진행하는 데 부가적인 선택 항목을 제공해 줍니다. 게임 참여자에게 아이템은 능력을 부여해 주거나 향상시켜 주는 등 다양한 운영을 가능하게 하며, 학습 과정에서 아이템은 학습자가 수행할 과제의 난이도가 높아 학습자의 집중력이 흐트러질 때 대신 과제를 해소시켜 줌으로써 몰입을 지속시켜 줍니다.

레벨업 전략은 게임 참여자의 일정한 경험치를 얻었을 때 레벨이 상승하는 과정입니다. 교육환경에서 레벨업은 학습자가 주어진 목표나 미션을 완수했을 경우 다음 단계로 넘어갈 수 있도록 합니다. 레벨업은 학습자가 과제를 수행하며 얻어 낸 결과물로서 자신의 능력이 높게 평가됨에 따라 학습의 집중력을 강화시키고 더욱 몰입하게 돕습니다. 이수연(2013)의 연구에 따르면 게임의 기능적 요소 중 경쟁에서 레벨업과 아이템 습득과정은 필수적이며, 열심히 시간을 투자하여 얻어 낸 레벨업과 아이템이 타인에 비해 높거나 좋을 경우 개인은 성취감을 느낍니다.

③ 상호작용(Interaction)

마지막 요소로서 상호작용을 측정하는 세부 요인으로는 커뮤니티(community), 정보교환(information exchange) 그리고 협동게임(cooperation play) 참여 전략이 있습니다.

커뮤니티 전략은 게임 참여 외의 공간에서 게임 참여자들이 모여 서로 의견을 나누고 자료를 공유할 수 있도록 하는 전략입니다. 게임 안에서 대화를 하고 정보를 교류할 수 있는 소통의 장 역할을 하며, 게임 커뮤니케이션 안에서의 활동은 그 안에서 많은 정보를 습득할 수 있습니다. 커뮤니티 전략은 학습자 간의 친밀감을 형성시켜 사용자에게 동기를 부여해 주고 학습과정에 재미를 느끼게 하여 학습 공간에 몰두할 수 있도록 지원합니다.

정보교환 전략은 게임을 하는 상대방의 화면이나 데이터 등을 공유하고 교환함으로써 게임의 진행이 원만하게 이루어지도록 돕는 요소입니다. 정보교환은 다양한 경험을 통하여 얻은 정보로 원활한 게임이 진행되게 하여 게임 참여자의 자신감과 성취감을 높이는 데 영향을 줍니다. 학습자는 정보교환을 통해 자신의 역량으로 부족한 난제를 해소시킬 수 있으며, 난이도의 장벽을 넘어 학습에 성취감을 느끼고 집중할 수 있습니다.

협동게임 참여 전략은 게임 참여자들이 팀이나 짝을 이루어서 게임에 참여할 수 있도록 합니다. 협동게임 참여를 통해 게임에 참여하게 되면 커뮤니티를 강화해 주고 커뮤니케이션과 조직을 활성화시켜 주며, 커뮤니티와 게임에 대한 투자를 강화하여 정체성을 확립시키기 때문에 사용자에게 친숙함과 소속감을 제공해 줍니다. 협동게임 참여 전략은 여러 학습자가 같은 공간에서 과제에 직면했을 때, 함께 풀어 나가는 과정을 공유하며 과제를 해소시킴으로써 서로 간에 협동심과 소속감을 느끼게 하고 학습에 더욱 집중할 수 있도록 돕습니다.

3) 뇌 기반 교육

(1) 뇌 기반 교육의 정의

뇌 기반 교육은 교수자와 학습자에게 과학적으로 설명이 가능한 교수·학습 방법을 구체적으로 제시함으로써 교육을 수행하는 데 더욱 유능해질 수 있도록 돕는 교육 이론이라 할 수 있습니다. 뇌 기반 교육은 뇌의 구조 및 기능, 신경전달물질, 뇌파 등 뇌 과학적 메커니즘을 토대로 학습자의 뇌를 이해하고 이를 효율적으로 활용할 수 있는 적절한 교수·학습 환경을 설계하고자 하는 데 목표를 둔 새로운 교육 이론입니다(신재한, 2017). 뇌 과학의 관점에서 보면 학습이란 학습자가 직간접 경험을 통해 뇌를 새롭게 구성해 가는 활동이며, 교육이란 학생들의 뇌 재구성을 지원하는 활동이라 할 수 있습니다.

마지현(2018)은 뇌 기반 학습법을 적용한 중학교 음악수업을 연구하며 뇌 기반 학습의 특성을 전통적인 학습과 비교하여 다음과 같이 제시하였습니다.

〈표 5-2〉 전통적인 학습과 뇌 기반 학습의 비교

구분		전통적인 학습	뇌 기반 학습
이론의 기저	기반 학문	인문학 중심	인지과학 및 신경과학 중심
	학습과학	• 과학으로 인정되지 않음 • 뇌 과학 연구와 무관함 • 뇌 역할 간과함	• 과학으로 인정되고 장려됨 • 뇌 과학에 기반을 둔 연구 및 응용 • 뇌 과학 학습, 신경 학습
교사/ 학습자의 관계	교사의 역할	• 지식의 전달자	• 학습의 촉매자, 조력자
	학습자의 역할	• 지식의 수용자	• 지식의 창조자, 응용자
학습의 형태	학습 속성	• 정보의 습득과 개념의 조화 • 내용 중심	• 정보의 활용과 도구의 조작, 내용, 가치, 의미 중심 • 경험을 통한 학습
	학습 방법	• 지식 전달 위주의 학습상황 • 강의 중심, 설명식 수업 방법 위주 • 많은 내용을 전달하는 것이 최대 목표	• 문제해결 중심의 학습 • 교사의 직접적인 설명을 1/4 이하로 제한함 • 성찰의 시간을 통해 학습 내용을 토의하고 유의미한 정보로 체득하기
	학습/ 교육 프로그램 강조점	• 정적 지식, 정보	• 인지적 전략/기술의 학습
	표현 방식	• 말, 글, 그림 위주의 표현 방식	• 다중지능 활용, 다양한 표현 방식(몸짓, 노래 등)
	학습 상황	• 현실과 괴리(추상적 상황)	• 다중지능 활용, 다양한 표현 방식(몸짓, 노래 등)
수업의 요소	물리적 환경	• 훈육, 조직적, 정숙함 • 책상에 앉아서 앞을 보는 제한적 수업활동	• 표현의 풍부, 다양한 변화, 시끄러움 • 학습 동료들과 마주 보면서 움직임 • 주제어에 맞게 손으로 직접 만지고 조작할 수 있는 수업 보조자료로 학습환경 조성함

수업의 요소	인지적 요인 (기억)	• 정보의 유형에 무관하게 반복과 훈련 중심의 기억훈련	• 지식, 정보의 유형에 따른 수업 방식의 변화 • 일화 기억으로 실제 체험을 통한 기억력 향상 • 의미 기억으로 이미지, 청각적 요소를 통한 기억력 향상
	정서적 요인	• 학습하기 위한 긴장과 스트레스	• 낮은 스트레스와 높은 즐거움, 몰입 • 음악, 게임, 신체 활동을 통한 두뇌 자극
	학습동기	• 등급에 의한 학습 강요	• 필요에 의한 본질적인 학습동기 • 학습발달 단계에 따른 동기 유발
교수 · 학습 평가	교과목의 구성	• 학문적 계열성과 각 교과의 분절 과목을 분리하여 가르침	• 통합적, 주제 중심적, 실생활 중심
	수업활동	• 똑같은 교재와 똑같은 속도로 학습함	• 학습자 개개인의 차이를 존중하고 자신의 흥미와 감정에 맞는 활동을 바탕으로 약점을 보완해 나감
	수업 도입 및 전개	• 실생활의 지식을 교과 지식과 연결하지 못함	• 생활 중심의 주제, 학습자가 이미 알고 있는 지식, 흥미 있는 주제를 통해 의미 있는 학습 촉진
	평가	• 불명확하고 일회성의 피드백	• 적절하고 의미 있는 피드백 과정과 수행 중심의 평가

출처: 마지현(2018) 재구성.

(2) 뇌 기반 원격수업의 전략

권형규(2014)는 자신의 『뇌 기반 인터넷 원격교육』 저서에서 탐킨스(Tampkins, 2007)의 뇌 기반 'IGNITE' 모형을 소개하였습니다. 이 모형의 각 요소는 뇌 기반 원격수업을 운영하기 위해 적용할 수 있는 교수·학습 전략으로 적용할 수 있습니다.

첫째, 'I(Intervals: 간격)'는 빈번하고 짧은 휴식을 제공하여 집중력을 높이는 전략입니다. 15~20분의 집중 후에 2~3분의 휴식을 제공하도록 추천하는데, 생리학적으로 인간의 뉴런이 20분 동안에만 예리하고 기민한 것을 근거로 합니다. 20분 후에 뉴런은 완전히 독립된 집중상태에서 완전 붕괴로 이어지고 뉴런이 다시 집중상태로 회복되기까지는 2~3분이 걸리기 때문입니다.

둘째, 'G(Grouping: 집단화)'는 정보를 3~5개 정도로 묶어서 반복과 패턴화를 활용하는 전략입니다. 뇌는 9개 사항을 처리하는 용량을 가졌기 때문에 정보를 3~5개로 묶어서 제시하면 더 효율적으로 처리할 수 있습니다.

셋째, 'N(Novelty: 참신성)'은 참신한 변화나 유머를 활용하여 변화를 주는 전략입니다. 학습자들은 지루하면 정보에 주의를 기울이지 않기 때문입니다.

넷째, 'I(Interconnectedness: 상호연결성)'는 연결, 참여, 경험 및 시연을 하는 전략입니다. 학습자들의 요구와 연결되도록 하며, 이전 지식과의 연결을 제공합니다.

다섯째, 'T(Technology and Time: 기술과 시간)'는 학습자의 수준에 맞는 적절한 기술들을 활용하여 학습자가 배운 것을 뇌에 입력하고 정리하고 처리하는 데 충분한 시간을 제공합니다.

여섯째, 'E(Environment: 환경)'는 교수·학습에 정서적인 환경을 제공하는 전략입니다. 온라인 학습에서는 학습자들을 반겨 주고 학습자의 요구를 이해하는 것이 중요합니다.

학습활동

1. 다음은 원격교육에 대한 고전 이론들입니다. 한 가지 이론을 선택하고 현재의 교육상황을 고려하여 원격수업을 효과적으로 개발 및 운영하기 위한 원칙을 한 가지 도출해 봅시다.

- 동등성 이론: 시몬슨, 스말디노, 올브라이트와 즈바첵(Simonson, Smaldino, Albright, & Zvacek, 2006)은 원격교육이 성공하기 위해서는 원격교육 학습자의 학습 경험이 면대면 학습자의 경험과 동등해질수록 원격교육 학습자의 학습 경험의 결과도 동등해질 것이라고 하였다. 이 이론의 핵심은 동등성(equivalency)인데, 면대면 학습자와 원격교육 학습자는 학습환경이 다르지만 동등한 교육을 제공할 책임이 있다는 것이다. 다양한 원격학습자는 다른 학습 경험을 요구할 수 있지만 동등한 학습 경험을 제공해야 한다.

- 열린학습 모형: 켐버(Kember)는 학습자에게 초점을 두고 열린학습으로 원격교육을 재개념화하고자 하였다. 공간의 부족, 빈곤, 지리적 거리, 고용, 가정 사정 등으로 교육에 참여하지 못하는 사람들에게 기회를 주기 위해 원격교육은 피상적 접근이나 외적 동기보다는 교과목에 대한 깊이 있는 접근과 내적 동기를 유발하도록 설계되어야 한다고 보았다. 이 모형은 학생들이 학습을 완수하며 직면할 수 있는 어려움을 확인하고 상담과 안내를 위한 지침을 제공하였다(한상길, 2004).

2. 학습 분석학, 게이미피케이션, 뇌 과학 분야가 원격교육 분야에 미칠 수 있는 부정적인 측면에 대해 논의해 봅시다.

3. 원격교육 분야에 크게 영향을 미칠 수 있는 새로운 학문 분야나, 새로운 기술, 사회, 문화, 환경 이슈 중에서 한 가지를 선정하여 주요 내용을 정리하고, 원격수업의 설계와 운영에 어떠한 시사점을 주는지 논의해 봅시다. (예: 인공지능, 로봇, 기후변동 등)

참고문헌

권형규(2014). 뇌 기반 인터넷 원격교육. 경기: 교육과학사.

마지현(2018). 뇌 기반 학습법을 적용한 중학교 음악 수업의 능률적인 수업지도안. 경희대학교 대학원 석사학위 논문.

민슬기, 김성훈(2015). 학습자 몰입 증진을 위한 스마트 e-러닝의 게이미피케이션 적용 연구. 한국디자인문화학회지, 21(4), 177-187.

송상호, 송병국(2015). 게임기반 교육용 프로그램의 에듀테인먼트 특성 연구-줌비니 사례를 중심으로. 한국영상학회논문집, 13(2), 35-67.

신나민, 이선희, 김수연(2021). 교사와 예비교사를 위한 원격교육론. 서울: 박영스토리.

신재한(2017). 뇌기반 교육의 이론과 실제. 서울: 신한출판미디어.

이동엽(2011). 게이미피케이션(Gamification)의 정의와 사례분석을 통해 본 앞으로의 게임시장 전망. 디지털디자인학 연구, 11(4), 449-457.

이동혁, 박남제(2016). 게이미피케이션 메커니즘을 이용한 초등 네트워크 정보보안 학습교재 및 교구 개발. 정보보호학회, 26(3), 787-797.

이수연(2013). 게이미피케이션(Gamification)이 적용된 스마트폰 애플리케이션에 대한 사용자의 몰입 및 지속적 사용의도에 관한 연구. 한국외국어대학교 대학원 석사학위 논문.

임규찬(2015). 스토리텔링 기법을 적용한 게이미피케이션 기반의 협업적 교육 시스템 설계. 단국대학교 대학원 석사학위 논문.

임철일, 조일현(2016). 공개자료, 묵스 그리고 학습분석학. 한국교육공학회 편저. 교육공학탐구(pp. 147-179). 서울: 박영사.

정인성, 나일주(2004). 원격교육의 이해(2판). 경기: 교육과학사.

한상길(2004). 원격교육론. 서울: 양서원

Bååth, J. (1979). *Correspondence Education in the Light of a Number Contemporary Teaching Models, 2*(1), 91-97. https://doi.org/10.1080/0158791810020106.

Clarke, S. G., & Haworth, J. T. (1994). "Flow" experience in the daily lives of sixth-form college students. *British Journal of Psychology, 85*(4), 511-523. https://doi.org/10.1111/j.2044-8295.1994.tb02538.x.

Daniel, J. S., & Marquis, C. (1979). Independence and interaction: Getting the mixture right. *Teaching at a Distance, 15*, 29-44.

Holmberg, B. (1986). *Growth and structure of distance education.* London: Croom Helm.

Sewart, D. (1980). Providing an information base for students studying at a distance. *Distance Education, 1*(2), 171-187.

Siemens, G., Gašević, D., Haythornthwaite, C., Dawson, S., Shum, S. B., Ferguson, R., Duval, E., Verbert, K., & Baker, R. S. j. d. (2011). *Open learning analytics: An integrated and modularized platform.* Open University Press.

Simonson, M., Smaldino, S., Albright, M., & Zvacek, S. (2006). *Teaching and learning at a distance: Foundations of distance education* (3rd ed). New York: John Wiley.

Tompkins, A. W. (2007). *Brain-based learning theory: An online course design model.* Lynchburg, VA: Liberty University.

제2부

원격수업의 설계

제6장

원격수업의 교수체제설계

1. 교수설계의 개념
2. 교수체제설계 모형

1. 교수체제설계의 개념을 설명할 수 있다.
2. 원격수업의 설계에 적용할 수 있는 교수체제설계 모형을 설명할 수 있다.
3. 교수체제설계 모형을 활용하여 원격수업을 설계할 수 있다.

주요 용어

- **교수설계(instructional design):** 교수·학습이 이루어지는 모든 측면, 즉 학습목표, 학습 대상, 학습 내용, 학습 방법, 학습 매체, 학습평가, 학습환경 등 관련 요소들을 고려하여 수업을 설계하는 것을 의미한다.

- **교수체제설계(instructional systems design):** 학습자가 수업을 통해서 성취해야 하는 학습목표를 위하여 학습자들의 수준, 관심과 흥미, 전달할 학습 내용, 학습 방법, 학습 매체, 평가 방법 등 수업설계 전반에 필요한 단계들을 효과적이면서도 효율적으로 체계화하는 것을 의미한다.

- **실시간(synchronous) 활동:** 화상 회의와 채팅을 활용하여 원격수업에서 학습자와 교사는 실시간으로 질문하고 답할 수 있어 학습자가 고립보다는 함께 참여하고 있음을 느낄 수 있다.

- **비실시간(asynchronous) 활동:** 학습자들이 실시간으로 수업에 참여하는 것이 아니라 이메일과 토론 게시판, 동영상 콘텐츠 등을 활용하여 온라인으로 접속 가능한 시간에 수업에 참여한다. 실시간으로 접속하여 참여하는 것이 아니기 때문에 충분히 생각하고 자신의 의견을 올리거나 다른 참여자들의 의견에 피드백할 수 있다.

1. 교수설계의 개념

교수설계는 교육기획, 교육계획, 교안 작성, 수업지도안 작성 등 다양한 용어와 함께 사용됩니다. 교수설계를 영어로 표현하면 Instructional Design, 교수설계를 하는 사람은 교수설계자인 Instructional Designer라고 합니다.

여러분은 수많은 직업 가운데 디자이너(Designer)라는 명칭을 사용하는 직업을 몇 가지나 알고 계시나요? 디자이너가 들어가는 여러 직업 중에서 실내 인테리어 디자이너를 예로 들어 보면, 의뢰받은 인테리어 공사를 시작하기 전 의뢰자가 원하는 인테리어의 정보를 수집할 것입니다. 인테리어를 요청한 의뢰자의 요구를 파악하여 분석하는 것을 요구 분석(Needs Analysis)이라고 합니다. 요구 분석은 보통 인터뷰를 통해서 이루어지기도 하고, 의뢰자가 많은 경우는 그룹 인터뷰나 설문조사를 통해서 요구를 분석합니다. 실내 인테리어 디자이너는 의뢰자가 인테리어의 전체적인 분위기, 색깔 톤, 특별히 요청하는 사항에 추가적으로 통일성, 최근의 인테리어 트렌드, 사용자 관점에서 고려해야 하는 사항 등의 전문지식을 포함하여 인테리어를 설계할 것입니다. 의뢰자에게 설계한 내용을 설명하고 추가 피드백이나 진행 여부에 대해 확인을 받은 후 내부 인테리어 공사에 들어갑니다. 또한 실내 인테리어 설계는 공사 기간이나 공사 비용 등도 반영하며 진행됩니다.

수업을 개발하는 일 역시 디자이너가 설계를 하듯이 수업에 참여할 대상자, 대상자들이 교육 후 무엇을 할 수 있어야 하는지, 교육에 참여할 학습자들의 흥미와 관심, 기대사항, 교육 내용의 특성, 교육환경의 특성 등을 모두 고려하여 설계해야 합니다. 교실이나 강의장에서 이루어지는 대면수업의 설계가 그러하듯이 원격수업의 경우도 교수설계가 필요합니다. 교수설계란, 교수 · 학습이 이루어지는 모든 측면, 즉 학습목표, 학습 대상, 학습 내용, 학습 방법, 학습 매체, 학습평가, 학습환경 등 관련 요소들을 고려하여 설계하는 것을 의미합니다. 학습자가 수업을 통해서 성취해야 하는 학습목표를 위하여 학습자들의 수준, 관심과 흥미, 전달할 학습 내용, 학습 방법, 학습 매체, 평가 방법 등 수업설계 전반에 필요한 단계들을 효과적이면서도 효율적으로 체계화하는 것을 교수체제설계라고 합니다(Dick, Carey, & Carey, 2009). 특히 원격수업은 일반 오프라인 수업에 비하여 테크놀로지를 매개로 수업이 진행되며, 학습자들의 학습환경과 테크놀로지 활용 수준, 교수 · 학습용 콘텐츠와 서비스, 시스템 등 수업 제반 요소들이 매우 광범위하기 때문에 교수체제설계는 중요합니다.

이 장에서는 일반적인 교수체제설계 모형인 애디(ADDIE) 모형과 애디 모형의 대안으로 활용되고 있는 샘(Successive Approximation Model: SAM) 모형을 살펴보고 학교 원격수업을 위한 무어와 키어슬리(Moore & Kearsley)의 교수체제모형과 카페(Content, Activity, Facilitation, Evaluation: CAFE) 온라인 교수체제모형을 살펴보고자 합니다.

2. 교수체제설계 모형

1) 애디 모형

애디(ADDIE) 모형은 가장 일반적이고 범용적인 교수체제설계 모형이라고 알려져 있습니다. 플로리다 주립대학교(Florida State University)의 교육공학센터에서 미군의 요청으로 개발된 교수체제설계 모형이라고 합니다. 이 모형은 특정인에 의해서 개발되었다기보다 오랜 시간에 걸쳐서 수정되었다고 알려졌으며 1995년 애디(ADDIE)라는 명칭을 사용하기 시작하였는데, 이는 각 단계의 앞 글자를 따서 이름을 붙인 것입니다(한정선 외, 2008). 분석(Analysis), 설계(Design), 개발(Development), 실행(Implementation), 평가(Evaluation)라는 다섯 단계로 이루어졌습니다.

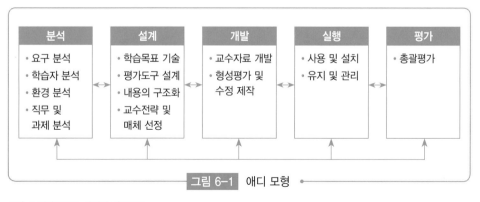

그림 6-1 애디 모형

출처: 노혜란(2011); 한정선 외(2008).

(1) 분석

학습과 관련된 요인들을 분석하는 요구 분석, 학습자 분석, 환경 분석, 직무 및 과제 분석이 분석(Analysis) 단계의 주요 하위 활동입니다.

요구 분석이란, 바람직한 상태와 현재 상태 간의 격차인 요구 (Needs)를 분석하는 것을 의미합니다. 요구 분석을 통하여 바람직한 상태와 현재 상태 간의 차이를 지식이나 스킬, 태도를 교육함으로써 해결할 수 있는 문제인지를 분명하게 파악할 수 있게 됩니다. 만약 교육으로 해소할 수 없는 문제라면 교육 프로그램을 개발하여 실행한다 해도 그 문제는 해결되지 않기에 다른 해결책을 찾을 수 있어야 합니다.

학습자 분석은 학습자 특성을 파악하는 활동으로 선수학습 능력, 학습자의 흥미나 적성, 인지 스타일이나 학습 스타일, 학습동기와 태도 등을 분석하여 설계를 위한 기초 자료로 활용합니다. 원격수업에서는 학습자의 자기주도 학습 능력, 디지털리터러시 능력, 온라인 수업 경험 정도와 태도를 분석할 수 있습니다.

환경 분석은 학습과 교수에 영향을 미치는 환경에 대한 분석으로 학습이 진행될 공간의 분석과 매체, 기자재 시설 등의 물리적 자원 환경을 포함합니다. 환경 분석에 따라서 오프라인이나 온라인으로 학습할지를 결정할 수 있으며, 온라인으로 학습할 경우 학습자들의 디지털 기기 활용 가능 여부, 네트워크 환경 등을 추가로 분석해야 합니다.

직무나 과제 분석은 전달할 내용의 분석활동이라고 생각하면 됩니다. 내용의 특성에 따라서 내용의 제시 순서나 범주화 혹은 전달 방법이 달라질 수 있기 때문입니다.

(2) 설계

설계(Design) 단계에서는 학습(수행)목표를 명확히 기술하고, 학습목표 달성 여부를 어떻게 평가하는 것이 최적의 평가 방법인지를 고려하여 적절한 평가도구를 결정합니다. 교육 내용의 구조화와 계열(위계 및 순서 결정)을 완성하고, 교수 방법과 전략 및 교육 매체를 선정해야 합니다.

학습(수행)목표를 명확히 기술하는 단계가 가장 중요한데, 학습목표란 학습자들이 수업을 마친 후 무엇을 수행할 수 있는지에 대한 성취행동이나 성과를 구체적인 행동 동사로 기술해야 하는 활동입니다. 행동 동사란, 학습자가 학습목표를 달성했는지 하지 못했는지를 관찰 가능하고 측정 가능한 행동으로 나타내는 동사를 의미합니다. 예를 들어, '그릴 수 있다, 계산할 수 있다, 설명할 수 있다' 등의 동사를 포함합니다. 흔히 교수자들이 학습목표에 '~을 안다, 함양한다, 개선한다, 향상한다, 이해한다' 등의 동사를 사용하였는데, 이런 경우 학습자가 학습목표를 달성했는지 측정하거나 관찰하기가 어렵기 때문에 학습목표로 적절하지 않다고 할 수 있습니다.

학습목표를 명확히 기술한 다음에는 동사로 기술된 목표의 달성 여부를 측정하기 위해 평가도구를 설계합니다. 평가도구로는 출발점행동검사, 사전검사, 사후검사, 진도확인검사 등이 있으며, 평가 방법으로는 지필검사, 수행검사, 관찰 체크리스트 등을 활용할 수 있습니다.

프로그램의 구조화와 계열화는 어떤 학습 내용을 어떤 방식으로 조직하여 구성할 것인지, 어떤 순서로 수업에서 제시할 것인지를 결정하는 활동입니다.

학습목표를 달성하기 위한 구체적인 교수 · 학습 방법과 전략, 교수매체 등을 결정하는 활동이 포함됩니다.

원격수업이라면 원격수업의 유형을 결정하고, 적합한 학습관리 시스템이나 화상회의 도구, 협업지원 도구 등을 결정해야 합니다.

(3) 개발

설계 단계에서 결정된 수업지도안(설계명세서)에 따라 실제 수업에서 사용할 PPT와 같은 교수자료나 이러닝 교육과정과 같은 교수 프로그램을 제작합니다. 교수자료와 교수 프로그램의 초안을 개발하여 교과 내용 전문가와 학습자를 대상으로 형성평가를 실시한 후, 고쳐야 할 부분을 수정하여 수업 현장에서 활용될 최종 산출물을 개발하게 됩니다.

원격수업이라면 개발(Development) 단계에서 많은 시간과 노력이 요구될 수 있습니다. 비실시간으로 실시하는 원격수업이라면 미리 교육 내용을 녹화하여 편집하는 작업이 필수적입니다. 원활한 원격수업 개발을 위해서는 녹음실이나 편집실 등의 시설, 동영상을 녹화하는 도구나 기자재, 예산, 전문인력 등의 지원이 필요하기도 합니다.

(4) 실행

실행(Implementation) 단계에서는 최종 산출물인 교수자료나 교수 프로그램을 실제 교육현장에 적용(운영)하는 단계로서 실시간 수업을 진행하는 경우 수업 전, 수업 중에 관련 테크놀로지(도구)가 제대로 작동되는지 확인해야 합니다. 원격교육기관에는 운영자가 상주하여 학습자들의 원활한 수강을 지원합니다.

(5) 평가

평가(Evaluation) 단계에서는 수업에 참여한 학습 대상자들의 최종적인 총괄평가를 실시하여 학습 대상자들이 어느 정도 학습목표를 달성했는지를 평가하고 실제 수업 현장에 실행된 교수자료나 교수 프로그램의 효과성과 효율성을 평가합니다. 이를 통해 해당 자료나 프로그램의 계속적인 사용 여부, 문제점 파악, 수정사항 등을 결정하게 됩니다.

각 단계는 선형적으로 분석이 끝나면 설계를 진행하고, 설계가 끝난 후 개발하고 개발 후 실행을 하고 평가를 하는 것처럼 보이나, 현실에 실제로 적용하는 상황에서는 분석하면서 설계도 하고 개발도 하는 등 몇 단계가 동시다발적으로 이루어지기도 합니다. 기업에서는 교육 프로그램의 분석 · 설계 · 개발 · 실행 · 평가 단계를 진행하는 전문팀을 구성하여 교육훈련을 진행하는 것이 일반적입니다.

〈표 6-1〉 애디 모형의 각 단계별 구체적인 내용

항목	목적	구체적인 내용	원격수업 시 추가로 고려할 내용
분석 (Analysis)	• 교육의 필요성, 교육할 내용, 수업환경 등 교육을 위한 일반적인 분석	• 학습자 수준(지식, 경험, 기술) • 학습 내용 영역, 특성(위계적, 절차적, 군집적) • 학습환경(장소의 크기, 하드웨어, 소프트웨어, 네트워크, 분위기 등)	• 학습자들의 디지털 기기 활용 여부나 수준, 네트워크 환경 등을 추가 분석해야 함
설계 (Design)	• 분석 단계에서 얻은 정보를 기반으로 학습목표에 도달하기 위한 수업지도안(실천 전략) 수립	• 분석 단계에서 얻은 내용을 중심으로 학습목표 설정 • 학습목표 달성 여부를 평가하기 적합한 평가 항목 결정 • 학습 초기 수준(행동) 결정 • 학습 내용의 학습 구조 결정 및 계열화(위계 및 순서 결정) • 학습활동의 구체화 • 학습 내용 전달 시스템 구체화(적합한 매체 선정)	• 원격수업의 유형 결정 • 실시간 원격수업이라면 적절한 화상도구나 학습관리 시스템, 협업지원 도구 등을 선정 • 원격수업 평가도구 선정
개발 (Development)	• 설계 단계에서 설정된 학습 내용을 학습활동 중심으로 제작	• 관련 학습 내용의 기존 자료 검토 혹은 선정 • 학습자료 수정 및 개발(인쇄 및 디지털 자료) • 학습 내용의 타당성 검토	• 실제 수업에서 사용할 PPT와 같은 교수자료나 이러닝 교육과정과 같은 교수 프로그램 제작 • 비실시간으로 실시하는 원격수업이라면 미리 교육 내용을 녹화하여 편집하는 작업이 필요함

실행 (Implementation)	• 앞 단계에서 개발된 내용들을 실제 수업에 적용하여 운영	• 실제 교육과정 운영(학습 대상자, 학습 시간, 학습 예산 등을 적용)	• 수업 전에 관련 테크놀로지(도구)가 제대로 작동되는지 확인
평가 (Evaluation)	• 개발된 교육과정을 통하여 학습자들이 학습목표를 성취하였는지, 교육이 효과적으로 이루어졌는지 추후 활용 가능한지 평가	• 학습목표에 대한 학습자들의 수행 평가 • 교육과정 전반에 걸친 수정사항을 살펴보기 위한 평가	• 원격수업 평가 실시

출처: Dick, Carey, & Carey (2009).

2) 샘 모형

　기업에서 교육과정을 개발할 경우에는 기존의 애디 모형에 따라 단계별로 교수체제설계 활동을 수행하는 데 오랜 시간이 소요되기 때문에 과정 개발을 완료한 시점에는 이미 학습 대상자들의 요구가 달라져서 이에 대한 적용이 불가능하다는 한계점이 언급되어 왔습니다.

　애디 모형의 대안적인 과정개발 방식으로 제안된 새로운 교수체제설계 모형인 샘 모형은 학습자의 의견을 조기에 반영하고 반복적인 설계를 통해 과정을 개발하는 모형으로 빠른 반복과 개선이 가능하다는 장점이 있습니다. 애디 모형보다는 훨씬 짧은 기간에 비용 효율적인 과정 개발을 할 수 있습니다.

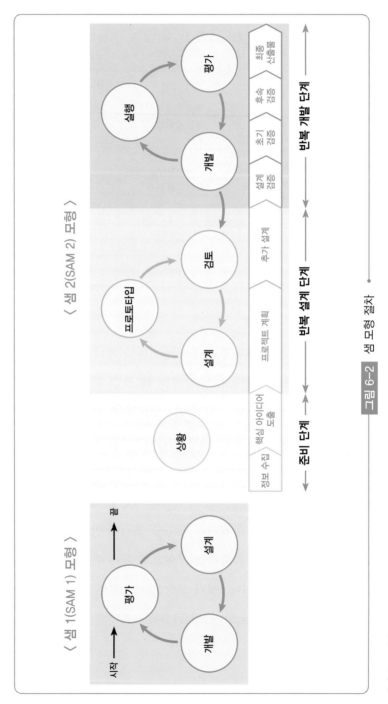

그림 6-2 샘 모형 절차

출처: https://dli.kennesaw.edu/resources/idmodels/sam.php#The%20Model.

주어진 상황, 학습자들의 요구, 학습목표에 대한 신속한 평가를 통해서 간략한 설계 후 프로토타입(Prototype)을 개발합니다. 프로토타입이란 사전적으로 원형, 기본형, 모델, 표준이라는 뜻인데, 일반적으로 상품화 이전에 제작하는 실험 모델, 즉 시제품을 말합니다. 대부분의 프로토타입은 실행을 위해 핵심적인 기능만 간략히 구현합니다.

① 1단계
- 학습자 몇 명을 대상으로 문제를 파악, 문제를 해결하기 위한 교육방법을 고려하여 어떤 내용으로 어떻게 가르칠 것인지 기획안을 작성하고 프로토타입을 개발합니다.

② 2단계
- 1단계의 성공 여부를 결정합니다. 기존 아이디어를 보완하거나 새로운 방법을 도출하여 최종 결과물에 근접한 개발물을 산출합니다.

③ 3단계
- 2단계를 반복하여 최종 교육과정을 개발합니다.

샘 1 모형보다 정교한 모델로 신속하고 즉흥적인 요구를 반영할 수 있는 장점이 있습니다.

① 준비 단계(Preparation Phase)

• 현장의 요구를 수시로 파악합니다.

• 정보 수집 및 핵심 아이디어 도출: 현장의 요구를 수집한 정보를 검토하여 교육과정에 반영할 핵심 아이디어를 도출합니다.

② 반복 설계 단계(Iterative Design Phase)

• 대략적인 설계안을 작성합니다.

• 프로젝트 계획: 예산, 위험 요소, 일정, 업무 범위, 질 관리 방안, 필요한 의사소통 과정 등 전체적인 기준을 계획합니다.

• 추가 설계(Additional Design): 프로토타입을 개발한 뒤 지속적으로 검토 후 피드백을 반영합니다.

③ 반복 개발 단계(Iterative Development Phase)

• 개발물을 산출하며 지속적으로 검증합니다.

• 설계 검증(Design proof)

• 초기 검증(Alpha)

• 후속 검증(Beta) 형성평가 유형

• 최종 결과물(Gold): 총괄평가 결과물

샘 모형은 과정개발 및 설계 경험이 많은 교수설계자에게 적절한 방법으로, 초보자의 경우는 애디 모형을 활용하는 것이 효과적일 수 있으며 두 가지 모형 중에서 교육기관이 처해 있는 상황을 고려하여 선정·활용하는 것이 바람직합니다.

3) 무어와 키어슬리의 교수체제설계 모형

무어와 키어슬리(Moore & Kearsley, 1996)의 교수체제설계 모형
은 효과적인 원격수업을 개발하고 실행하는 데 연관된 요소들을
확인하고 그것들 간의 상호연관성을 제시합니다. 원격수업의 일
반적 개발활동에 포함되는 다섯 가지의 주요 요소, 즉 자원, 설계,
전달, 상호작용, 학습환경을 확인하고 그것의 연결성을 강조하고
있습니다(신나민, 이선희, 김수연, 2021).

그림 6-3 무어와 키어슬리의 원격수업 교수체제설계 모형

출처: Moore & Kearsley (1996).

4) 카페 모형

카페(CAFE) 모형은 초 · 중등 교사들이 기존의 교실 중심 수업을
온라인으로 변환하는 데 도움을 주기 위해서 개발된 간단한 교수
체제설계 모형으로 콘텐츠(Contents), 학습활동(Activities), 상호작

용(Facilitation), 평가(Evaluation)의 네 가지 요소로 구성하였습니다 (Hodges, Moore, Lockee, Trust, & Bond, 2020). 이 모형은 교실 중심의 수업에서 원격수업으로 전환해야 하는 초·중등 교사들의 요구를 반영하여 개발되었습니다(Wang, 2021). 초·중등 교사들이 교실 중심의 수업에서 원격수업으로 전환해야 하는 현실에서 가장 고민하는 내용으로 다음의 질문에 대한 해결안을 포함하였다고 볼 수 있습니다.

- 원격수업에 무엇을 포함시켜야 하는가?
- 필요한 온라인 학습 플랫폼에 콘텐츠를 어떻게 구성하고 제시해야 하는가?
- 온라인상에서 원격으로 어떻게 가르쳐야 하는가?
- 학생들이 학습 중인 것을 어떻게 알 수 있는가?

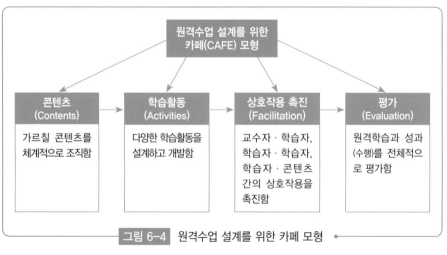

그림 6-4 원격수업 설계를 위한 카페 모형

출처: Wang (2021).

(1) 콘텐츠

학습 콘텐츠(Contents)는 교과목(Course), 주차별(Weekly), 차시별(Lesson), 학습활동(Activity) 수준으로 나뉘어 왔습니다.

- 교과목 수준(Course level): 교과목에 포함해야 하는 필수 조건과 수행 기준을 확인합니다. 교과목에서 꼭 다루어야 하는 필수 조건 및 수행 기준과 학습 콘텐츠가 부합하는지 확인합니다. (중등2015 개정교육과정에서는 이를 교육과정 성취 기준이라고 합니다.)

- 주차별 수준(Weekly level): 한 학기 동안 가르칠 학습 내용을 각 주별로 나누어 구성합니다. 주차별로 학습목표를 작성합니다.

- 차시별 수준(Lesson level): 차시별 학습을 위해 필요한 수업일 기준의 학습 콘텐츠를 선정합니다. 한 주의 학습을 위해 수업을 여러 번 진행할 수도 있습니다. 차시별로 수업 제목을 작성하고 수업이 끝난 후 학습자가 성취해야 할 학습 성과를 포함하여 구체적인 학습목표를 제시합니다.

- 학습활동 수준(Activity level): 수업에서 필요로 하는 모든 학습 자원 목록을 작성합니다. 교재의 해당 내용, 학습활동뿐만 아니라 원격수업에서 학습자들이 수행해야 하는 과제, 프로젝트, 테크놀로지 도구 등 모든 학습 자원을 포함합니다.

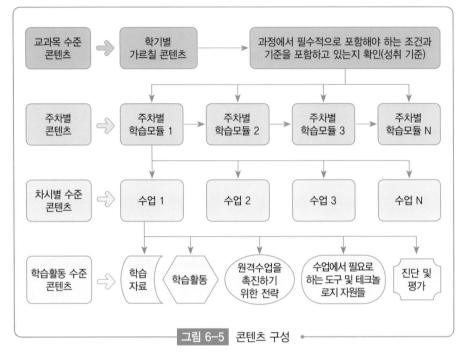

출처: Wang (2021).

(2) 학습활동

일반적으로 온라인 학습활동(Activities)으로 사용되는 활동은 다음과 같습니다.

- 성찰활동: 온라인 토론, 내용 요약 작성하기, 논쟁하기
- 성과활동: 온라인 학습을 위한 계획 세우기, 새롭게 작곡한 음악 공유하기, 협력적인 글쓰기 프로젝트, 교재를 종합하여 비디오로 녹화하기
- 실시간 활동: 실시간 투표 참여하기, 실시간 온라인 토론 참여하기

- 비실시간 활동: 소셜 미디어를 활용하여 내용에 대한 개인적 이해 공유하기, 비실시간 토론 올리기, 수학 문제 풀기 과제 올리기

학습활동은 활동 전, 활동 중과 활동 후로 나누어 각 단계별로 설계하고 준비한 후 수행해야 합니다(Wang, 2021).

① 학습활동 전

- 학습활동을 위한 자세한 안내사항을 준비하고 발표 양식을 선정해야 합니다.
- 학습활동에 필요한 학습 자원과 도구들을 제공합니다.
- 학습활동을 시작하기 전에 학습활동을 테스트합니다.
- 실시간으로 비실시간으로 실행하는 학습활동을 위한 시간을 정합니다.

② 학습활동 중

- 웹 콘퍼런싱 도구(줌 등의 화상회의 도구)를 사용하여 실시간 학습활동을 시작합니다.
- 학습활동을 위한 실시간과 비실시간 의사소통 규칙을 강조합니다.
- 학습활동에 참여하도록 독려하고 모니터링하며 참여합니다.

③ 학습활동 후

- 학습활동에 대한 평가와 즉각적인 피드백을 제공합니다.
- 학습활동에 대한 성찰을 합니다.
- 다음 학습활동을 위한 준비와 같은 학습활동을 합니다.
- 학습활동의 결과를 성적과 연계합니다.

(3) 상호작용 촉진

여러 가지 형태의 상호작용을 촉진(Facilitation)할 수 있는 팁을
제공하면 다음과 같습니다(Wang, 2021).

① 학습자-콘텐츠 상호작용

- 적절한 형태의 교수자료를 사용합니다.
- 만든 자료는 오탈자 등의 실수가 없도록 검토하고 가능하다
  면, 학습자들에게 다양한 형태의 교수자료 중에서 선택할 수
  있도록 합니다.
- 읽을 자료의 길이가 길면 가급적 집에서 학습하는 학습자들
  을 고려하여 짧은 형태로 나누어 제공합니다.
- 학습자들 중에 장애를 가진 학생이 있다면 특별히 신경 써서
  그들이 학습자료를 잘 활용하고 있는지 확인합니다.

② 학습자-교수자 상호작용

- 원격수업에서 텍스트, 오디오, 비디오 메시지를 사용하여 주
  기적으로 의사소통할 수 있는 분위기를 조성합니다.

- 학생들이 원격수업에서 충분한 질문과 지원을 받을 수 있는 면담 시간을 정해서 온라인으로 활용하는 것도 좋습니다.
- 학습자들의 학습과 그들을 격려하거나 지원할 수 있는 정규 시간을 정해 놓는 것도 필요합니다.
- 학생들과의 효과적인 의사소통을 위해서 개인, 그룹, 교실의 모든 학습자와 상호작용을 활용합니다. 때때로 문자뿐만 아니라 오디오나 비디오 메시지를 활용하여 의사소통하는 것도 좋습니다. 이런 노력이 원격수업에서 교수자의 현존감을 높여 줍니다.

③ 학습자-학습자 상호작용

- 학습 팀을 구성하여 학생들이 협력하도록 격려하고, 교실에 있는 학습자마다 차이가 있음을 인정합니다. 일부 학생들에게는 그들이 속한 학습 팀에서 리더 역할을 하도록 요청하고, 그들이 온라인 수업에서 다른 학습자들을 돕고 서로 상호작용을 하며 학습할 수 있도록 합니다.
- 학습자들이 토론에서 자신의 생각을 나누거나 발표하기 전에 충분히 준비할 수 있는 콘텐츠를 제공합니다.
- 학습자들 간 상호작용하는 동안에도 면밀히 관찰하고 도움이 필요한 학습자들에게는 피드백을 제공합니다.

(4) 평가

원격수업에서 학습자의 학습을 평가하는 것은 쉬운 일이 아닐 수 있습니다. 따라서 원격학습자의 평가(Evaluation)를 위해서는 다양한 데이터를 활용하여 통합적인 평가를 수행하는 것을 추천합니다(Wang, 2021). 통합 평가를 위해서는 다음을 참고하시길 바랍니다.

- 원격수업에서 활용하는 학습관리 시스템의 기능을 이해하고 학습자의 학습을 평가하기 위해 다양한 방법을 사용합니다. 일반적으로는 학습자의 테스트나 진단 점수 외에도 학습관리 시스템에 축적된 원격수행 자료를 더하여 활용할 수 있습니다. 그룹 토론에 기여한 정도, 그룹 프로젝트에 참여한 정도, 다른 학습자들의 학습에 도움을 주거나 공유한 학습자원 등이 그 예가 될 수 있습니다.
- 협력 프로젝트를 위해서 동료평가를 활용하는 것도 좋은 평가 방법이 될 수 있습니다. 학습자의 원격학습 과정을 평가하기 위해서 학습자들의 부모님 평가도 고려할 수 있습니다.
- 학습자들의 학습을 격려하기 위한 교수방법으로서 진단이나 평가를 활용해야 합니다. 학습자가 학습자료를 활용하여 완전학습을 하고 자기진단 등을 하도록 하는 것은 원격수업에서 필요한 자기주도적이며 성찰적인 학습자가 되는 좋은 훈련이 될 수 있습니다.

〈표 6-2〉 평가를 위한 데이터 원천

평가 방법	데이터
개별적인 학생 평가	• 과제 • 토론에 올린 글의 숫자와 질(Quality) • 퀴즈, 시험, 테스트 • 자기성찰과 자기평가
동료와 부모님 평가	• 협력적인 프로젝트 • 동료 평가 • 부모님의 평가와 코멘트
학습관리 시스템을 활용한 평가	• 학습활동과 관련된 데이터 • 제출된 과제 • 의사소통 빈도와 패턴 • 점수

출처: Wang (2021).

학습활동

1. 모든 아이를 위한 게임 동영상을 시청 후, 개발도상국 아이들의 문맹을 줄이기 위한 기초 언어와 수학을 가르치는 원격 프로그램을 개발하는 과정을 정리합니다. 애디 모형의 분석 단계에 해당하는 요구 분석, 학습자 분석, 환경 분석, 내용 분석이 이루어졌는지, 분석활동을 하였다면, 분석활동을 통해서 얻은 분석 결과는 무엇이었는지, 분석 결과 중 설계 단계에 적용된 내용을 정리하여 발표해 봅니다.

검색어: 게임, 개발도상국, 지식채널e, 이수인
사이트: https://www.youtube.com/watch?v=uGRlrpLq_9w

	분석 결과	설계에 반영된 사항
요구 분석		
학습자 분석		
환경 분석		
내용 분석		

참고문헌

노혜란(2011). 원격교육론. 경기: 교육과학사.

신나민, 이선희, 김수연(2021). 교사와 예비교사를 위한 원격교육론. 서울: 박영스토리.

한정선, 김영수, 주영주, 강명희, 정재삼, 박성희(2008). 미래사회를 위한 교육방법 및 교육공학. 경기: 교육과학사.

Allen, M. W., & Sites, R. (2012). *Leaving ADDIE for SAM: An agile model for developing the best learning experiences.* American Society for Training and Development.

Dick, W., Carey, L., & Carey, J. O. (2009). *The systematic design of instruction* (7th ed). United State of America: Pearson Education.

Hodges, C. B., Moore, S., Lockee, B. B., Trust, T., & Bond, M. A. (2020). *The difference between emergency remote teaching and online learning.*

Moore, M. G., & Kearsley, G. (1996). *Distance education: A systems view.* Belmont: Wadsworth.

Wang, C. X. (2021). CAFE: An instructional design model to assist K-12 teachers to teach remotely during and beyond the COVID-19 pandemic. *TechTrends, 65,* 8-16. https://doi.org/10.1007/s11528-020-00555-8.

제7장

원격수업의 유형별 설계

1. 원격수업의 유형
2. 실시간 원격수업
3. 비실시간 원격수업

학습목표 •••••

1. 실시간 원격수업의 고려사항을 반영하여 교수설계를 할 수 있다.
2. 비실시간 원격수업의 고려사항을 반영하여 교수설계를 할 수 있다.

주요 용어

- 실시간 원격수업(synchronous remote instuction): 정해진 시간에 교사와 학생들이 동시에 화상회의 플랫폼에서 만나 원격수업을 진행하는 것이다.

- 비실시간 원격수업(asynchronous remote instuction): 학생은 지정된 녹화 강의 혹은 학습 콘텐츠를 시청하고 교사는 학습 내용을 확인한 후 피드백을 하는 수업이다. 또한 교사가 온라인으로 교과별 성취 기준에 따라 학생의 자기주도적 학습 내용을 확인 가능한 과제를 제시하고 피드백을 제공하는 수업도 포함된다.

- 학습 플랫폼(learning platform): 플랫폼은 공급자와 수요자 등 복수 그룹이 참여해 각 그룹이 얻고자 하는 가치를 공정한 거래를 통해 교환할 수 있도록 구축된 환경을 의미한다. 학습 플랫폼은 여러 곳에 흩어진 학습 자원을 모아 통합 관리하고 플랫폼 내에서 다양한 콘텐츠가 생성되고 유통되도록 지원하는 것을 뜻한다. 플랫폼의 핵심은 개방과 공유이다.

- 무들(moodle): 오픈 소스 원격학습 플랫폼의 하나로 교수자의 온라인 학습을 지원하고 관리하는 것에 초점이 맞추어져 있다.

1. 원격수업의 유형

원격수업에 적용할 수 있는 교수·학습 방법은 다양합니다. 그러나 교수자가 교실에서 적용하던 방법 외에 원격수업을 위한 교수·학습 방법이 따로 있는 것은 아닙니다.

교수자는 교수자와 학습자가 같은 시공간에 물리적으로 함께 있지 않다는 특성으로 생기는 문제점을 줄여 학습자들의 학습활동을 촉진할 수 있도록 교수·학습 방법을 결정해야 합니다. 이 장에서는 실시간 원격수업, 비실시간 원격수업에 대해서 자세히 살펴보고자 합니다.

1) 실시간 원격수업

실시간 원격수업은 교수자와 학습자가 서로 다른 장소에서 같은 시간에 쌍방향 소통을 돕는 매체를 활용하여 수업에 참여하는 학습 형태를 의미합니다(한송이, 이가영, 2020). 실시간 원격수업의 장점은, 첫째, 비실시간 원격수업에 비하여 학습자와의 상호작용을 기반으로 학습자 중심 수업을 촉진할 수 있으며(임철일, 김혜경, 김성욱, 이효은, 2013), 둘째, 실시간 화상회의 시스템 기술을 활용해 간단히 접속하여 수업을 할 수 있으며(한송이, 이가영, 2020), 셋째, 녹화를 통해 반복 학습이 가능합니다(오영범, 이창두, 2012; Nieuwoudt, 2020). 실시간 원격수업은 학습자와 교수자 모두가 원

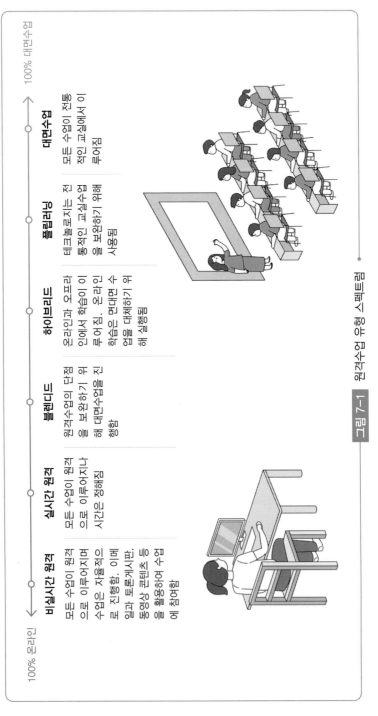

그림 7-1 원격수업 유형 스펙트럼

100% 온라인 ← → 100% 대면수업

비실시간 원격
모든 수업이 원격으로 이루어지며 수업은 자율적으로 진행함. 이메일과 토론게시판, 동영상 콘텐츠 등을 활용하여 수업에 참여함

실시간 원격
모든 수업이 원격으로 이루어지나 시간은 정해짐

블렌디드
원격수업의 단점을 보완하기 위해 대면수업을 진행함

하이브리드
온라인과 오프라인에서 학습이 이루어짐. 온라인 학습은 연대면 수업을 대체하기 위해 실행됨

플립러닝
테크놀로지는 전통적인 교실수업을 보완하기 위해 사용됨

대면수업
모든 수업이 전통적인 교실에서 이루어짐

출처: https://www.wwt.com/article/guide-to-hybrid-blended-learning-higher-ed.

하는 장소에서 참여할 수 있는 선택권이 있는 반면, 정해진 시간에 수업에 참석해야 하기 때문에 시간적 선택 권한은 없습니다. 한편, 정해진 수업 시간에 학습자가 참여하여 대면수업에서와 마찬가지로 교수자가 수업 시간을 관리해 주기 때문에 학습자가 학습 시간을 스스로 관리해야 하는 부담감이 적습니다. 실시간에서 팀 활동을 할 경우에는 교실수업에서 대면으로 할 경우보다 상호작용을 하는 데 어려움이 있을 수 있어 많은 시간이 소요될 수 있음을 고려해야 합니다(도재우, 2020; 진성희, 신수봉, 2020).

실시간 수업에 적합한 유형은 다음과 같습니다(진성희, 신수봉, 2020).

- 수업 중 교수자와 학습자의 상호작용이 요구되거나 학습자 간 의사소통이 필요한 수업에 적합한 원격수업 유형이다.
- 학습 내용을 일방적으로 전달하는 수업이 아니라 학습자와의 토론활동, 팀 활동, 발표활동이 이루어지는 경우 효과적이다.
- 동영상 수업에 대한 질의응답 활동 등 학습지원 활동에 활용하기도 한다.

2) 비실시간 원격수업

비실시간 원격수업은 교수자의 녹화된 동영상을 제공하는 형태의 원격수업을 의미합니다. 교수자가 제작한 동영상이나 학습자료를 활용한 콘텐츠를 제공하는 비실시간 원격수업은 학습자들에게 많은 이점을 제공할 수 있습니다.

첫째, 학습자는 원하는 시간에 원하는 속도로 학습할 수 있습니다. 둘째, 학습자료와 함께 저장된 교수자의 목소리를 통해서 학습 내용을 이해하는 데 도움을 받을 수 있습니다. 셋째, 학습자는 자신이 이해하지 못하는 내용은 반복해서 학습할 수 있습니다.

반면에 비실시간 원격수업의 문제점도 있습니다.(도재우, 2020; 이동주, 김미숙, 2020; 진성희, 신수봉, 2020).

첫째, 학습자는 즉각적으로 교수자와 상호작용하기 어렵습니다. 궁금증이나 추가적인 설명을 요청하기 어렵습니다. 둘째, 학습자들이 편한 시간에 편한 장소에서 학습을 할 수 있다는 자유와 통제 권한이 주어지지만 자기주도적으로 학습 관리 및 시간 관리를 하는 것이 어려울 수 있습니다. 셋째, 학습자들은 실시간 원격수업에서 느끼는 것과 같이 다른 학습자들과 함께 학습한다는 동질감을 느끼기 어려워 외로움을 느낄 수도 있습니다(Karker-Esperat, 2018).

동영상 수업에 적합한 유형은 다음과 같습니다(진성희, 신수봉, 2020).

- 동영상 수업은 대체로 설명식 강의형에 적합한 유형입니다.
- 다루는 학습 내용에 시각 자료가 많고, 학습 내용의 정확한 전달 및 반복 학습을 목적으로 할 때 효과적입니다.
- 학습 내용의 특성상 이론, 기초적인 개념에 적합합니다.

3) 혼합형 원격수업

혼합형 원격수업은 비실시간 원격수업과 실시간 원격수업의 장점만 활용하여 수업을 운영하는 유형입니다(진성희, 신수봉, 2020).

그림 7-2   혼합형 원격교육 유형

- 이론에 대한 설명은 동영상 수업으로 진행하고 문제풀이, 팀 활동, 질의응답, 토론활동 등은 실시간 원격수업으로 진행할 수 있습니다.
- 학습 효과를 극대화하기 위해서 동영상 수업을 먼저 학습하도록 하고 학습 내용에 대한 이해를 바탕으로 실시간 원격수업에서 교수자와 학습자, 학습자 간 상호작용을 합니다. 거꾸로 수업도 혼합형 원격수업의 유형으로 볼 수 있습니다.
- 실시간 원격수업의 내용은 녹화 후 편집이 가능하기 때문에 학습자들에게 복습용으로 제공할 수 있습니다(오영범, 이창두, 2012).

원격수업의 유형별 특징을 수업활동, 학습 시간, 교수 실재감 측면에서 살펴보면 다음과 같습니다(진성희, 신수봉, 2020, pp. 20-21).

〈표 7-1〉 원격수업 유형별 특징

유형	수업활동	학습 시간	상호작용	교수 실재감
면대면 수업 (교실 수업)	밀도 중간	자율성 낮음	원활	높음
실시간 원격수업 (화상수업)	밀도 낮음	자율성 보통	가능	보통
비실시간 원격수업 (동영상 수업)	밀도 높음	자율성 높음	제한	낮음

출처: 진성희, 신수봉(2020).

수업활동의 측면에서 정해진 시간에 교수 및 학습 활동을 수행할 수 있는 양을 의미하는 수업 밀도가 동영상 수업은 매우 높아, 대부분의 대학에서 대면수업 50분 1차시에 해당하는 동영상 수업의 길이는 25분을 기준으로 삼고 있습니다. 반면, 실시간 원격수업의 경우 교수자의 강의활동이나 학습활동 시간이 대면수업보다 많이 소요됩니다.

학습 시간 측면에서 면대면 수업은 수업이 이루어지는 강의장에 시간을 맞춰 참석해야 하기 때문에 학습자의 시간에 대한 자율성이 매우 낮은 반면, 동영상 수업은 학습자가 원하는 시간에 학습이 가능하기 때문에 자율성이 매우 높다고 할 수 있습니다. 실시간 원격수업의 경우 정해진 시간에 수업에 참여해야 하지만, 인터넷이 연결된 환경이라면 어디서든 참여가 가능하기 때문에 이동 시간이 절약되므로 동영상 수업과 비교해서 자율성은 보통이라 할 수 있습니다.

상호작용 측면에서 어떤 수업 유형이든 상호작용은 학습목표를 달성하는 데 도움이 되는 핵심 활동인데 원격수업은 상호작용 활동에 제약이 많습니다. 동영상 수업의 경우 교수자와 학습자 또는 학습자 간 상호작용이 온라인 커뮤니티나 각 학교에서 운영하는 학습관리 시스템의 게시판 등을 활용하여 비실시간으로 이루어질 수 있습니다. 실시간 화상수업의 경우 팀별 토론활동이나 프로젝트 활동이 가능하기는 하지만, 대면처럼 원활하게 의사소통하거나 산출물을 공유하기에는 제약이 있습니다.

　교수 실재감 측면에서 살펴보겠습니다. 원격수업을 운영할 때 교수자가 존재하고 있다고 느끼는 학습자의 감정을 의미하는 교수 실재감은 중요한 고려사항입니다(Garrison, Anderson, & Archer, 1999). 학습자가 느끼는 교수 실재감은 면대면 수업에서 가장 높고 동영상 수업에서 가장 낮습니다. 교수 실재감이 중요한 이유는 교수자가 왜 이 내용을 가르치는지, 무엇을 중요하게 생각하는지, 관련된 수업 의도와 목표를 학습자가 느끼는 것이 중요하기 때문입니다(신을진, 2021; 진성희, 신수봉, 2020).

2. 실시간 원격수업

　실시간 원격수업을 준비하기 위해서는 즉흥적으로 진행하기보다 대면수업에서 수업지도안을 미리 작성하듯이 실시간 원격수업을 위한 교수설계가 필요합니다. 이미 대면수업에서 수업지도안으로 운영하고 있는 수업을 원격수업으로 전환하기 위해서도 추가적인 교수설계 활동이 필요합니다.

우선, 수업의 학습목표를 달성하기 위해 적절한 원격수업의 유형을 설계해야 합니다. 수업에서 이루어지는 주요 학습 내용과 활동의 특성을 고려하여 실시간 원격수업, 비실시간 원격수업, 실시간 원격수업과 비실시간 원격수업을 병행하는 혼합형 원격수업 중에서 선택을 해야 합니다. 각 원격수업의 유형은 장점과 단점을 가지고 있기 때문에 선택 시 충분히 고려하여야 합니다.

적절한 원격수업의 유형 설계를 위해서 고려해야 하는 사항은 다음과 같습니다(진성희, 신수봉, 2020, pp. 18-19).

- 수업의 학습목표 달성 여부를 확인할 수 있는 평가 방법 및 평가도구를 원격교육 환경에서 어떻게 실시할 수 있는가에 대한 구체적인 계획을 수립해야 합니다.
- 각 원격수업 유형의 장점과 단점을 고려하여 선택한 원격수업의 유형에 적용할 교수전략과 활용할 테크놀로지를 결정해야 합니다. 교과목에서 원격수업 유형 중 한 가지만 선택할 수 있는 것이 아니라 주차별 또는 학습 내용과 활동의 특성에 따라서 다르게 선택하여 수업을 실시할 수도 있습니다.
- 원격수업 유형의 특성을 고려하여 학습 내용에 대한 학습자 주의집중 전략, 학습에 잘 따라오지 못하는 학습자를 탐색하고 지도하기 위한 전략, 학습자 간 상호작용 전략, 교수자와 학습자 간 질의응답 전략 등에 대한 설계를 해야 합니다.

- 이와 같은 내용을 반영하여 기존의 대면 수업계획서를 수정하고 보완해야 합니다. 이 과정에서 유의할 사항은 학습목표 달성을 위해 대면수업에서 학습자에게 제공했던 학습활동을 원격수업이라고 해서 모두 어렵다고 삭제하거나 수동적인 학습활동으로 수정해서는 안 된다는 점입니다. 면대면 수업에서 팀 프로젝트 활동, 팀 학습활동, 토의활동 등을 운영하였다면 원격수업 환경에서도 이러한 활동을 어떻게 유사하게 구현할 수 있을 것인가에 대한 고민을 하여 교수설계에 반영해야 합니다.

성공적인 실시간 원격수업을 위해서 수업 전·중·후에 따른 교수설계의 요소를 살펴보겠습니다(도재우, 2020).

1) 수업 전·중·후에 따른 실시간 원격수업 설계 요소

(1) 수업의 준비

- 원격수업에서 활용하는 플랫폼이나 도구에 대한 설명이 필요합니다.
- 카메라의 활용 여부 등 실시간 원격수업에서 서로 지켜야 할 기본적인 그라운드 룰에 대한 합의가 필요합니다.

(2) 수업의 전개

- 학습 내용을 설명하고 설명한 학습 내용을 다른 표상 방식을

활용하여 그래프나 사진, 동영상 등 관련 자료를 공유할 수도 있습니다. 줌에서 동영상을 공유할 때 잦은 버퍼링 등의 오류가 있으므로 유의해야 합니다. 화면공유 설정 시 비디오 최적화를 체크하면 다소 원활한 재생이 가능하지만, 수업 전에 교수자의 스마트폰으로 접속하여 동영상 재생이 원활한지 확인해 보고 문제가 있다면 사진 등으로 대체하여 수업하는 것이 적절합니다.

• 학습 내용과 연관된 학습과제를 팀 활동으로 제시하고 소그룹 활동을 통해서 학습자들끼리 과제를 해결하는 학습활동도 가능합니다.

• 실시간 수업에서 팀 활동을 할 경우 팀 활동의 목적과 방법에 대한 활동 안내를 명확히 제시하고, 팀 활동 시간, 산출물 등에 대한 학습자들의 이해를 확인한 후 팀 활동을 시작합니다.

• 팀 활동 이후에는 발표를 통해서 서로의 결과물을 공유하게 하고 활동 과정과 결과에 대한 피드백을 제공합니다.

(3) 수업의 정리

• 학습 내용을 다시 한번 정리하고 다음 시간에 학습하게 될 내용을 소개합니다.

• 학습 내용의 정리 시에는 멘티미터(mentimeter)나 패들렛 등을 활용하여 학습자들이 중요하게 생각하는 키워드를 공유하거나 학습 내용을 정리하면서 마무리를 하는 것도 좋습니다.

〈표 7-2〉 줌과 패들렛을 활용한 실시간 원격수업을 위한 교안 예시

시간	활동	내용
수업 전 (1주일 전)	수업자료 공유	• 패들렛을 활용하여 다음 주 수업과 개별과제 수행에 도움이 되는 자료 공유(읽기 여부를 확인할 수 있는 학습관리 시스템 자료실 등 활용 가능)
	개별과제 수행	• 수업자료에 대한 읽기활동을 바탕으로 개별과제 수행(개별과제 수행 여부를 모니터링 할 수 있는 학습관리 시스템 과제방 활용 가능, 학생 간 상호참조를 위해서는 토론방, 카톡방 사용 가능)
수업 전 (수업 당일)	줌 세션 오픈	• 수업 시간 20분 전 실시간 온라인 수업 플랫폼 활성화
	네트워킹 및 면담	• 수업 시간 전까지 교수자-학습자, 학습자-학습자 네트워킹(일상 공유 등) 및 요청 시 면담
수업 중 (3시간)	10분 체크인	• 학습자 접속 확인, 수업 오프닝을 위한 일반적인 질문
	5분 수업 일정 안내	• 금일 수업 세부 활동 및 시간 계획 공유
	10분 개별과제 리뷰 및 질의응답	• 수업 전 수행한 개별과제 활동 리뷰(과제수행 전반적인 피드백 제공), 활동경험 공유 및 학습활동에 대한 질의응답
	50분 강의	• 수업 내용 전달
	팀 활동	• 수업 내용과 관련하여 교수자가 설계한 팀 활동 수행
	30분	팀 활동 안내: 주제 수행해야 하는 활동, 시간, 결과 발표, 평가 방법
		팀 배치: 의도적 배치 또는 무작위 배치
		팀 활동: 개별과제 공유 및 팀 활동, 수행하면서 발표자료 제작(화이트보드 혹은 파워포인트, 팀 활동 과정 모니터링 및 팀 간 상호 참조를 위해 구글문서 도구나 패들렛 사용 가능)
		팀 활동 종료: 교수자는 팀 활동 종료 5분, 1분 전에 전체 메시지 발송 모니터링: 교수자는 각 팀 활동에 참가하여 모니터링 및 퍼실리테이션 실시
	20분 팀 활동 결과 보고	• 각 팀별로 활동 결과를 전체 학습자들 앞에서 발표(매 수업 다른 학습자가 발표하도록 촉진)

수업 중 (3시간)	10분	학습활동 정리	• 각 팀별의 학습활동에 대한 피드백 제공 및 해당 결과를 수업 내용과 연계하여 해당 수업학습 정리(동료평가를 위해 학습관리 시스템이나 줌, 구글 설문의 설문 기능 활용 가능)
	10분	과제 제시	• 다음 주 수업까지 학습자들이 수행해 와야 할 과제 제시
	30분	비실시간 온라인 토론	• 토론 주제(학습자가 수행한 개인과제 결과 공유 또는 다음 과제와 관련된 활동 등)를 패들렛 게시판에 공유, 학습자는 동료 학습자의 글에 최소 3개 이상의 댓글을 달고, 자신이 단 댓글에 대해 최소 3개 이상의 응답을 해야 함
		추가 피드백 제공 및 학습자 면담	• 학생들이 패들렛에서 비실시간 온라인 토론을 하는 동안 교수자는 줌상에서 추가 피드백을 주어야 하는 학습자들에게 피드백을 주거나 추가 상담 수행 • 학습자의 경우 수업에 대한 질문 가능
	5분	수업 종료	• 수업이 종료되는 시점에서 줌 플랫폼 종료
수업 후		비실시간 토론	• 학습자들은 비실시간 온라인 토론 지속
		개별과제 수행	• 교수자가 제시한(다음 수업 내용과 관련된) 과제 수행
		학습자료 공유	• 다음 수업 자료 및 개별과제 수행과 관련된 자료를 패들렛에 공유

출처: 도재우(2020).

2) 실시간 원격수업 교수전략

실시간 원격수업은 쌍방향으로 비디오와 오디오, 채팅 기능을 제공하여 두 개 이상의 장소에서 접속한 사람들의 동시적 상호작용을 지원하는 화상회의 도구를 활용합니다. 화상회의 도구를 활용하는 실시간 원격수업의 효과를 높이기 위한 교수전략은 다음과 같습니다(박미혜, 허운나, 2020; 안미영, 2020; 이의길, 2006; 임철일, 김민지, 박주현, 배유진, 염지윤, 2021; Xie, 2020).

- **학습자료 준비하기:** 학습자들과 공유할 슬라이드를 준비하고 비디오 링크가 있다면 목록을 준비합니다. 학습자료는 미리 학습자들에게 이메일이나 학습관리 시스템 자료실을 활용하여 제공합니다. 강의 시간에 공유할 자료를 찾고자 하는 시간을 낭비하지 않도록 준비해 두는 것이 중요합니다.
- **학습자들의 주의집중시키기:** 수업을 시작한 후 바로 학습 내용을 설명하기 전에 학습자들의 학습 준비를 위해서 10분 정도 설문이나 질문을 하는 등 주의집중을 시킬 수 있는 활동에 시간을 할애하는 것이 필요합니다.
- **학습자들의 이해 정도 확인하기:** 약 10분마다 학습 내용을 이해했는지 학습자들의 피드백을 확인할 필요가 있습니다. 피드백의 방법은 스마일 아이콘을 누르거나 손을 드는 아이콘 등 온라인 웨비나(webinar) 도구나 화상회의 도구에서 제공되는 기능을 활용하여 학습자들이 집중하고 있는지 확인이 필요합니다. 화상도구의 설문기능으로 사전에 돌발퀴즈를 준비하여 활용할 수도 있습니다.
- **소그룹 활동 활용하기:** 교수자의 설명이 끝나면 바로 다음 학습 내용으로 넘어가기보다는 소그룹으로 나누어진 팀 활동을 위해서 학습자들을 이동한 다음 학습자들 스스로 학습 내용과 관련한 과제나 토론을 정리하게 합니다. 그 후 전체 강의장에

불러서 각 팀의 활동 결과를 공유하고 그에 대한 피드백을 제시해 주는 것이 좋습니다. 팀 활동을 통해 토론과 발표에 주도적으로 참여하는 학습활동은 피동적으로 학습 내용을 듣는 것보다 유의미한 학습을 촉진할 수 있습니다.

- **학습 내용과 상호작용 촉진하기:** 학습 내용과 상호작용할 수 있도록 학습자들에게 질문을 하거나 학습과제를 완성하도록 하는 등 학습자들이 다양한 학습활동에 지속적으로 참여하도록 촉진합니다.

- **화이트보드에 판서하기:** 화이트보드에 무엇인가를 그리거나 작성할 때는 분명하고 선명하게 작성하여 학습자들 모두 명확하게 인지할 수 있도록 할 필요가 있습니다.

- **시각적인 지원도구 활용하기:** 교수자는 수업에서 설명할 때 밑줄을 긋거나 원을 그리고, 특정 내용을 설명할 때는 그 부분을 하이라이트하는 등 학습자들이 시각적으로 어느 부분을 설명하고 있는지 잘 따라올 수 있도록 시각도구를 활용하는 것이 좋습니다.

- **채팅과 메신저 활용하기:** 화상회의 플랫폼의 채팅기능이나 스카이프(Skype), 구글톡(Google Talk), 페이스북 메신저(Facebook Messenger), 카카오톡(Kakao Talk)과 같은 메신저는 일반적으로 의사소통을 증진시키고 협업을 쉽게 해 주기도 합니다. 학생들이 동시적으로 아이디어를 교환하거나 공동작업을 가능하게 해 주고 팀원들이 즉각적으로 의견교환을 하게 지원합니다. 교수자 화면에서 학생 간 채팅이나 메신저 사

용은 모니터링이 어렵기 때문에 개인 간 채팅 설정은 끄고 수업을 진행하도록 권장하고 있습니다. 그러나 학생들이 대면수업에서 옆자리의 친구들에게 다양한 도움을 요청하듯이 학생들이 서로 도움을 주고받을 수 있도록 팀장이나 반장을 정하고 필요시 채팅을 허용하는 것도 필요합니다. 한편, 아프리카 TV와 같은 온라인 라이브 방송 형태의 원격수업을 진행할 때 소극적인 학습자도 편하게 채팅에 참여하며 교수자와 상호작용할 수 있어서 학생들의 화상과 음성을 모두 끄고 채팅만으로 상호작용하는 수업도 시도할 수 있습니다.

3. 비실시간 원격수업

1) 비실시간 원격수업의 유형

비실시간 원격수업의 유형별 수업 요소를 고려하여 수업을 설계합니다(〈표 7-3〉 참조).

(1) 강의식(진성희, 신수봉, 2020)

강의식 동영상 수업의 구조는 도입-전개-정리의 형식으로 수업설계를 하는 것이 일반적입니다. 도입(5~10분)에서는 지난주 학습의 핵심 내용에 대해 복습하고 이번 주 학습목표 제시 및 학습 안내의 활동을 제시합니다. 전개 부분에서는 학습목표를 달성

⟨표 7-3⟩ 비실시간 원격수업 설계의 수업 요소

유형	강의식	토의 · 토론식	실기실습식
수업 요소	① 수업 영상 제작 ② 수업 영상 탑재 ③ 수강 안내 및 모니터링 과제 제시 ④ 피드백	① 토의 · 토론 방법 절차 및 논제 준비 ② 토의 · 토론 플랫폼 준비 및 안내 ③ 토의 · 토론 절차 안내 및 팀 구성 ④ 팀 내 토의 · 토론 ⑤ 팀 간 토의 · 토론 ⑥ 평가 ⑦ 피드백	① 교수자 실연 영상 제작 ② 교수자 실연 영상 탑재 ③ 학생 실연 과제 안내 ④ 평가 ⑤ 피드백

출처: 민혜리, 서윤경, 윤희정, 이상훈, 김경이(2021).

하기 위한 핵심 이론에 대해 설명하고 이론의 이해를 돕기 위한 예시를 제시하는 등의 내용으로 구성합니다. 교수자가 계속 설명을 하기보다는 질문을 하거나 문제를 풀어 볼 수 있는 기회를 주는 등의 학습활동을 하도록 합니다. 전개 부분의 영상은 소제목으로 내용을 구분할 수 있다면 10분 내외로 구분하는 것이 좋습니다. 내용이 연속적으로 이어지는 것이 학습자들의 학습에 효과적이라면 20분 내외로 구분해 주는 것이 좋습니다. 정리 부분(3~5분)에서는 이번 주에 다룬 내용을 다시 요약해 주고, 과제가 있다면 텍스트로 과제에 대한 설명을 제시하지 말고 반드시 동영상으로도 과제에 대한 설명을 제공하는 것이 좋습니다.

(2) 토의 · 토론식(진성희, 신수봉, 2020)

비실시간 토의 · 토론 활동은 토론 주제 공지, 토론 주제에 대한 탐색과 사고활동, 의견 제시, 교수자의 피드백, 성찰활동의 과정으로 이루어집니다.

　토론주제에 대해 텍스트로만 공지해서는 학습자들이 이해하기 어렵기 때문에 반드시 구두로 설명하는 것이 좋으며, 동영상 형태나 텍스트 문서로 정리하여 제공한 후 질문을 할 수 있는 방법도 함께 제시하는 것이 좋습니다. 학습자들의 토론활동을 촉진하는 요인으로 어떤 기능을 가진 토론활동 시스템을 활용하는가도 매우 중요합니다. 학습자들이 언제라도 쉽게 학습 주제를 확인하고, 자신의 의견이나 다른 학습자들의 의견에 댓글을 달 수 있는 플랫폼이어야 합니다.

　대체로 학생들은 토의·토론 기간이 다가왔을 때 의견을 제시하기 때문에 의견을 제시하는 기간과 다른 학습자들의 의견에 피드

그림 7-3 비실시간 원격수업 동영상 수업설계안

출처: 진성희, 신수봉(2020).

백하는 기간을 다르게 제시하면 활발한 상호작용을 촉진할 수 있습니다. 온라인 토론활동을 촉진하고 토론 의견의 질에 영향을 미치는 주요 변인은 교수자의 피드백이기에 교수자가 학습자들의 유의미한 의견에 댓글을 달거나 질문에 응답하는 적극적인 참여가 중요합니다. 토론활동을 통한 학습은 토론활동을 마친 후 자신의 의견, 동료 학습자와 교수자의 피드백을 종합하여 성찰활동을 함으로써 학습 효과를 극대화할 수 있습니다(강인애, 1996; 박미혜, 허운나, 2020; Xie, 2020).

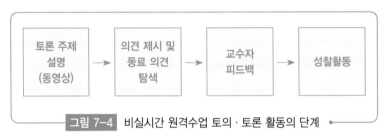

그림 7-4 비실시간 원격수업 토의 · 토론 활동의 단계

출처: 진성희, 신수봉(2020).

(3) 실기실습식(민혜리 외, 2021; 임철일 외, 2021)

실기실습이 필요한 학습 내용인 경우 교수자가 학습 내용을 상세하게 동영상으로 제작합니다. 특정 학습 내용을 확대하여 제시하거나 자막 기술을 적용하여 학습자들이 스스로 따라 할 수 있도록 제작합니다. 실물화상기를 활용하면 화면 확대가 용이하여 교재 내용을 보여 주거나 실연 내용을 자세하게 제공할 수 있으며 실시간으로도 활용할 수 있습니다. 동영상의 마지막 부분에는 학생들에게 제시하는 시연 과제를 설명합니다. 학생들은 교수자의 시

연 동영상을 보면서 실습을 해 보고 자신의 실습 과정을 동영상으로 녹화하여 교수자에게 발송합니다. 교수자는 학생들의 시연 녹화 파일을 보며 실습 상황을 정확히 파악하여 개별적인 피드백을 제공합니다. 실기실습이 필요한 학습 내용은 수행평가에서 활용하는 평가 루브릭을 함께 제시하는 것이 좋습니다.

2) 교육용 콘텐츠 유형

비실시간 원격수업에서는 교수자가 직접 강의 영상과 같은 콘텐츠를 만들어 사용할 수도 있고, 이미 개발되어 있는 다양한 양질의 교육용 콘텐츠를 활용할 수도 있습니다. 다음의 각 유형별 특징을 고려하여 원격수업을 설계합니다(김희배, 2005; 유병민, 박성열, 임정훈, 2005; 조미헌, 김민경, 김미량, 이옥화, 허미옥, 2020).

- 개인교수형: 교수자가 주도적으로 학습자에게 새로운 개념, 원리 등의 지식을 가르치고자 할 때 효과적이며 가장 일반적 유형입니다.
- 토론학습형: 사이버공간에서 공동과제를 해결하거나 특정 주제에 대해 비실시간으로 상호의견을 교환하여 상호작용 활동을 합니다.
- 문제해결형: 학습자에게 제시된 문제를 개인 혹은 팀으로 해결하기 위한 과정에서 학습이 이루어집니다.
- 사례제시형: 실제 사례를 통해 학습할 이론을 사례에 적용해

봄으로써 학습 내용을 이해할 수 있도록 합니다. 주로 심화학
습을 위해서 많이 활용됩니다.

동영상의 강의 내용을 시청한 것으로 학습활동이 끝나지 않도록
학습 내용과 관련된 토론 주제나 학습과제를 제시하고 토론 게시
판이나 메신저 등을 활용하여 다른 학습자들과의 상호작용을 촉진
할 수 있도록 팀 활동을 연계하는 학습활동 설계도 고려하면 좋습
니다. 협력학습 시에는 과제의 산출물과 시간, 지켜야 할 규칙 등
을 명확하게 설명한 후에 시작하도록 안내합니다.

3) 비실시간 원격수업 교수전략

비실시간 원격수업은 학습자들이 편한 시간에 편한 장소에서 학
습을 할 수 있다는 자유와 통제권한이 주어지지만, 자기주도적으
로 학습 관리 및 시간 관리를 하는 것이 어려울 수 있기에 세심한
교수전략이 필요합니다. 동영상 수업을 충실하게 학습하도록 하
는 교수전략, 비동시적 의사소통 전략, 비동시적 토론 전략을 살펴
보면 다음과 같습니다.

- 동영상 수업을 충실하게 학습하도록 하는 교수전략(진성희, 신수봉,
  2020, pp. 32-33): 학습자에게 동영상 수업과 관련된 과제 또는
  학습활동을 제시하는 것도 수업을 집중하게 하는 전략이기는
  하나, 매주 과제를 부과하는 것은 학습자들에게 부담이 될 수

도 있으니 매주 진행되는 학습 내용의 중요도를 고려한 교수 전략을 적용할 필요가 있습니다. 동영상 수업 내용에 대해 주의를 집중해서 듣고 이해한 뒤 문제해결에 적용할 수 있어야 하는 경우에는 연습문제 풀이나 과제를 제출하도록 해야 합니다. 이때 교수자는 과제에 대한 피드백을 어떻게 제공할 것인지에 대한 계획도 수립해야 합니다. 학습 내용의 난이도가 높아서 학습자가 이해하기 어렵다고 생각되면, 수업 후 학습자들에게 학습 내용과 관련한 질문을 만들어 학습관리 시스템에 올리고 동료 학습자가 올린 질문에 대해 서로 답을 하도록 하는 것도 효과적입니다. 학습자들이 올린 질문과 답에 대해서는 그다음 시간에 반드시 교수자가 피드백을 제공하는 것이 중요합니다. 교수자는 학습자가 동영상 수업을 학습하기를 기대하지만, 과제에 대한 부담을 줄이고 싶을 때는 수업을 들으면서 요약한 필기 내용을 사진을 찍거나 문서를 학습관리 시스템에 올리는 과제도 적절합니다. 동영상 수업을 충실하게 참여하도록 하는 방법으로 동영상 수업 이수 후 애플리케이션을 이용한 간단한 퀴즈를 진행하는 방법도 있습니다.

• 비동시적 의사소통 전략: 게시판 등을 활용한 비동시적 의사소통은 면대면 의사소통과 그 외 화상강의 등의 테크놀로지를 기반으로 한 의사소통과는 다른 장점이 있습니다. 물론 비동시적 의사소통은 대면에서 알 수 있는 표정, 말투, 뉘앙스 등의 다양한 정보를 얻을 수는 없으나(이동주, 임철일, 임정훈,

2019) 게시판 이름을 통해 누가 의견을 올렸는지는 알 수 있으며, 즉흥적으로 말하지 않고 충분히 사고하고 깊이 있는 생각을 발전시켜 말할 수 있습니다(Jonassen & Kwon, 2001; Kamin, O'Sullivan, & Deterdin, 2002). 종종 면대면 수업에서는 발표를 좋아하는 학생이나 적극적인 학생을 제외하고는 발표 기회를 얻기가 어려울 수도 있으나, 비대면 의사소통에서는 소극적인 학생도 편하게 참여하며 수준 높은 상호작용을 경험할 수 있습니다(Howland, Jonasseng, & Marra, 2013).

- 비동시적 토론 전략: 비동시적 토론 게시판은 교실 공간을 넘어서 새로운 관점이나 다른 문화의 다양성, 참여자들의 위치가 국외에 있더라도 가능하고 메시지를 컴퓨터에 저장할 수 있다는 장점도 있지만 단점도 있습니다(Woodley, 2018). 일부 학생들은 비동시적 의사소통보다 즉각적인 응답과 피드백을 선호하여 짧은 주제문에서 내용을 파악하기 어려울 수도 있으며 게시판에서 글을 읽는 것은 생각보다 많은 시간이 소요될 수도 있습니다(Howland et al., 2013).

학습활동

1. 대학생들이 설계한 줌을 활용한 실시간 원격수업 동영상을 확인 후, 여러분이 교수라면 수업 전·중·후의 주요 교수·학습 활동을 어떻게 설계할지 토의하여 그 결과를 다음의 표에 정리한 후 발표해 봅시다.

검색어: 2020학번 새내기들이 직접 설계한 화상수업
사이트: https://www.youtube.com/watch?v=y3V9lE-6S3E&t=18s

	설계 주요 활동	이유
수업 전		
수업 중		
수업 후		

참고문헌

강인애(1996). 효율적인 화상강의를 위해 고려할 사항: 인디애나 대학
　　교 대학원 수업 사례 연구. 교육정보미디어연구, 1(2), 23-44.

김희배(2005). 대학 e-러닝 콘텐츠 공동개발 및 유통 활성화 방안 연
　　구. 한국교육학술정보원 연구보고, KR 2005-21.

도재우(2020). 온라인 수업 수업지도안 개발 가이드. https://brunch.
　　co.kr/@jaewoodo/48.

민혜리, 서윤경, 윤희정, 이상훈, 김경이(2021). 온라인 수업·강의 A2Z.
　　서울: 학이시습.

박미혜, 허운나(2000). 인터넷과 화상회의를 활용한 원격수업 운영에
　　관한 사례연구: 네덜란드 University of Twente의 코스 운영을
　　중심으로. 교육공학연구, 16(4), 225-258.

신을진(2021). 온라인 수업, 교사 실재감이 답이다: 온라인과 오프라인을 넘
　　나드는 수업 전략. 서울: 우리학교.

안미영(2000). 외국인 유학생의 자기 효능감 향상을 위한 온라인 과제
　　와 줌 피드백의 통합형 온라인 수업안 소고. 문화와 융합, 42(7),
　　127-145.

오영범, 이창두(2012). 원격화상시스템을 활용한 영어 수업이 수업만
　　족도와 자기효능감에 미치는 영향. 디지털융복합연구, 10(8), 317-
　　326.

유병민, 박성열, 임정훈(2005). 학습 스타일에 따른 이러닝 콘텐츠 개
　　발 유형에 대한 선호도 연구: K 대학 사례를 중심으로. 교육정보
　　미디어연구, 11(3), 115-134.

이동주, 김미숙(2000). 코로나 19 상황에서의 대학 온라인 원격교육 실

태와 개선 방안. 한국멀티미디어 언어교육, 23(3), 359-377.

이동주, 임철일, 임정훈(2019). 원격교육론. 서울: 한국방송통신대학교 출판문화원.

이의길(2006). 온라인교육에 대한 교수자 인식 및 수업전략. 교육정보 미디어연구, 12(1), 87-105.

임철일, 김민지, 박주현, 배유진, 염지윤(2021). 대학에서의 실시간 비 대면 수업 유형별 수업설계 전략에 관한 사례연구. 교육공학연구, 37(2), 459-488.

임철일, 김혜경, 김성욱, 이효은(2013). 공동화상강의에서 상호작용 촉 진을 위한 설계원리 개발. 교육정보미디어연구, 19(3), 365-394.

조미헌, 김민경, 김미량, 이옥화, 허희옥(2020). E-learning 컨텐츠 설계. 경기: 교육과학사.

진성희, 신수봉(2020). 원격교육을 위한 수업설계 및 운영 매뉴얼. 공 학교육혁신연구정보센터, RICE^2-2020-15.

한송이, 이가영(2020). 실시간 온라인 수업에 대한 교수자 인식 연구. 문화와 융합, 42(7), 395-418.

Garrison, D. R., Anderson, T., & Archer, W. (1999). Critical inquiry in a text-based environment: Computer conferencing in higher education. *The Internet and Higher Education, 2*(2-3), 87-105.

Gibbs, W. J. (1998). Implementing on-line learning environment. *Journal of Computing in Higher Education, 10*(1), 16-37.

Howland, J. L., Jonassen, D. H., & Marra, R. M. (2013). *Meaningful learning with technology: Pearson new international edition PDF eBook*. 이영주, 조규락, 조영환, 최재호 역(2014). 테크놀로 지와 함께하는 유의미학습. 서울: 아카데미프레스.

Jonassen, D. H., & Kwon, H. (2001). Communication patterns in computer mediated versus face-to-face group problem solving. *Educational Technology Research and Development,* *49*(1), 35-51.

Kamin, C., O'Sullivan, P., & Deterding, R. (2002). *Does Project L.I.V.E. case modality impact critical thinking in PBL groups?*. Paper presented at the Annual Meeting of the American Educational Research Association, New Orleans, LA.

Karker-Esperat, T. M. (2018). International graduate students' challenges and learning experiences in online classes. *Journal of International Studies, 8*(4), 1722-1735.

Nieuwoudt, E. (2020). "Investigating synchronous and asynchronous class attendance as predictors of academic success in online education", *Australasian Journal of Educational Technology,* 15-25.

Woodley, X. M. (2018). Authentic Dialogue in Online Classrooms. *Academic Exchange Quarterly, 22*(4), 38-43.

Xie, G. (2020). An instructional model of online synchronous instruction-A case study of college english course for college students. *Education Research Frontier, 10*(3), 134-141.

A Guide to Hybrid and Blended Learning in Higher Education. https://www.wwt.com/article/guide-to-hybrid-blended-learning-higher-ed.

제8장

혼합형 원격수업의 유형별 설계

1. 하이브리드 학습
2. 블렌디드 학습
3. 거꾸로 학습

학습목표 •••••

1. 하이브리드 학습의 고려사항을 반영하여 교수설계를 할 수 있다.

2. 블렌디드 학습의 고려사항을 반영하여 교수설계를 할 수 있다.

3. 거꾸로 학습의 고려사항을 반영하여 교수설계를 할 수 있다.

주요 용어

- 하이브리드 학습(hybrid learning): 두 가지 이상의 학습 방법이 지니는 장점을 결합하여 적절히 활용함으로써 학습 효과를 극대화하기 위한 학습 형태이다. 대면 수업을 위해서 학교에 등교한 학습자와 온라인으로 접속한 학습자 모두를 대상으로 교육을 진행하는 교육방법이다.

- 블렌디드 학습(blended learning): 흔히 혼합학습이라고 부르기도 하는데, 두 가지 이상의 학습매체(테크놀로지, 활동, 이벤트 등)를 조합하여 각각의 장점을 활용함으로써 학습 효과를 극대화할 수 있는 교육방법이다.

- 거꾸로 학습(flipped learning): 테크놀로지를 활용하여 사전에 개별 학습을 한 후 교실 본 학습에서 활동 중심 수업을 하는 혼합형 교육방법이다.

1. 하이브리드 학습

1) 하이브리드 학습의 개념

마이클 풀란(Michael Fullan)에 의하면, 학습에 대한 하이브리드 접근법은 부분 개학, 대면 및 비대면 동시 수업의 다양한 형태가 있고, 이런 하이브리드 모델들의 성공 사례를 종합 분석한 후 하이브리드 학습이 "개인화되고, 의미 있으며 매력적인" 학습자 중심 교육 경험을 선사하고 있다고 하였습니다(Fullan, Quinn, Drummy, & Gardner, 2020).

하이브리드 학습(Hybrid Learning)의 부분 개학 형태는 일부 학교와 기관들이 시도하고 있는 방법입니다. 일부 어린 학생들이나 특별한 도움을 필요로 하는 학생 혹은 원격수업에 필요한 기기를 사용하기 어려운 환경에 있는 학생들을 대상으로 학교에 등교하는 것을 부분적으로 허락하고, 그 외 학생들은 원격수업으로 학습을 진행하는 것을 의미합니다. 대면 및 비대면 동시 수업의 형태는 몇몇 교육기관이 실행하는 방식으로 오프라인 대면수업과 원격수업을 동시에 진행하면서 원하는 학생들은 강의실에서 학습을 하고 그 외 학생들은 원격으로 접속하여 수업을 듣는 유형입니다. 일부 외국 대학과 국내 초·중등학교와 대학교, 사교육 학원 등의 일부가 이러한 하이브리드 학습을 진행하고 있습니다. 마지막 학생 순환 교육의 형태는 우리나라 일부 초·중등학교에서 실시하는 것처

럼 한 주 동안 학생들을 등교시키고 그다음 한 주 동안은 원격수업
으로 진행하는 것과 같이, 특정 기간을 정하여 원격수업 집단과 등
교하여 대면수업을 받는 집단으로 나누어 교육을 진행하는 유형을
의미합니다(교육부, 2020).

2) 하이브리드 학습의 장점과 학습환경

하이브리드 학습 유형 중 하나인 대면 및 비대면 동시 수업은 강
의실에서 교육이 진행되는 동시에 일부 등교하지 못한 학생이 원
격으로 수강할 수 있는 형태를 의미합니다. 이 교육방법은 해외에
있거나 장기간 투병 중인 학생에게도 수업에 참여할 수 있는 기회
를 확대 제공할 수 있으며 학생은 자신이 선택한 장소에서 교사 및
학생들과 상호작용을 할 수 있게 됩니다(Abdelmalak & Parra, 2016;
Raes, Detienne, Windey, & Depaepe, 2020).

그림 8-1 하이브리드 학습환경

하이브리드 학습 유형은 서로 다른 학습자의 특성이나 상황을
고려하여 강의장에 참석하거나 원격수업에 참여하는 방법을 선택

할 수 있는 학습의 통제권을 갖게 하고, 원격으로 참여하는 경우에는 테크놀로지를 활용하는 기회를 접하게 됨으로써 테크놀로지 활용 능력을 향상시킬 수도 있습니다(Abdelmalak & Parra, 2016; Butz & Askim-Lovseth, 2015; Szeto, 2014; Wiles & Ball, 2013).

하이브리드 학습 유형을 실행하기 위해서는 기존의 강의실과 다른 새롭게 디자인된 학습 공간이 필요하며, 모든 학생이 동일한 대화형 플랫폼에 접속할 수 있어야 합니다. 이 플랫폼을 활용하여 강의실에 있는 학생뿐만 아니라 가상 원격에서 접속하고 있는 학생들도 강의자료, 퀴즈, 설문조사와 강의 중에 학생들이 서로 채팅할 수 있는 채팅방을 이용할 수 있어야 합니다. 이렇게 운영되는 하이브리드 학습 유형은 교수자 외에 원격으로 참여한 학생들의 음소거를 하거나 음소거를 해제할 수 있는 등 기술적인 지원을 해 주는 테크놀로지 컨설턴트 운영자의 도움을 필요로 합니다.

그러나 이러한 기술적 장비없이 줌과 같은 화상회의 플랫폼만으로도 하이브리드 수업을 진행할 수 있습니다. 강의식 수업의 경우 노트북과 웹캠, 마이크를 활용하여 대면수업에 출석하지 못한 학생들에게 강의를 제공할 수 있습니다. 팀 활동 수업에서 비대면으로 접속한 학생들과 출석한 학생들의 팀 활동을 지원하기 위해 팀별 노트북을 준비하고, 교수자가 각각의 노트북으로 줌 주소에 접속하여 비대면 학생들을 소회의실에 할당합니다. 팀은 가능한 한 마이크의 하울링이 일어나지 않도록 교실 공간에서 서로 멀리 떨어지도록 배치합니다. 대면 학생과 비대면 학생 간 의사소통이 원활한지 수시로 체크하며 수업을 진행해야 합니다.

3) 하이브리드 학습의 문제점

매우 제한된 하이브리드 수업에 대한 연구 결과를 살펴보면 학습자들의 학업성과나 학업동기, 만족도에서 큰 차이가 없었습니다(Lightner & Lightner-Laws, 2016; Szeto, 2014; White, Ramirez, Smith, & Plonowski, 2010).

그러나 하이브리드 대면 및 비대면 동시 수업 상황에 대면으로 참여한 학습자와 비대면으로 참여한 학습자를 비교한 최근 연구에 따르면, 두 집단은 같은 수업을 다르게 경험하는 것으로 나타났습니다(Raes et al., 2020). 예를 들어, 교사가 비대면 학생들에게 주의를 집중하면 많은 반복과 느린 속도로 수업을 하는 경우가 발생하는데 이때 교실 현장에 있는 학생들은 불편함을 경험합니다. 반면, 비대면으로 참여한 학생들은 교실과 물리적으로 분리되어 있었기 때문에, 특히 즉각적인 지원을 받기 어려운 기술적인 어려움에 직면했을 때 수업에서 제외되었다고 느낍니다. 또한 교실 현장의 학생들은 교사가 기술적 문제를 해결하는 데 많은 시간을 할애할 때 수업에서 소외감을 느꼈다는 결과가 나타났습니다. 일반적으로 실시간 하이브리드 수업을 할 때 대면하는 학생과 동일한 수준으로 비대면 학생을 수업에 적극적으로 참여시키는 것이 어렵다고 합니다. 학생과 교사 모두 비대면 학생들이 덜 배웠고 더 수동적이며 마치 수업에 참석하지 않은 것처럼 행동했다고 보고되었습니다. 이러한 이유는 교사가 대면 학생들보다 비대면 학생들에게 더 일방적인 강의식 수업을 제공하기 때문인 것으로 나타났습니다.

수업에 원격으로 참여한 학생들은 강의장에 있는 학생들과 마찬가지로 질문과 대답 등 참여하고 싶어 합니다. 따라서 수업을 설계할 때 이를 고려하여 비대면 학생들이 수업에 더 많이 참여하도록 권장해야 합니다(이동주, 임철일, 임정훈, 2019). 비대면 학습자는 교실과 상당한 거리감을 느끼게 되므로 비대면 학생과 교사 및 대면 학생들 사이의 심리적 거리를 해결할 필요성이 있습니다(Gibbs, 1998). 마지막으로 실시간 하이브리드 학습환경은 원격 혹은 온라인에서 접속한 학생들에게 더 많은 자기주도 학습훈련을 요구합니다. 교사가 물리적으로 존재하지 않아서 학생들의 참여에 몰입이 떨어지기 때문입니다(이상우, 2004).

4) 하이브리드 학습에 대한 설계 지침

교육적 방법의 변화와 기술의 사용은 더 많은 준비를 필요로 하여 교수자의 업무를 증가시킬 수 있습니다. 이것은 교육기관이 교육적으로나 기술적으로 교사들에게 충분한 훈련과 지원을 제공하는 것이 중요하다는 것을 의미합니다. 새로운 맥락에서 보면 교사가 직면한 문제의 해결책은 테크니컬 운영자를 활용하는 것입니다(Raes et al., 2020). 운영자는 수업에 참여하여 교실 내부 및 온라인 문제에 대한 해결을 돕고 교육과정을 준비하는 교사에게 조언하는 역할도 할 수 있습니다. 수업이 시작되면 기술적 문제에 직면한 학생들은 온라인 플랫폼의 채팅룸을 통해 운영자와 직접 상호작용하며 문제를 해결할 수 있습니다.

하이브리드 학습 참여를 촉진하기 위해 설문조사와 퀴즈를 활용해 학생들의 인지작용을 활성화하고 결과를 재미있는 방식으로 공유할 수 있습니다(Raes et al., 2020; Xie, 2020). 두뇌 연구에 따르면 학생들의 주의집중력은 약 10분 정도이기 때문에 교수자는 10분에 1번씩은 감정을 자극하는 활동을 하는 것이 필요하다고 합니다(Medina, 2011). 따라서 교수자들은 하이브리드 수업을 진행하는 중간에 다양한 학습활동을 하도록 하이브리드 학습을 설계할 때 다음의 사항을 고려할 필요가 있습니다(Microsoft, 2021).

- 생각을 공유하게 하거나 질문을 하여 답하도록 유도하는 방법
- 간단한 투표나 퀴즈를 제시하여 참여하도록 하는 방법
- 학습과 관련된 주제로 동료들과 토론하도록 하는 방법
- 현재의 학습자료에 대한 학생들의 만족도를 채팅이나 화상회의 기능을 활용하여 이모티콘으로 표시하는 방법

또한 교수자는 강의를 통해 자주 구두 질문을 하고 학생들의 의견에 주의를 기울여야 합니다. 하이브리드 수업은 거꾸로 학습 접근 방식으로 비실시간 원격학습 활동(예: 읽기 또는 실습)과 함께 설계하여 운영할 수도 있습니다. 소그룹 활동에 가상 및 실제 교실에 있는 학생이 혼합되어 수업에 참여하면 다른 학생들과 함께 있는 듯한 '실재감'이 증가합니다(Garrison, Anderson, & Archer, 1999).

2. 블렌디드 학습

1) 블렌디드 학습의 개념

블렌디드 학습(Blended Learning)은 흔히 혼합학습이라고 부르기도 하는데, 두 가지 이상의 학습매체(테크놀로지, 활동, 이벤트 등)를 조합하여 각각의 장점을 활용함으로써 학습 효과를 극대화할 수 있는 교육방법입니다(Bersin, 2004). 학습자들은 온라인상에서는 자기주도적 학습, 오프라인에서는 교수자와의 상호작용, 학습자와의 상호작용을 통해 사전에 학습한 내용에 대한 토론, 피드백, 평가를 받을 수 있습니다. 면대면 교실수업과 온라인 활동을 결합한 형태가 가장 대표적인 블렌디드 학습의 운영 형태로 알려져 있

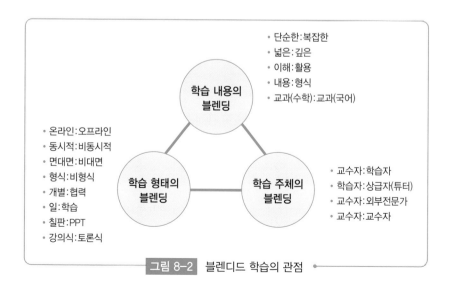

그림 8-2 블렌디드 학습의 관점

습니다. 두 가지 교육방법을 혼합한 것이 블렌디드 학습 방식이라고 한다면 거꾸로 학습과는 어떻게 다른가 하는 질문을 떠올릴 수 있을 것입니다. 블렌디드 학습 방법에서의 관심사는 온라인 학습에 초점을 두고 그 효과를 높이기 위해 오프라인 학습을 어떻게 혼합할 것인가에 관심을 가지지만, 거꾸로 학습 방법에서의 관심사는 교실(강의실) 밖의 학습활동과 교실(강의장) 안의 학습활동을 혼합하기보다 구분하는 데 있다고 할 수 있습니다.

온라인과 블렌디드 학습의 유형은 원격수업 유형의 다양화에 기여하며 학습의 질적 개선에도 영향을 주었습니다.

2) 블렌디드 학습의 유형(노혜란, 2011)

최근 COVID-19 이후 학교 현장은 면대면 등교수업과 비대면 원격수업을 혼합하여 운영하는 블렌디드 학습을 진행하기도 하였습니다. 등교 인원을 제한하면서 학년별 등교로 불가피하게 블렌디드 학습이 진행되었고, COVID-19의 확산 상황에 따라 급작스러운 원격수업 전환 등이 빈번하였습니다. 다양한 블렌디드 학습 유형의 특징을 이해한다면 상황에 보다 효과적으로 대처할 수 있습니다.

(1) 블렌디드 학습 유형 1: 원격수업 + 대면수업

주	1	2	3	4	5	6	7	8	9	10	11	12	13	14	15	16
메인	OT	원격	대면	원격	대면	원격	대면	평가	원격	대면	원격	대면	원격	대면	원격	평가

그림 8-3 블렌디드 학습 유형 1

이 유형은 학습자의 몰입과 참여를 높일 수 있고, 대면수업의 장점인 교수자와 학습자 간의 친밀감을 높이면서 수업을 이어 갈 수 있습니다. 진도 체크 및 관리가 용이하며 수업 과정의 수정과 유지가 편리합니다. 그러나 원격수업과 대면수업의 연계를 고려하여 콘텐츠를 개발하고 대면수업의 진도가 사전 계획대로 진행되어야 콘텐츠의 내용과 적절히 연계할 수 있습니다. 대학의 대집단 교양 수업에서는 블렌디드 학습을 선호하지 않는데, 대면수업을 위해 대형 강의실과 강의 시간을 확보해야 하기 때문에 콘텐츠 개발비와 운영비의 정당화를 얻기 어렵기 때문입니다.

(2) 블렌디드 학습 유형 2: 원격수업 + 대면 보충수업

주	1	2	3	4	5	6	7	8	9	10	11	12	13	14	15	16
메인	OT			원격				평가				원격				평가
보조			대면			대면					대면				대면	

━━━━ 그림 8-4 블렌디드 학습 유형 2 ●━━━

이 유형은 방송통신대학교 등의 원격대학교에서 많이 활용하고 있습니다. 원격수업을 기본 유형으로 운영하면서 대면 보충수업으로 교수자와의 친밀감과 학생 간 친밀감을 높일 수 있습니다. 보충과 심화를 목적으로 학기 내용의 특성이나 학습자 수준, 사회적 이슈 등을 고려하여 융통성 있게 대면수업을 재구성할 수 있습니다. 학생 수가 많은 경우 대면수업의 학생 관리가 용이하지 않을 수 있습니다. 이런 경우 분반이나 팀 프로젝트 등으로 운영할 수 있는

데, 평가 범위에 대면수업 내용을 포함하는 경우 사전에 학습자에게 명확히 안내되어야 합니다. 최근 같이 COVID-19 상황에서는 대면수업 시 학생들의 참여를 강제하기 어려운 경우가 많으므로 이러한 학생들을 고려하여 하이브리드 병행(온·오프라인 동시 수업) 수업을 운영할 수 있습니다. 대학의 경우 원격강좌는 대면수업을 실시할 때 사용할 강의실과 강의 시간을 확보하기 위해 행정적인 지원이 요구됩니다. 학생들의 경우 교과시간표 조정 때문에 원격강좌를 수강하는 경우가 많으므로 정규 수업 시간을 피하여(예를 들면, 저녁 시간대나 보충수업 시간대) 강의 시간을 확보하는 것이 적절합니다. 대면수업의 목적과 내용을 사전에 분명하게 설정하고 사전에 정확하게 고지하여 학생들이 시간을 조정하도록 배려하지 않으면, 교수자와 학습자 모두에게 부담으로 작용하여 원격수업을 기피하게 하는 원인이 될 수 있습니다. [그림 8-5]~[그림 8-8]은 다양하게 변형하여 활용할 수 있는 블렌디드 학습 유형이므로 참고하면 도움이 됩니다.

① 블렌디드 학습 유형 2-1: 원격수업+대면 보충수업+팀 프로젝트

주	1	2	3	4	5	6	7	8	9	10	11	12	13	14	15	16
메인	OT	원격						평가	원격							평가
보조		협력	대면	협력	대면	협력	대면		협력	대면	협력	대면	협력	대면	발표	

그림 8-5 블렌디드 학습 유형 2-1

② 블렌디드 학습 유형 2-2: 원격수업+대면 보충수업+팀 프로젝트+대면 토론수업

주	1	2	3	4	5	6	7	8	9	10	11	12	13	14	15	16
메인	OT	원격						평가	원격							평가
보조		협력	대면	협력	토론	대면	협력		협력	대면	협력	토론	협력	대면	발표	

그림 8-6 블렌디드 학습 유형 2-2

③ 블렌디드 학습 유형 2-3: 원격수업+팀 프로젝트 수업+교수자면담

주	1	2	3	4	5	6	7	8	9	10	11	12	13	14	15	16
메인	OT	원격						평가	원격							평가
보조		협력	협력	협력	미팅	협력	협력		협력	협력	협력	미팅	협력	협력	발표	

그림 8-7 블렌디드 학습 유형 2-3

(3) 블렌디드 학습 유형 3: 대면수업+원격 보충수업

주	1	2	3	4	5	6	7	8	9	10	11	12	13	14	15	16
메인	OT	대면						평가	대면							평가
보조			원격			원격				원격			원격			

그림 8-8 블렌디드 학습 유형 3

이 유형은 온라인 보조 수업의 형태로 대학교육에서 많이 활용되는 블렌디드 학습 유형입니다. 학습관리 시스템을 효과적으로 활용하지 못하면 원격수업 콘텐츠의 진도 및 관리가 용이하지 않을 수 있습니다. 사전에 원격수업과 대면수업의 연계 방안을 준비하고 학습자에게 평가 범위를 공지해야 합니다. 원격수업 콘텐츠의 경우 수시로 수정·보완하고 지속적으로 보조자료를 첨가하여 개발할 수 있으며 다양한 용도(복습용, 보충용, 휴강용, 심화용, 시험문제 풀이용, 학습자 발표용)로 활용할 수 있습니다. 단, 학습자들이 강좌의 용도를 알 수 있도록 사전에 명확히 안내되어야 하며, 콘텐츠의 활용도를 높일 수 있도록 퀴즈, 노트 정리 등의 학습전략을 함께 사용합니다.

3) 블렌디드 학습에서 학습자들의 참여를 촉진하는 전략(노혜란, 2011; 이혜정, 2008)

• 팀 프로젝트: 팀별로 그들만의 소통을 장려합니다. 소셜 네트워크 서비스(SNS)나 학습관리 시스템의 쪽지 기능 등을 사용하도록 합니다. 실시간 채팅만으로 소통할 때는 팀원을 3명 내외로 하여 무임승차를 방지합니다. 최근에는 줌이나 스카이프를 활용한 화상회의 시스템을 활용하도록 할 수 있으며, 팀 활동 보고서와 회의 녹화본, 채팅 복사본을 제출하게 하여 교수자가 팀 활동을 모니터링할 수 있습니다. 팀 프로젝트 게시판을 공개하여 팀 간 경쟁과 참조 활동을 촉진합니다. 과제의 특성이 특정한 관점을 요구할 때는 동질 집단도 적절하지만, 과제의 특성이 다양한 관점을 요구할 때는 이질 집단의 구성이 적절합니다.

- 온라인 콘텐츠 출석 확인하기: 온라인 콘텐츠로 출석을 확인하기 위해서는 강의 내용을 요약하여 제출하게 하거나 질문을 만들어 오도록 유도합니다.

- 보충용 콘텐츠 활용하기: 대면수업과 연계하기 위해 보충용 콘텐츠를 2주 정도 미리 볼 수 있게 하고 사전에 질문을 올리게 합니다. 2주 후 대면수업에서 질문에 대해 답을 제시하며 보충 자료를 정리해 줍니다.

- 노트 정리: 다음 시간 전까지 강의 내용을 정리하여 게시판에 올리도록 합니다. 자신만의 노트 필기를 개발하게 하여 체계적으로 정리하도록 하면 학생 스스로 학습 결과를 관리하도록 유도할 수 있습니다. 교수자는 이를 모니터링하여 학습과정을 파악할 수 있습니다. 특히 콘텐츠 수강 중 학습자에게 노트 정리를 하도록 하면 학습자의 주의집중을 높일 수 있습니다.

- 선배들의 학습유산 활용하기: 선배들의 과제수행 결과를 다음 학기 후배들에게 공개하고 본인들의 과제 결과도 후배에게 유산으로 남겨 주게 됨을 지속적으로 인식시킴으로써 더욱 책임감 있는 학습을 유도할 수 있습니다.

- Learning by Teaching: 학생들에게 가르침을 통해 학습할 수 있도록 스스로 콘텐츠를 개발하고 업로드할 기회를 제공합니다. 단순히 발표가 아니라 마치 교수자가 된 것처럼 수업을 진행해 보도록 유도합니다. 이에 대해 학생들이 상호 평가 및 피드백할 수 있도록 이끌 수 있습니다.

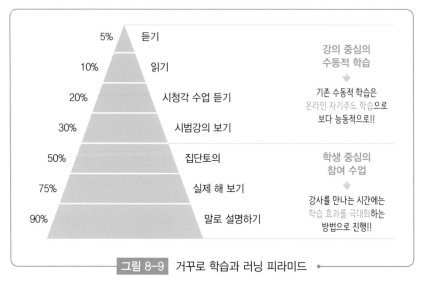

5% 듣기

10% 읽기

20% 시청각 수업 듣기

30% 시범강의 보기

50% 집단토의

75% 실제 해 보기

90% 말로 설명하기

강의 중심의
수동적 학습
↓
기존 수동적 학습은
온라인 자기주도 학습으로
보다 능동적으로!!

학생 중심의
참여 수업
↓
강사를 만나는 시간에는
학습 효과를 극대화하는
방법으로 진행!!

그림 8-9 거꾸로 학습과 러닝 피라미드

출처: NTL.

3. 거꾸로 학습

1) 거꾸로 학습의 개념

거꾸로 학습(Flipped Learning)으로 알려진 플립러닝은 2007년 미국의 콜로라도의 존 버그만(John Bergmann)과 애론 샘즈(Aaron Sams)라는 두 명의 화학교사에 의해서 시작된 교육방법입니다. 두 화학교사는 교실에서 전달식 강의를 하느라 정작 중요한 실험이나 토론은 학습자들이 학교를 벗어난 공간에서 홀로 학습해야 하는 방식을 완전히 뒤집었습니다. 전달식 강의의 내용은 학습자가 개별적으로 학습할 수 있게 동영상 강의로 미리 학습해 오도록 한

후 모든 학생이 모여 있는 교실에서는 함께 실험을 하거나 토론을
하는 등 상호작용을 극대화하여 역동적인 수업활동에 참여하도록
운영하고자 하였습니다. 그 결과 전달식 강의를 전체 배움 공간인
교실에서 개별 배움 공간인 개별 학습 공간으로 옮기고, 전체 배움
공간인 교실에서는 학생들 간의 상호작용을 통해 수준 높은 학습
을 할 수 있게 되었습니다.

그림 8-10 기존 수업과 정반대인 역진행 수업 방식

거꾸로 학습은 테크놀로지를 활용하여 사전에 개별 학습을 한
후 교실 본 학습에서 활동 중심의 수업을 하는 혼합형 교육환경
으로 정의하기도 합니다(Crompton, Dunkerly-Bean, & Giannakos,
2014).

2) 거꾸로 학습의 수업 절차

거꾸로 학습의 특징으로는 교실 밖의 개별 학습을 위해서 교수

자가 미리 학습 내용을 동영상 강의 형태의 원격수업으로 제공하는 것입니다. 이처럼 학습자의 개별학습을 위한 학습자료는 일반적으로 교수자가 테크놀로지나 매체를 활용하여 제공하는 동영상 강의가 일반적이지만(Bergmann & Sams, 2012; Frydenberg, 2013), 인쇄된 자료, 학습 내용을 정리한 노트나 관련 웹사이트 등을 활용할 수도 있습니다.

〈표 8-1〉 거꾸로 학습을 통한 교실수업 구성과 시간의 변화

기존 수업		거꾸로 학습	
수업 구성	수업 시간	수업 구성	수업 시간
도입	5분	도입	5분
지난 학습 내용 및 관련 활동	20분	사전학습 점검활동	5~10분
직접교수	30~35분	팀 활동 기반의 적극적인 상호작용 활동	50~55분
안내에 따른 자기주도적 활동	20~25분	학습 성찰	5분

출처: 최욱(2020); Fulton (2014).

선수학습을 마친 학습자들은 다른 학생들과 함께 있는 교실 공간에서 토론, 팀 활동 혹은 문제해결 등 팀 활동 기반의 적극적인 상호작용을 통해 학습활동에 참여합니다. 이때의 학습은 단순히 학습 내용을 이해하는 수준을 넘어서 학습 내용의 분석, 적용, 문제해결의 활용 등 심화학습을 위주로 진행합니다. 교수자는 기존의 교실수업에서 진행했던 강의식의 수업을 진행하는 대신 팀 활동을 통해서 추가 설명이 필요한 부분에 대한 안내나 팀 활동을 지

원하는 촉진자, 지원자의 역할을 수행하게 됩니다. 즉, 교수자의 주도하에 수업이 이루어지는 것이 아니라 학습자의 적극적인 참여와 다른 학습자들 간의 상호작용을 통하여 학습을 진행하는 것입니다. 학습자들 간의 토의나 협업을 통해 의사소통 능력과 문제해결 능력 등이 개발될 수 있으며 교수자는 학습자들의 활동을 관찰하고 도움이 필요한 학생들에게는 적절한 피드백을 제공함으로써 학습자 개개인의 학습을 돕는 역할을 할 수 있습니다.

〈표 8-2〉 거꾸로 학습의 수업 절차

시간	주요 활동
시작~10분	• 학습 준비활동(사전학습 점검활동)
11~25분	• 사전학습 미이수한 학생들을 위한 교수자의 강의 또는 사전학습을 이수한 학생들을 위한 개별학습 활동
26~90분	• 토론, 팀, 활동 혹은 문제해결 등 팀 활동 기반의 적극적인 상호작용을 통한 학습활동

출처: 최욱(2020); Johnson & Bergmann (2018).

3) 거꾸로 학습의 설계 시 고려사항

(1) 사전학습 영상의 분량

사전학습 분량이 너무 적으면 후속 교실수업에 필요한 학습이 안 되어 효과성을 저해할 수 있으며, 반대로 분량이 너무 많으면 학습자들에게 부담을 주어 몰입도와 학습동기 저하를 유발할 수 있습니다(Talbert, 2017). 대학생을 대상으로 수행한 연구에 의하면, 학습자들은 1시간 강의 내용에서 보통 10~20분 정도의 부분만 기억합니다(Crawford & Senecal, 2017). 초등학생의 경우에는 1시간에 10분 내외 그리고 중·고등학생은 최대 15분 이하의 수업 분량이 가장 적정하다고 합니다(Bergmann, 2017; Bergmann & Sams, 2014; Carstens & Sheehan, 2014). 뇌 과학 연구에 따르면, 성인을 포함한 인간의 주의집중 시간은 제한적이어서 완전히 새로운 자극이 주어지지 않으면 대략 10분 후에 주의가 산만해진다는 연구 결과도 있습니다(Medina, 2011; Zull, 2002).

(2) 사전학습 영상에 대한 잘못된 인식

사전학습에 대한 잘못된 인식 중 하나는 동영상만이 적합한 학습자료라고 생각한다는 점입니다. 사전학습 자료는 동영상뿐만 아니라 학습자가 교실수업의 학습활동을 할 때 기본이 되는 지식을 습득할 수 있는 데 도움이 되는 모든 형태의 자료가 가능합니다. 동영상만으로 기본 지식의 습득이 부족하다고 판단될 경우에는 동영상과 함께 교재의 특정 부분을 정독하고 요약하거나, 신문, 인터넷 자료, 특정 문학작품이나 영화 등을 함께 제시하는 방법도 가능합니다(Bergmann, Sams, & Gudenrath, 2015).

(3) 사전학습의 참여유도 전략

거꾸로 학습의 출발점은 '사전학습 수업의 참여'여야 합니다. 학습자들이 사전학습 영상을 시청하고 교실수업에 참여할 수 있도록 유도하는 설계전략이 필요합니다.

학습자와 사전학습 영상 간 상호작용의 예로는 노트 필기, 수업

전 또는 시청 중 제시된 질문에 답 작성하기, 사전 배포된 활동지
(worksheet) 작성하기, 사전학습을 마쳤는지 점검하는 퀴즈 풀기,
교실수업에서 제기할 문제 만들기, 후속 교실수업에서 다루게 될
연습 문제들 중 가장 쉽거나 낮은 단계의 문제 하나 풀어 보기 등
이 있습니다.

또 다른 상호작용 전략으로 온라인 게시판에 관련 글 올리기, 온
라인 토론 수행하기, 팀원들이 서로 팀원들의 동영상을 시청하도
록 격려하는 협력적 시청 등이 있습니다(Bergmann & Sams, 2012;
Gasmi & Thomas, 2017; Levy & Cohen, 2017).

(4) 사전학습과 교실수업과의 효과적인 연계

성공적인 거꾸로 학습을 위해 교실수업은 지식의 적용, 문제해
결 또는 고차원적 사고력 등을 향상시킬 수 있는 학습활동이 이루
어져야 합니다(Strayer, 2017). 교수자는 교실수업에서 할 학습활동
과 사전학습의 학습 내용 간 관련성을 제공해야 합니다. 교실수업
에서 학습활동을 할 때는 교수자와 또래 학습자가 함께 협력하는
분위기를 조성해야 합니다. 학습자의 수준이 다르다는 것을 전제
하고 학습자의 이해수준을 지속적으로 평가하는 체제를 구축해야
합니다(Kim, Kim, Khera, & Getman, 2014).

4) 거꾸로 학습의 효과

게레로, 바움가르텔, 조봇(Guerrero, Baumgartel & Zobott, 2013)은

거꾸로 학습 방법을 활용한 연구를 실시하였는데, 학습자를 두 개의 그룹으로 나누어 그룹 1에는 사전학습에 해당하는 동영상 학습자료를 제공하지 않았고, 그룹 2에는 사전학습에 해당하는 동영상 학습자료를 제공하였습니다.

두 개의 그룹을 대상으로 수업을 진행했을 때 그룹 1의 사전학습 내용을 제공받지 못한 학습자들은 주로 교수자의 설명을 전통적인 수업에 참여하듯이 노트 필기를 하는 데 집중한 반면, 그룹 2의 학습자들은 사전학습을 통해 내용을 미리 학습하였고 팀원들끼리 모여서 사전학습 내용에 대한 질문을 준비하는 모습을 보였습니다. 사전학습 이후 상호작용 중심의 교실수업에서도 그룹 1의 학습자들은 주로 학습 내용에 대한 이해 부분의 질문을 하였으나, 그룹 2의 학습자들은 주로 이론을 실제로 어떻게 적용할지에 대한 적용 기반의 질문과 개념에 대한 질문을 많이 하는 경향을 보였습니다.

카이스트에서도 거꾸로 학습을 대학 강의에 도입한 결과, 대학교 교수와 학생들 모두 긍정적인 반응을 보여 거꾸로 학습 형식의 강의 개설 수를 증가시켰고 이에 따라 수강하는 학생들의 수 역시 증가하고 있습니다.

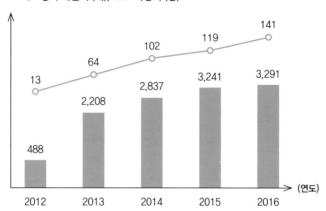

〈카이스트 에듀 3.0 수업 연도별 현황〉

○: 강의 개설 수(개), ■: 학생 수(명)

학생들이 토론, 발표, 질의응답이 활발해지고 평균 성적이 10점 이상씩 오르고 점수 차가 줄어들었다.

〈카이스트 신소재공학과 정연식 교수〉

미리 강의를 듣고 수업에 참여해서 내가 정말 궁금한 부분이 어떤 것이 있는지 알게 되었고 기존 강의식보다 배우고 싶은 동기가 생겼다.

〈○○○ 학생〉

대학교 교수와 학생들 모두 긍정적인 반응을 나타내었음

그림 8-11 카이스트 거꾸로 학습의 효과

출처: 조선일보(2017).

학습활동

1. 거꾸로 학습을 실시한 동영상을 시청 후, 거꾸로 학습의 수업 전·중·후 주요 활동을 정리해 봅시다. 여러분이 생각하는 거꾸로 학습의 장점과 단점은 무엇인지 다음의 표에 정리한 후 발표해 봅시다.

검색어: 거꾸로 교실, 부산동평중학교
사이트: https://www.youtube.com/watch?v=a5Q8Ruv4xVc

	주요 교수·학습 활동	장점과 단점
수업 전		
수업 중		
수업 후		

참고문헌

교육부(2020). 2020학년도 1학기 적용 일반대학의 원격수업 운영 기준.

노혜란(2011). 원격교육론. 경기: 교육과학사.

이동주, 임철일, 임정훈(2019). 원격교육론. 서울: 한국방송통신대학교 출판문화원.

이상수(2004). 면대면 학습 환경과 온라인 실시간/비실시간 학습 환경에서의 상호작용 패턴 분석. 교육공학연구, 20(1), 63-88.

이혜정(2008). Blended e-Learning 교수전략. 경기: 교육과학사.

최욱(2016). 문제 중심 학습 모형 및 실천적 교수 전략 탐색: 새로운 이론적 패러다임에 기반하여. 교육공학연구, 32(1), 29-64.

최욱(2020). 모든 학교를 위한 플립드러닝 가이드북(flipped learning): 설계, 개발, 실행, 평가. 경기: 교육과학사.

Abdelmalak, M. M. M., & Parra, J. L. (2016). Expanding learning opportunities for graduate students with hyflex course design. *International Journal of Onlone Pedagogy and Course Design,* 6(4), 19-37. doi: 10.4018/IJOPCD.2016100102.

Bergmann, J. (2017). *Solving the homework problem by flipping the learning.* Alexandria, VA: ASCD.

Bergmann, J., & Sams, A. (2012). *Flip your classroom: Reach every student in every class every day.* Eugene, OR: International Society for Technology in Education.

Bergmann, J., & Sams, A. (2014). *Flipped learning: Gateway to student learning.* Eugene, OR: International Society for

Technology in Education.

Bergmann, J., Sams, A., & Gudenrath, A. (2015). *Flipped learning for English language instruction*. Eugene, OR: International Society for Technology in Education.

Bersin, J. (2004). *The blended learning book: Best practices, proven methodologies, and lessons learned*. Hoboken, NJ: John Wiley & Sons.

Burkhart, S., & Craven, D. (2020). Digital workbooks in fliped nutrition education: student perspectives'. *Education Sciences, 10*(1). doi: 10.3390/educsci10010022.

Butz, N. T., & Askim-Lovseth, M. K. (2015). Oral communication skills assessment in a synchronous hybrid MBA programme: Does attending face-to-face matter for US and international students? *Assessment and Evaluation in Higher Education, 40*(4), 624-639. doi: 10.1080/02602938.2014.940577.

Carstens, F. J., & Sheehan, M. (2014). Triumphs and tributions of the flipped classroom: A high school teacher's perspective. In J. Keengwe, G. Onchwari, & J. N. Olgara (Eds.), *Promoting active learning through the flipped classroom model*. Hershey, PA: IGI Global.

Chen, M., Hwang, G., & Chang, Y. (2019). A reflective thinking-promoting approach to enhance graduate students' flipped learning engagement, participation behavior, reflective thinking and project learning outcomes. *British Journal of Educational Technology, 50*(5), 2288-2307.

Crawford, S. R., & Senecal, J. (2017). Tools of trade: What do you need to flip. In L. S. Green, J. R. Banas, & R. A. Perkins (Eds.), *The flipped college classroom: Conceptualized and re-*

conceptualized. Cham, Switzerland: Springer.

Crompton, H., Dunkerly-Bean, J., & Giannakos, M. (2014). "Flipping the classroom in higher education: A design-based research study to develop a flipped classroom framework," *In Society for Information Technology & Teacher Education International Conference, 14*(1), 2763-2766.

Frydenberg, M. (2013). *Flipping excel. Information Systems Education Journal, 11*(1), 63-73.

Fullan, M., Quinn, J., Drummy, M., & Gardner, M. (2020). *Education reimagined: The future of learning-A collaborative position paper between new pedagogies for deep learning and microsoft education.* http://aka.ms/HybridLearningPaper.

Fulton, K. P. L. (2014). *Time for learning: Top 10 reasons: why flipping the classroom can change education.* Thousand Oaks, CA: Corwin.

Garrison, D. R., Anderson, T., & Archer, W. (1999). Critical inquiry in a text-based environment: Computer conferencing in higher education. *The Internet and Higher Education, 2*(2-3), 87-105.

Gasmi, A. A., & Thomas, M. (2017). Academic writing in the flipped EFL classroom: A case study on student engagement in Oman. In J. P. Loucky & Ware, J. L. (Eds.), *Flipped instruction methods and digital technologies in the language learning classroom.* Hershey, PA: IGI Global.

Gibbs, W. J. (1998). Implementing on-line learning environment. *Journal of Computing in Higher Education, 10*(1), 16-37.

Guerrero, S., Baumgartel, D., & Zobott, M. (2013). The use of screencasting to transform traditional pedagogy in a preservice mathematics content course. *Journal of Computers in*

Mathematics and Science Teaching, 32(2), 173-193.

Johnson, C., & Bergmann, J. (2018). *Flipped 3.0 Flipped mastery learning: An insanely simple guide. kindle edition.* Jacksonville, FL: Global Publishing.

Kim, M. K., Kim, S. M., Khera, O., & Getman, J. (2014). The experience of three flipped classrooms in an urban university: An exploration of design principles. *The Internet and Higher Education, 22*, 37-50.

Levy, T., & Cohen, L. J. (2017). Teaching English for academic purposes through the use of digital tools. In J. P. Loucky & Ware, J. L. (Eds.), *Flipped instruction methods and digital technologies in the language learning classroom.* Hershey, PA: IGI Global.

Lightner, C. A., & Lightner-Laws, C. A. (2016). A blended model: Simultaneously teaching a quantitative course traditionally, online, and remotely. *Interactive Learning Environments, 24*, 1. doi: 10.1080/10494820.2013.841262.

Medina, J. (2011). *Brain rules: 12 principles for surviving and thriving at work, home, and school.* Seattle, WA: Pear Press. ReadHowYouWant.com.

Microsoft. (2021). 하이브리드 학습: 학습의 미래를 위한 새로운 모델. https://education.microsoft.com/ko-kr/course/218c22a7/4.

Raes, A., Detienne, L., Windey, I., & Depaepe, F. (2020). A systematic literature review on synchronous hybrid learning: Gaps identified. *Learning Environments Research, 23*, 269-290.

Strayer, J. F. (2017). Designing instruction for flipped classrooms. In C. M. Reigeluth, B. J. Beatty, & R. D. Myers (Eds.), *Instructional-design theories and models: The learner-centered paradigm of education* (Vol. IV, pp. 321-349). New York:

Routledge.

Szeto, E. (2014). A Comparison of online/face-to-face students' and instructor's experiences: Examining blended synchronous learning effects. *Procedia-Social and Behavioral Sciences, 116,* 4250-4254. doi: 10.1016/j.sbspro.2014.01.926.

Talbert, R. (2017). *Flipped learning: A guide for higher education faculty.* Sterling, VA: Stylus Publishing.

White, C. P., Ramirez, R., Smith, J. G., & Plonowski, L. (2010). Simultaneous delivery of a face-to-face course to on-campus and remote off-campus students. *TechTrends, 54,* 34-40. doi: 10.1007/s11528-010-0418-z.

Wiles, G. L., & Ball, T. R. (2013, June 23-26). The converged classroom. *Paper presented at 2013 ASEE Annual Conference: Improving course effectiveness.* Atlanta, Georgia. https://peer. asee.org/22561.

Xie, G. (2020). An instructional model of online synchronous instruction-A case study of college english course for college students. *Education Research Frontier, 10*(3), 134-141.

Zull, J. E. (2002). *The art of changing the brain: Enriching teaching by exploring the biology of learning.* Sterling, VA: Stylus Publishing.

조선일보(2017). 강의 없앤 강의실… 학생들이 떠들썩해졌다. https:// www.chosun.com/site/data/html_dir/2017/05/04/2017 050400133.html

NTL Institute. https://www.NTL.org.

Springer. Link. https://link.springer.com/article/10.1007/s10984- 019-09303-z/figures/1.

제9장

원격수업의 평가 설계

1. 평가의 목적
2. 원격수업의 평가
3. 원격수업의 대안적인 평가 방법
4. 원격수업의 평가 설계 및 운영 시 고려사항

학습목표 • • • • •

1. 원격수업에서 평가의 문제점을 제기할 수 있다.
2. 원격수업에서 평가의 문제점을 방지할 수 있는 다양한 평가 방법을 적용할 수 있다.
3. 온라인 시험의 장점과 단점을 설명할 수 있다.

주요 용어

● 절대평가(criterion-referenced evaluation): 한 집단의 성적을 절대적 기준에 따라 평가하는 방식이다. '목표지향평가' 또는 '준거지향평가'라고도 한다. 구체적 과제 혹은 목표를 고려하여 검사를 제작하거나 미리 정의된 수행 기준에 따라 평가하는 것이다.

● 상대평가(norm-referenced evaluation): 시험 성적 등을 평가하는 기준 중의 하나로, 절대평가와 반대되는 개념이다. '규준지향평가'라고도 한다. 학습자가 속해 있는 집단에서 상대적인 위치를 제시하는 평가 방법이다.

● 온라인 시험(online exam): 학생들이 온라인으로 문제를 풀고 정답까지 제출해 관련 정보가 풍부하게 축적되면 교사가 학생에 대한 맞춤 교육을 할 수 있으며, 해당 학생이 자주 틀리는 문제나 영역별 학습 정도를 정교하게 파악할 수 있다. 문제은행과 연계하면 부족한 영역을 보완할 수 있는 문제를 맞춤형으로 제공할 수 있는 장점을 가지고 있다.

● 온라인 시험 감독 기술: 학생을 초대해 온라인 시험을 감독할 수 있는 플랫폼으로 실시간 화면 감독, 웹캠을 통한 응시자 감독, 휴대폰을 통한 주변환경 감독 기술 등으로 구성되어 있다.

1. 평가의 목적

평가라고 하면 시험을 본 후 점수를 확인하는 것이나 교수자가 학점을 매긴다든지 시험 후에 그 점수 결과에 따라 자격증이나 수료증을 나눠 주는 모습을 떠올리기 쉽습니다. 그러나 시험 점수라는 것은 수업에서 학습한 내용을 어느 정도 이해하고 있는지 혹은 암기하고 있는지 등의 제한된 정보를 제공할 뿐입니다.

평가를 하는 목적은 학업 성취도에 대한 결과를 제공하는 것 외에도 학습자와 교수자 모두에게 피드백을 제공하기 위함입니다. 학습자에게는 평가를 통해 학습에서 도달해야 하는 기준과 비교하여 본인의 수준이 어느 정도인지를 확인할 수 있으며 학습에 대한 자신감과 학습동기를 높일 수 있습니다. 교수자의 입장에서는 평가를 통해서 학습자들이 어느 부분을 이해하지 못하는지 확인함으로써 학습자에게 부족한 부분을 향상시킬 수 있도록 추가적인 도움을 제공할 수 있습니다. 또한 대다수의 학생이 같은 개념이나 기능을 습득하는 데 어려움이 있음을 확인했다면 추후 수업 설계에서는 이를 변경하거나 수정해야 합니다.

1) 절대평가 방식 vs 상대평가 방식

학생이 평가를 마친 후 평가 결과를 집계하는 방법은 절대평가 방식과 상대평가 방식이 있습니다(박도순, 2007; 성태제, 2009). 준거지향(criterion-referenced) 평가 방법은 우리가 일반적으로 알고 있는 절대평가 방식입니다. "학습자는 해당 학습목표를 달성하였는가?" "학습자는 학습 내용을 숙달했는가?"에 관심이 있는 평가 방식으로 교수자가 미리 정해 놓은 기준과 학습자의 수행을 비교하여 학생의 수행이 준거와 얼마나 가깝게 달성했는지 여부를 평가 결과에 반영합니다. 절대평가인 준거지향 평가 방법은 해당 학습목표를 달성했는지 여부에 대한 정보는 제공해 주지만, 상대적으로 다른 학생들에 비해서 어느 정도로 잘했는지에 대한 정보는 제공하지 않습니다. 학생들의 입장에서는 불필요한 경쟁심을 가지거나 다른 학생들과 협력활동을 할 때에도 반감을 가질 필요가 없다는 장점이 있을 수 있습니다.

규준지향(norm-referenced) 평가 방법은 일반적으로 알고 있는 상대평가 방식으로 "학습자는 다른 학생들과 비교해서 얼마나 잘 수행했는가?"라는 질문에 관심이 있습니다. '상대평가'는 교사와 학습자에게 학생들이 상대적으로 얼마나 잘했는지에 대한 정보를 제공해 주지만 이들 모두가 학습목표를 달성하였는지에 대한 정보는 제공해 주지 않습니다. 하지만 상대평가는 여러 개인의 상대적인 비교에 기초하기 때문에 개인차의 변별이 쉽고 결과의 관리 및 활용이 용이한 장점도 있습니다.

2) 결과중심평가 방식 vs 과정중심평가 방식

교수자가 지식 및 기술을 주로 전달하는 수업에서는 수업 후 학습자가 교수자가 전달한 지식 및 기술을 얼마나 암기하고 있는지 평가하는 결과중심평가를 하는 것이 일반적이고, 학습자의 활동이 주가 되는 수업에서는 학생들의 참여 정도와 참여 과정을 평가하는 과정중심평가를 생각할 가능성이 높습니다.

결과중심평가에서는 학습자가 이 수업을 통해서 얼마나 성장했는지 그 과정을 알기 어려우며 수업 내용을 평가한 시험 점수로 학생의 성취도를 평가하게 됩니다. 학습 내용이 지식 및 기술을 전달하는 수업이라도 학생의 성취도를 평가하기 이전에 수업 과정에서 학습자들이 학습 내용을 어느 정도 파악하고 있는지, 어떤 내용을 어려워하는지 등의 과정을 평가하여 부족한 학습을 보완할 기회를 제공해 줄 수 있습니다. 이때 중요한 것은 교수자가 학생들이 적극적으로 다양한 퀴즈나 연습문제 풀기, 관련 과제 수행 등의 과정중심평가에 참여하도록 독려하고 그 결과에 대한 피드백을 제공해 주어 학생들의 성장을 돕는 것입니다.

원격수업에서의 평가 역시, 일반적으로 강의실에서 사용하는 객관식의 지필평가가 최적이라고 생각하기 쉬운데, 학습자들의 성취도를 공정하게 평가하기 위해서는 지필평가 방법 이외의 다양한 평가 방법을 활용하여(Horton, 2006) 학습과정에서의 학생 참여 및 이해 정도를 파악하는 과정중심평가도 포함시켜야 합니다.

2. 원격수업의 평가

평가는 바람직한 수행 결과를 촉진하는 교수·학습의 중요한 과 정으로 좋은 평가도구의 특징 중 하나는 학습목표와 일치해야 한 다는 것입니다. 학습목표는 학습 후에 학생들이 무엇을 할 수 있는 지 구체적인 행동 동사로 보여 주는 것으로 학생들이 과제를 얼마 나 잘 수행해야 하는지 그리고 어떤 조건하에서 과제를 수행해야 하는지를 구체화하여 제시합니다. 평가문항은 해당 학습목표를 측정할 수 있어야 하며 이는 바로 교수설계에서 학습목표 진술 후 에 평가도구를 개발해야 하는 중요한 이유입니다.

1) 온라인 시험의 부정행위

COVID-19로 원격수업을 진행하면서 중간고사를 온라인으로 치 른 국내 주요 대학에서 집단 부정행위가 잇달아 신문기사로 나온 적이 있었습니다. 교수들의 편의를 위해 암기식 시험과 대형강의 를 확대해 온 대학들은 대체로 온라인 시험 부정행위를 근절할 뾰 족한 수가 없다는 입장이었고, 담당 교수들이 독자적으로 책임지 고 단속하는 수밖에 없다는 비관적인 해법만을 제시하였습니다.

그러나 기본적인 이론 암기를 바탕으로 계산을 도출하는 '정답 있는' 학문의 경우 언제나 온라인 커닝을 할 가능성이 있습니다.

원격수업을 실시한 후 평가에 대한 여러 가지 문제점이 제기되었습니다. 그중 하나가 시험 부정행위를 어떻게 방지할 것인가라는 내용입니다. 원격에서 치러지는 평가 방법은 다음과 같은 다양한 부정행위로 인하여 학점이나 평가 결과에 불신이 생기기도 하였습니다.

〈표 9-1〉 대학 온라인 시험 부정행위 유형

대학 온라인 시험 부정행위 유형
• 카카오톡 단체대화방이나 오픈채팅방에서 정답 공유
• 카카오톡 단체통화(그룹콜)로 정답 공유
• 줌(ZOOM)을 켜 놓고 시험 보면서 웹캠 사각지대에 커닝페이퍼 붙여 두기
• 컴퓨터에 요점을 저장해 놓고 베껴 쓰기
• 오프라인에서 한 공간에 모여 같이 풀기

자료: 교육부.
출처: 동아일보(2020).

2) 다양한 원격수업 평가 방법

(1) 지필시험

원격수업에서도 대면수업에서 활용하는 지필시험으로 객관식 평가와 주관식 평가를 실시할 수 있습니다.

① 객관식 평가

객관식 평가의 경우 사지선다형, 중다선택형, 정오형 등의 유형이 있으며 학생들은 여러 보기에서 맞는 답을 고르기만 하면 됩니다. 객관식 평가의 학습목표가 지식, 이해력을 측정하는 경우에 효과적인 방법이 될 수 있습니다. 학생들은 단순히 학습 내용을 암기한 정보를 회상하여 맞는 보기를 선택하기만 하면 되기에 평가를 받는 학습자의 경우 편의성 측면에 장점이 있습니다. 그러나 학습목표가 분석, 종합, 평가의 고차원적인 인지처리 수준의 평가라면 중다선택형 문항은 만들기가 어렵고 많은 시간이 소요될 것입니다. 고차원적인 사고수준의 평가를 위해서라면 학습자들에게 학습 내용을 제공한 후 논리적 추론을 통해 차이를 파악하거나, 문제해결과 관련된 자료들을 제공한 후 분석을 통해 해결안을 제시하는 등의 문항을 개발해야 합니다.

② 주관식 평가

원격수업에서의 주관식 평가에는 비동시적 온라인 토론, 실시간 채팅, 보고서 작성, 프로젝트, 발표와 같은 다양한 학습과제가 포함될 수 있습니다. 다양한 평가 방법을 혼합하여 활용함으로써 학습자의 특성이나 환경 요인으로 인해 발생할 수 있는 평가의 유불리에 대한 차별을 줄일 수 있습니다.

(2) e-포트폴리오

e-포트폴리오(e-portfolios)는 그래픽 디자인이나 미술 분야 등에서 총괄평가의 도구로 사용되어 왔습니다. 포트폴리오는 학습자가 시험, 연습, 프로젝트 등과 같은 자료를 종이나 사진, 동영상 파일 형태로 구성하여 자신의 작품을 모아 놓은 자료를 의미합니다. 포트폴리오는 학습자가 자신의 작품 모음집을 제출하여 능력의 향

상 정도를 제시할 수 있습니다(Lorenzo & Ittelson, 2005). 학습자 스스로 포트폴리오에 어떤 산출물을 포함시킬 것인지를 결정하는 자기평가를 거치게 되는데, 학습 목적과 연관 지어서 어떤 작품을 포함할지 선택하는 과정에서도 학습이 이루어집니다(성태제, 2010; Tombari, & Borich, 1999). 최근에는 파일 형태로 전송하는 테크놀로지의 발달로 원본을 제출하지 않아도 되는 장점이 있습니다.

(3) 온라인 퀴즈

온라인 퀴즈는 온라인 학습환경에서 많이 적용되는 평가 방법으로 지필평가와 비교하여 많은 장점이 있습니다. 문제은행을 개발하여 학습자들마다 다른 평가문항을 제공하거나 평가문항을 텍스트 외에도 동영상 클립이나 그래픽, 사진 등의 다양한 매체를 활용할 수도 있으며 평가 결과 역시 즉각적으로 확인이 가능합니다. 평가 결과를 쉽게 확인 가능하다는 점은 학습자들뿐만 아니라 교수자들에게도 큰 장점이 될 수 있습니다.

(4) 컴퓨터 적응적 검사

온라인 평가도구인 컴퓨터 적응적 검사는 일반적으로 중요한 자격증 시험에 활용되고 있습니다. 예전에 지필검사로 치르던 토익이나 미국의 경영대학원 입학시험(GMAT), 미국의 대학원 입학시험(GRE) 등의 시험 방식이 컴퓨터 적응적 검사(Computerized Adaptive Testing: CAT)의 형태로 바뀐 예를 떠올리면 그 장점과 단점을 알 수 있을 것입니다.

컴퓨터 적응적 검사는 사전에 구축된 문제은행에서 컴퓨터의 연산능력을 이용하여 피험자의 정답 여부에 따라 능력 수준에 부합하는 난이도를 가진 문항을 선택하여 제시하는 과정을 반복함으로써 피험자의 능력을 추정하는 검사 방법을 의미합니다. 초기 특정 문항을 제시하는 기준에 따라 문항을 제시했을 때 피험자가 정답을 맞히면 더 어려운 문항을 선별하여 제시하고, 오답을 선택하면 더 쉬운 문항을 선별하여 종료 기준을 만족할 때까지 반복하여 제시됩니다(Linden, van der Linden, & Glas, 2000).

지필검사보다 수많은 양질의 문항이 필요하며 문항의 난이도와 상관없이 피험자의 능력을 안정적으로 추정하여 평가할 수 있다는 점이 컴퓨터 적응적 검사의 특징입니다. 피험자의 능력 수준에 적합한 검사문항을 제공할 수 있으며 보안 문제와 시험 실시 중에 나타날 수 있는 부정행위를 저지할 수 있는 장점이 있습니다. 정답에 오류가 있더라도 전체 검사 결과에는 큰 영향을 미치지 않습니다. 이런 장점에도 불구하고 응답 문항의 검토와 수정이 어려우며 피험자의 부담과 스트레스를 증가시킬 수 있고 특정 문항의 노출도가 지나치게 높아질 우려도 있습니다.

일반적으로 온라인 평가도구를 활용하는 경우 시험 환경에 대한 불신이 있습니다. 이러한 불신을 줄이기 위한 방법으로 시험감독을 두어 학생들의 시험을 감시합니다. 감독을 두는 시험센터들은 학생들의 신분증을 확인하고 시험 문항의 복사나 인터넷 검색 등을 방지하여 평가의 신뢰성을 확보합니다.

(5) 비실시간 토론

비실시간 토론은 원격수업의 평가 방법으로 많이 활용되는 방법입니다. 교수자들은 비실시간 토론 주제를 게시판에 제시하고 학습자들은 주제에 대한 의견을 게시판에 올립니다. 대면수업 토론보다 비실시간으로 생각할 시간을 가지게 된 학생들이 꺼낸 의견은 실시간으로 진행되는 토론보다 질적인 측면에서 우수하다고 생각하는 교수자들이 많습니다(Howland, Jonassen, & Marra, 2013). 일반적으로 원격수업에서 비실시간 포럼이나 게시판에 의견을 올리게 하는 것을 많은 교수자가 강제적인 평가 방법으로 활용하고 있으며, 타 학생들이 올린 의견에 댓글을 달거나 피드백을 남기도록 하기도 합니다. 일반적으로 타 학습자들의 의견에 댓글이나 피드백을 달기 위해서는 게시판에 올라와 있는 내용을 읽을 수밖에 없기 때문입니다.

(6) 실시간 의사소통의 평가 방법

실시간 의사소통의 평가 방법은 외국어 학습이나 고객을 상대하는 업무일 경우 실제 업무환경과 가장 유사한 평가환경을 만들어 준다는 의미에서 활용하기도 합니다. 상대방의 의견에 따라 외국어에 즉각적으로 응답하거나 다양한 고객에게 맞추어 어떻게 응대할 것인지 등의 시나리오에 맞는 대응이 필요한 학습자를 위해서 온라인 채팅이나 전화 등의 실시간 의사소통 도구를 평가에 활용합니다.

(7) 논술이나 에세이

일반적인 에세이나 논문 작성 등 글을 작성하여 학습자들의 생각과 의견을 반영하는 평가 방법은 여전히 활용되고 있습니다. 글을 쓰는 것은 오랜 시간 주제에 대해 깊은 사고를 할 수 있기 때문에 학습자의 생각을 정리하여 제출한다는 장점이 있습니다. 예전에는 원고지에 수기로 작성을 하였다면 요즘은 컴퓨터를 통해 쉽게 작성할 수 있는 장점도 있습니다. 반면, 학습자들이 검색을 통해서 타인의 글쓰기를 복사하는 경우도 많아서 학습자가 작성을 하였는지를 구분하기가 어려워진 것도 사실입니다. 학습관리 시스템으로 시험 시 논술문항을 포함하여 평가할 수도 있습니다. 복사와 붙여넣기가 불가능한 시험 프로그램을 활용하여 부정행위를 방지하기도 합니다. 교수자는 파일로 제출된 학습자들의 논술이나 에세이를 보고 바로 피드백을 할 수 있으며 파일을 저장해서 쉽게 보관할 수도 있습니다.

(8) 협력적 글쓰기

개인이 작성한 것이 아니라 팀원들과 함께 작성한 글을 협력적 글쓰기라고 할 수 있습니다. 협력적 글쓰기는 실시간 원격수업이나 비실시간 원격수업 상황 어디에서나 가능합니다. 이처럼 공동 글쓰기를 학습자들에게 과제로 수행하도록 하는 것은 여러 가지 장점이 있기 때문입니다. 학생들 간의 관계 형성과 학습활동에 참여를 촉진할 수 있는 방법이 될 수 있으며, 더욱 많은 아이디어와 다양한 시각과 다른 문화를 가진 팀원들과의 상호작용으로 문화적 다양성을 학습할 수 있게 되는 이점 때문입니다(Jonassen & Marra, 2013).

(9) 발표

학생 발표 역시 평가 방법 중 하나입니다. 원격수업에서도 개별 활동이나 팀 활동을 한 후 그 결과물에 대한 학생의 발표를 평가할 수 있습니다. 원격수업에서의 발표는 학습자가 스스로 발표 내용을 녹화하거나, 화상회의 플랫폼을 활용하여 실시간 발표를 할 수 있습니다. 발표하는 내용과 표현에 대해 동료평가를 실시하게 하여 학생들이 온라인 발표에 더욱 집중하도록 유도할 수 있습니다.

(10) 성찰일지 작성하기

자신이 한 일을 돌이켜 보고 깊이 생각하는 것을 성찰이라고 하는데, 성찰일지(Reflection Journal)를 작성하는 것은 반성적 사고 혹은 성찰을 촉진하는 좋은 학습전략 중의 하나입니다. 성찰일지는 단지 머릿속으로만 하는 것이 아니라 구체적인 글의 형태로 기록함으로써 아이디어 도출 경험과 수렴 과정을 다시 한번 생각하며 평가할 수 있는 과정을 거치게 됩니다.

사범대학 학생이나 유아교육을 전공하는 학생들일 경우 현장실습 경험에 대한 성찰일지를 작성합니다. 성찰일지 작성은 지속적인 활동의 기록을 통해 향상 정도를 확인할 수 있으며 스스로의 성찰을 통해 학습이 이루어지는 건설적인 과정을 경험하기도 합니다(강인애, 정은실, 2009).

성찰일지를 작성하기 위해서는 학습자 스스로의 활동을 되돌아 보고 잘된 점과 개선할 점을 스스로 평가하고, 다음에는 어떻게 적 용하거나 개선할 것인지를 고민하도록 합니다. 이때 성찰을 하도 록 촉진하는 성찰질문을 제시하는 것이 필요합니다. 성찰일지는 겉으로 잘 드러나지 않는 내적 학습과정을 구체화하여 학습자 개 인의 성장과정이나 학습과정이 드러날 수 있습니다.

- 학습과정에서 내가 잘한 점은 무엇인가?
- 학습과정에서 나는 무엇을 배웠는가?
- 학습과정에서 내가 부족한 점은 무엇인가?
- 학습과정에서 부족한 점은 향후 어떻게 보완하거나 수정할 것인가?

〈표 9-2〉 성찰일지 양식 예시

활동 내용		
평가	잘된 점	
	개선할 점	
느낀 점(교훈)		
향후 계획		

3. 원격수업의 대안적인 평가 방법

1) 미국 애리조나 주립대학교 온라인 시험

원격시험의 문제점에 대해 미국의 애리조나 주립대학교(ASU)가 제시한 대안을 살펴보고자 합니다(이주호, 2020). 애리조나 주립대학교는 인공지능(AI)을 활용하고 먼저 학생의 몰입도 문제를 파악하여 학생 개개인의 소질과 잠재력에 맞춰 개별화된 학습경로를 제공하고 있습니다. 2016년 적응학습(Adaptive learning) 도입 이후 기초수학 역량을 갖추지 못한 학생들의 성적이 평균 28% 향상되었습니다(중앙일보, 2018. 5. 7.). 딥러닝 분석(Deep Learning Analytics)을 통해 어떤 학생이 전체 강의 시간 중 언제 이탈했는지에 대한 학생 개인별 추적사항과 분석 내용이 자동적으로 데이터화되도록 시스템을 갖춘 후 축적된 데이터는 튜터링 센터로 전달되고 센터의 성공코치(success coach)는 이를 바탕으로 학생 개인에 맞게 지도하고 학습을 독려하는 개별화 학습에 활용합니다.

애리조나 주립대학교의 안면인식 기술은 출석 확인뿐만 아니라 학습자의 안면을 인식, 학습의 집중 정도를 파악할 뿐만 아니라 온라인 시험의 부정행위 방지에도 적용할 수 있습니다. 학습자의 안면영상 정보를 분석하여 학습 집중상태에 맞게 콘텐츠 재생 속도를 조절하고 학습 수준에 맞게 콘텐츠 난이도를 맞춰 제공할 수 있습니다. 학습자의 학습자료가 축적되면 학습자 개인별 지도가 가능하며 안면인식 기술과 인공지능 기술은 출석 확인, 강의 도중 이탈행위, 수업 몰입도, 개별 학습 수준 등 개인별 학습 정보를 지속적으로 분석해 학습자에게 피드백을 제공할 수 있고, 원격시험에서의 부정행위도 방지할 수 있습니다. 그러나 이러한 안면인식 기술의 도입은 학생들의 동의가 반드시 필요합니다.

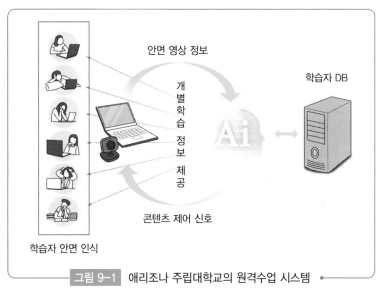

그림 9-1 애리조나 주립대학교의 원격수업 시스템

출처: 이주호(2020).

원격수업 평가에서 또 다른 문제점은 '실습과목을 온라인 콘텐츠로 어떻게 구현하고 평가하는가?'입니다. 전문대학의 교육은 실습과목이 많기 때문에 원격수업에 부적합하다고 알려져 왔습니다. 설문조사에서도 이러한 문제점이 지적되었으나, 우리나라의 IT 기술 수준은 가상공간에서의 시뮬레이션을 통한 가상체험을 제공할 만큼 발전되었습니다. 아무리 복잡하고 어려운 실습이

라도 VR(Virtual Reality, 가상현실), AR(Augmented Reality, 증강현실), MR(Mixed Reality, 융합현실) 기술을 적용한다면 가상공간에서 실습과 평가가 가능합니다. 포항공과대학교에서는 이미 가상현실을 적용하여 AR기기를 착용한 학생들에게 원자로 회로의 모습을 생생하게 제공하고 있으며(포항공과대학교, 2021), 한국기술교육대학교의 온라인평생교육원에서도 100여 가지의 기술 분야에 대한 무료 가상훈련 교육과정을 제공하고 있습니다. 여기에 안면인식 기술과 인공지능 기술이 더해진다면 온라인 실습과목의 한계를 극복하고 학습자 개인별 적응형 학습이 가능해질 것입니다.

그림 9-2 한국기술교육대학교 온라인평생교육원 가상훈련 사이트

2) 기업의 직무적성 온라인 시험

기업의 채용을 위해서 지필검사를 실시하던 것을 온라인 시험으로 변경하여 실시하고 있습니다. 응시자는 집에서 PC를 활용해 기

업의 직무적성 시험에 참여하고 자신의 스마트폰으로는 모니터링 시스템에 접속하여 자신을 촬영할 수 있도록 합니다. 감독관이 부정행위를 방지하는 시스템을 활용하여 문제를 푸는 응시자의 옆모습과 앞모습을 원격으로 모니터링하는 것입니다. 또한 응시자가 모니터 화면을 캡처하거나 다른 화면으로 바꾸지 못하도록 차단 기능도 활용하고 있습니다. 시험이 끝나면 응시자의 문제풀이 과정을 메일로 제출하도록 하여 응시과정 녹화본을 통해 재확인하는 과정을 거치고 있습니다.

3) 모사답안 방지 및 원격시험 모니터링 시스템

모사답안이라는 것은 수강생의 리포트 답안 내용이 인터넷 또는 타인의 답안과 동일하거나 일부 문구만을 수정하여 제출한 경우를 의미합니다. 이런 문제점을 방지하기 위해서 모사답안을 확인하는 시스템을 활용할 수 있습니다. 한국학술지인용색인(KCI)의 문헌 유사도 검사 서비스는 한국연구재단이 운영하는 사이트(https://check.kci.go.kr)로, 연구자들이 논문을 검증할 때 사용하며 학생의 과제에 대해서도 모사답안을 검사할 수 있습니다. 또한 카피킬러 등의 유료 모사답안 방지 프로그램들도 시중에 많이 개발되어 있습니다.

앞서 예로 든 기업에서의 온라인 시험 모니터링 시스템 역시 많은 발전을 해 왔습니다. 그중에서 모니토(monito)라는 시스템은 다양한 기능을 지원하고 있습니다. 웹캠(Webcam)을 활용한 실시간 학생 모니터링, 시험 중인 학생이 보고 있는 화면 실시간 모니터링, 다양한 시험 문제(객관식, 주관식) 지원, 시험 관리/채점, 학생 관리, 교사 관리 기능을 지원합니다. 실시간 화상채팅 기능을 온라인 시험 감독을 위해 적절하게 구현함으로써 오프라인 시험장과 유사한 온라인 시험 환경을 제공하는 것이 특징이며, 온라인 시험에 초대 가능한 학생 수는 제한이 없고 엑셀 파일 업로드를 통해 쉽게 초대할 수 있습니다.

4) 학습 분석

제5장 '원격수업의 이론'에서 새로운 분야로 등장하는 학습 분석학에 대해 살펴보았습니다. 학습 분석은 원격수업의 평가와 밀접하게 관련되기 때문에 여기서 자세히 살펴보도록 하겠습니다. 기존의 오프라인 학습환경에서는 교수자가 학습자 및 학습활동에 대한 평가를 하였으나, 온라인 학습환경에서는 학습자와 관련된 학습 데이터를 시스템으로 수집·분석하여 개별적인 피드백을 제공하기 위한 기초자료 활용이 용이해졌습니다.

학습 분석이란 학습개선을 위해서 학습자의 학습활동과 관련된 데이터를 수집·분석하는 것입니다. 학습진행 과정을 평가하고 학습자의 수행을 예측하여 잠재적 학습 문제를 찾아냅니다. 즉, 학습 분석이란 학습자와 학습이 일어나는 환경에 대한 이해와 그 최적화를 위해 학습자와 그들의 학습 상황에 대한 데이터를 측정, 수집, 분석 및 보고하는 활동(Chatti, Dyckhoff, Schroeder, & Thüs,

2012; Siemens et al., 2011, p. 4)이라고 정의할 수 있습니다.

학습 분석을 적용하고자 하는 이유로는, 첫째, 학습자와 학습환경 사이에 이루어지는 상호작용 현상을 분석하고 적절한 학습 처방을 제시하기 위함입니다. 둘째, 기존의 일괄적이고 집단적인 교육적 처방 차원에서 학습자 개인의 특성에 맞추어 차별화된 처방을 제시할 수 있기 때문입니다. 다만, 학습자의 동의가 있는 학습자 정보만을 수집해야 합니다. 학습자의 개인 데이터는 수집 목적에 명시된 범위에서만 사용할 수 있으며, 개인정보 암호화나 개인정보 보호 방안이 명확하게 수립된 이후에만 접근되어야 합니다.

학습 분석 데이터들은 〈표 9-3〉과 같이 크게 학습행동(behavior) 데이터, 학습평가(performance) 데이터, 학습상황(context) 데이터로 구분해 볼 수 있습니다(계보경 외, 2018).

첫째, 학습행동 데이터는 학습자가 남기는 각종 학습 관련 시스템의 학습 흔적 데이터입니다. 이 흔적 데이터는 학습자에 관한 정보를 담고 있는 프로파일, 접속 관련 정보, 학습자의 네트워크에 관한 관계 정보로 구분 가능합니다. 한편, 학습행동 데이터는 학습의 과정에서 나타날 수 있는 모든 활동에서의 분석 결과와 관련되어 있는데, 학습자료에 대한 읽기활동, 학습 안내에 대한 확인활동, 동영상 시청활동, 주석활동, 토론활동, 협력활동, 과제활동, 게임활동, 검색 및 질의 활동, 설문 및 성찰 활동과 관련한 학습 분석 데이터가 포함됩니다.

둘째, 학습행동의 결과로 생성되는 학습자의 학업성취 및 성과와 관련된 데이터도 중요한 학습 분석 데이터입니다. 평가는 학습자에 대한 평가 관련 정보이기도 하지만, 학습을 위해 제공된 학습 내용과 문제(퀴즈 및 연습용 문제에서 중간 및 기말 고사에 이르는)에 대한 적절성 평가를 포함하기도 합니다. 따라서 학습평가 데이터는 크게 학습 내용 및 평가문항에 대한 데이터와 평가결과 데이터로 구분할 수 있습니다. 특히 이 영역의 데이터는 학습자와 학습 내용 간의 상호작용을 확인하여 학습자의 이해도에 맞추어 그 수준에 맞는 학습 내용을 제공할 수 있는 적응적 학습 시스템의 기초자료가 됩니다.

마지막으로, 학습 분석은 학습자의 내적·외적 학습상황 데이터를 활용하는 것으로 그 영역이 빠르게 확장되고 있습니다. 심장박동, 시선운동, 뇌파와 같은 학습자 생체심리 데이터는 학습자의 인지부하 및 학습에 대한 동기나 정서 등을 객관적으로 파악할 수 있는 방법으로 기대를 모으고 있습니다. 학습환경과 관련된 각종 센싱 데이터들은 사물인터넷(Internet of Things: IoT)을 비롯한 첨단 기기들의 발전과 함께 교육환경에서 발생하는 분석 가능한 데이터의 영역을 빠르게 확장시키고 있습니다. 과거 특수장비와 전문적인 기술을 통해서 측정할 수 있었던 생체심리 데이터들도 학습자가 휴대하는 스마트 기기 및 웨어러블 디바이스 속에 내장되는 방식으로 변화하고 있고(예: 스마트폰 앱을 통해서 심박이 측정되고 각종 신체적 활동이 기록됨), 클라우드 기술을 통해 학습자가 생성하는 각종 사진 및 영상 음성 정보를 서버에 실시간으로 저장·공유하고 있습니다. 이에 따라 최근의 학습 분석 연구는 학습자에게 보다 적절한 학습환경과 최적의 교수·학습을 제공하기 위해 다양한 데이터를 복합적으로 분석하는 연구로 진화 · 발전해 나가는 추세입니다.

〈표 9-3〉 지능형 학습 분석을 위한 데이터 유형 및 예시

구분	데이터 유형		학습 분석 데이터(예시)
I. 학습행동 (behavior) 데이터	학습로그 데이터 (log)	프로파일	• 사용자 ID • 학생 소속(학교, 학년, 반) • 학생 일반 특성(성별, 장애 등)
		접속	• 접속 시간 • 접속 시간(로그인-로그아웃 차이) • 특정 기간 내 접속 횟수 • 접속 간격

		관계	• 학생-교수가 주고받은 메시지 흔적
			  (노드 간 링크, 횟수)
			• 학생 간 주고받은 메시지
			  (노드 간 링크, 횟수, 중심도 등)

	학습활동 (activity) 데이터	읽기활동	• 강의 자료(파일) 다운로드 건수 • 웹 테스트 페이지 방문 건수/머문 시간
		확인활동	• 공지사항 게시판 확인 수 • 학습 안내(쪽지, 문자, 이메일) 확인 수 • 질의(게시판, 쪽지, 문자 등) 건수
		동영상 시청 활동	• 영상(동영상, MP3, 플래시) 재생 시간 • 영상 반복시청 횟수 • 영상 재생 속도 변경 • 영상 재생 중 구간 탐색 • 마지막 재생 위치
		주석활동	• 하이라이트 기능 활용 건수 • 노트필기 건수 • 태그 남기기 건수
		토론활동	• 토론 의견 게시하기 건수 • 토론 글 작성 길이 • 의견 및 댓글 달기 건수 • 교수와 동료 의견 및 댓글 읽기 건수 • 참고자료 올리기 건수 • 공유된 자료 읽기 건수

I. 학습행동 (behavior) 데이터	학습활동 (activity) 데이터	협력활동	• 협력게시판에 과제물 올린 건수 • 다른 학생 과제물 읽기 건수 • 자료 찾아 올리기 건수 • 자료 읽기 횟수 • 의견 및 댓글 달기 건수 • 교수자/동료 의견 및 댓글 읽기 건수
		과제활동	• 과제물 올리기 횟수 • 과제 점수 확인 여부
		게임활동	• 게임활동 참여 횟수 • 게임활동 참여 시간
		검색 및 질의 활동	• 외부 자료 검색 여부 및 횟수 • 질문하기 횟수 • (다른 사람 질문에) 답변 횟수 • 답변 확인 횟수
		질문 및 성찰 활동	• 대시보드(학습현황), 접속 횟수, 시간 • 역량진단 참여 횟수, 시간 • 설문조사 참여 횟수, 시간
II. 학습평가 (performance) 데이터	학습 내용 및 평가문항 (contents) 데이터	문항 정보	• 문제별 문항 유형 • 문제별 힌트 종류 • 힌트(내용)와 관련된 문항 정보 • 문항별 난이도, 정답률 • 문항별 관련 역량 맵핑 데이터
		문항별 정오	• 문항별 학습자 시도 횟수 • 문항별 정오 여부, 입력 답안 • 채점 여부, 풀이 소요 시간 • 힌트 활용 여부

		학습 내용	• 학습자료(동영상, 게임, 플래시 등)별 확인
			  수(예: 인기 자료~비인기 자료)
			• 자료 검색이 주로 이루어진 내용 영역
			  (학생들이 잘 이해가 안 가는 부분)

	평가 결과 (assessment) 데이터	퀴즈(연습문제) 정오 데이터	• 퀴즈 참여 횟수 • 퀴즈별 정오 데이터

II. 학습평가 (performance) 데이터	평가 결과 (assessment) 데이터	평가(중간/기말 고사) 정오 데이터	• 중간고사 문항별 정오 데이터 • 기말고사 문항별 정오 데이터
		학업성취 데이터	• 학생 출결 데이터 • 퀴즈별 취득 점수 데이터 • 시험 점수 데이터 • 과제평가 점수 데이터 • 학습 참여 점수 데이터
		역량 데이터	• 역량 진단 결과 데이터(역량별 점수 비교) • 학업성취에 따른 역량분석 결과 데이터
III. 학습상황 (context) 데이터	학습자 생체심리 (learner- internal context) 데이터	심장박동	• 1분간 심장 박동 수(Beat Per Minute: BPM) • 심박변이도(Heart Rate Variability: HRV)
		시선(eye)	• 동공 확장(pupil dilation) • 안구 운동(eye movement) – 시선 고정(eye fixation) – 시선 도약(eye saccade)
		뇌파(EEG)	• 델타(수면상태), 세타(기억, 회상), 알파(휴 식상태), 베타/감마(각성상태)
		얼굴표정	• 정서상태(즐거움, 슬픔, 놀람, 두려움, 분노, 경멸)
	학습환경 (learner- external context) 데이터	위치 데이터	• 접속 IP, 위치(국가, 도시) • GPS(학습 중 이동 여부), 학습 위치
		장치 데이터	• 접속 장치(PC, Mobile, Tablet 등) • 사용 언어 • 장치 내 빌트인 액세서리(예: 카메라, AR, VR 장치) 활용 정보 • 사진 및 영상, 음성 정보
		센싱 데이터	• 조도, 소음 • 온도, 습도 • 미세먼지 농도 등 기후 관련 정보

출처: 계보경 외(2018).

4. 원격수업의 평가 설계 및 운영 시 고려사항

1) 원격수업의 평가 설계 방안(진성희, 신수봉, 2020)

학습자 중심의 원격수업 평가 설계를 위해서는 우선 학습목표의 달성 여부를 평가할 수 있는 평가 방법을 선정해야 하며 결과중심 평가보다는 과정중심평가 방법을 활용해야 합니다.

학습자 중심의 평가를 설계하기 위해서는 지식 및 기술 습득과 문제해결 능력을 측정할 수 있는 팀 학습, 토론, 프로젝트와 같은 역동적인 상호작용 활동을 평가 방법으로 고려할 필요가 있습니다. 학습자 중심의 상호작용 활동에 대한 평가는 정성적으로 할 수밖에 없기 때문에 정기적이고 지속적인 피드백을 통해 학습자들의 성장을 위한 교수자의 노력이 반드시 필요합니다.

정성적인 평가를 위해서는 학습자와 교수자가 공유할 수 있는 평가 루브릭을 활용할 것을 권장합니다. 루브릭(Rubric)이란 학습자가 특정 과제를 수행하는 것을 평가자가 관찰하거나 수행 수준을 판단할 때 사용하는 수행 기준을 의미합니다. 해당 교과목의 학습목표 달성을 위한 맞춤형 루브릭을 개발하여 학습자들에게 공유하는 것은 평가의 기준을 알려 주기도 하지만 학습자들의 수행 수준을 향상시키는 역할도 할 수 있습니다(Howland, Jonassen, & Marra, 2013).

학습자 중심의 학습활동에는 대체로 팀으로 활동을 하는 경우가

〈표 9-4〉 원격수업의 평가 설계 시 고려사항

고려사항	주요 내용
학습목표와 평가 방법의 연계	• 학습목표와 일관된 평가 방법을 활용하여 평가의 타당성을 높임
학습자 중심의 평가 설계	• 지식 및 기술 습득과 문제해결 능력을 포함하는 팀 학습, 토론, 프로젝트와 같은 역동적인 상호작용 활동을 평가활동에 포함 • 학습자 중심의 학습활동에 대해서는 정기적이고 지속적인 피드백 제공
평가 루브릭의 활용	• 토론, 팀 프로젝트, 협동학습에 대한 신뢰 있는 평가를 위해 평가 루브릭 활용
동료평가 활용	• 상호작용 활동에 대한 학습자 간 피드백을 포함하여 동료평가 실시
자기성찰	• 학습 결과에 대한 학습자의 성찰활동을 평가 설계에 포함

출처: 진성희, 신수봉(2020); Palloff & Pratt (2010).

많으므로 동료평가의 결과를 반영하고 활동 후에는 성찰활동을 실시하는 것도 좋은 평가 방법이 될 수 있습니다. 수업에 팀 성찰활동을 효과적으로 활용하기 위해서는 성찰활동에 대한 구체적인 가이드라인을 제공해야 합니다. 팀 성찰활동에 포함되는 대표적인 질문은 다음과 같습니다. '① 팀 프로젝트 활동을 동료들과 수행하면서 새롭게 학습한 것은 무엇입니까?, ② 이번 팀 프로젝트 활동이 여러분의 추후 학습과 진로에 어떤 시사점을 주었는가?'가 될 수 있습니다.

2) 원격수업의 시험 운영 방안

온라인 시험은 시스템의 오류, 시험과정에서의 어려움 등 면대
면 수업에서의 평가보다 더 많은 지원을 필요로 하므로 온라인 시
험을 실시할 경우 다음과 같은 사항에 대해서 고려해야 합니다(진
성희, 신수봉, 2020, pp. 53-54).

- 온라인 시험을 실시할 경우에는 사전에 대면평가 때보다 더
  상세하고 구체적인 안내가 이루어져야 하고 공지사항 게시판
  에서 텍스트로 전달하는 경우 질의응답이 가능한 실시간 화
  상수업 환경에서도 안내가 이루어져야 합니다.
- 모든 학습자가 온라인 평가 방법에 익숙해질 수 있도록 평가
  전 주에 모의 테스트를 실시하는 것을 권장합니다.
- 시험 전날, 시험 당일 SNS 등을 활용하여 시험 시간을 재공지
  하여 학생들이 시험에 참여하는 데 착오가 없도록 안내합니
  다. 시험 중 문제 상황이 생길 경우 연락할 수 있는 전화번호
  등을 안내합니다.
- 실시간 시험을 실시하고 답을 제출하는 시스템에 오류가 발생
  할 가능성이 있기 때문에 사전에 재시험 계획이나 대안으로
  문제를 제출하거나 답안을 받을 수 있는 방법을 공지해야 합
  니다. 시험 중에는 돌발상황에 대처하기 위해 교수자는 컴퓨
  터나 전화 사용이 가능한 환경에서 시스템을 모니터링합니다.
- 우연에 의해서 답을 맞히거나 다른 동료와의 답안 공유가 가

능한 객관식 문제보다는 주관식이나 서술형 문제로 출제하기를 권장합니다.

- 문제 출제의 수는 3~5배수가 적합합니다.
- 시험이 종료된 직후 시스템을 확인하여 모든 학생의 답안이 잘 저장되었는지 확인하고 이를 SNS 등을 활용하여 학생들에게 고지합니다.
- 시험 후 첫 수업 시간에 채점 결과를 피드백해 주고, 온라인 시험 과정에서 문제점이 없었는지에 대하여 학생들의 의견을 듣고 다음 평가 시 반영합니다.

〈표 9-5〉 원격수업의 시험 운영 방안

보완사항	주요 내용
평가에 대한 상세 안내	• 시험의 목적, 시험 결과의 활용 계획, 문제 유형, 문항 수, 채점 기준, 시험 시간, 시험 운영 방식 등 평가와 관련된 상세 내용을 제시하여 학습자들이 평가를 충분히 준비할 수 있도록 사전에 안내해야 함
모의 테스트	• 본 시험 전 모의 테스트를 통해 온라인 시험 방식에 익숙해질 수 있는 기회 제공
실시간 시험의 오류 방지	• 온라인 시험 시스템이 안정적인지 사전에 검사하고 문제가 발생할 경우 대체 방법으로 시험을 실시할 수 있는 방법 공지
주관식 및 논술형 문제 출제	• 정답을 모르고도 우연히 답을 맞힐 수 있는 객관식 시험의 비율을 줄이고 주관식 및 논술형 문제의 출제 비율을 높이는 것이 바람직함
문제은행 방식 출제	• 3~5배수의 시험 문제 출제

출처: 정영숙, 한태인, 한승연, 박양주(2014); 진성희, 신수봉(2020).

학습활동

1. 다음 내용을 읽고 본인의 의견을 정리하여 발표해 봅시다.

1) 온라인 시험 부정행위에 대한 대책은 없는 걸까?

> ○○대 의대 2학년 52명 중 41명 온라인 시험 '집단 부정행위'
>
> 한편, A 대학교에 이어 B 대학교, C 대학교에서도 학생들의 부정행위가 발각되었다. B 대학교 수학과에서는 온라인 중간고사 때 일부 학생들이 모여 답안을 공유하면서 시험을 치렀다. C 대학교도 학생 제보를 통해 부정행위가 드러났다.
>
> – 국민일보(2020. 6. 1.) 기사 중 발췌 –

2) 온라인 수업 때문에 최소 학점을 보장해 달라는 것이 정당한가?

> COVID-19 사태로 서울대학교를 비롯해 많은 대학이 올해 1학기는 절대평가 방식으로 성적을 내기로 한 상황에서 서울시 내 한 대학교의 총학생회가 교수들에게 '최소 B학점 이상'을 보장해 달라고 요청한 것으로 확인되었다. 절대평가의 도입으로 각 대학마다 1학기 성적의 인플레이션이 현실화되는 것 아니냐는 지적이 나온다.
>
> – 우버人사이트(2020. 5. 7.) 기사 중 발췌 –

참고문헌

강인애, 정은실(2009). '성찰저널(Reflective Journal)'이 지닌 교육적 의미에 대한 탐구: 대학에서의 수업사례. 교육방법연구, 21(2), 93-117.

계보경, 임완철, 박연정, 손정은, 김정현, 박선규, 정태준(2018). 지능형 학습 분석을 위한 데이터 수집, 분석 API 고도화 연구. 한국교육학술정보원 연구보고, RR 2018-9.

박도순(2007). 교육평가: 이해와 적용. 경기: 교육과학사.

성태제(2009). 교육평가의 기초. 서울: 학지사.

성태제(2010). 현대교육평가(3판). 서울: 학지사.

이주호(2020). 글로벌 학습위기와 학습혁명 기회. KDI 정책 및 관리 보고서 20-12. http://dx.doi.org/10.2139/ssrn.3588219.

정영숙, 한태인, 한승연, 박양주(2014). I-KNOU 활성화를 위한 온라인 평가 제도의 신뢰성 확보 방안. 한국방송통신대학교 정책과제, 14-13.

진성희, 신수봉(2020). 원격교육을 위한 수업설계 및 운영 매뉴얼. 공학교육혁신연구정보센터. RICE²-2020-15.

Chatti, M. A., Dyckhoff, A. L., Schroeder, U., & Thüs, H. (2012). A reference model for learning analytics. *International Journal of Technology Enhanced Learning, 4*(5-6), 318-331.

Horton, W. (2006). *E-Learning by design*. San Francisco, CA: Pfeiffer.

Howland, J. L., Jonassen, D. H., & Marra, R. M. (2013). *Meaningful learning with technology: Pearson new international Edition*

PDF eBook. 이영주, 조규락, 조영환, 최재호 역(2014). 테크놀로지와 함께하는 유의미학습. 서울: 아카데미프레스.

Linden, W. J., van der Linden, W. J., & Glas, C. A. (Eds.) (2000). *Computerized adaptive testing: Theory and practice.* New York, NY: Springer Science & Business Media.

Lorenzo, G., & Ittelson, J. (2005). Demonstrating and assessing student learning with eportfolios. Retrieved from http://net. educause.edu/ir/library/pdf/ELI3003.pdf

Palloff, R, M., & Pratt, K. (2010). Assessing the Online Learner: Resources and Strategies for Faculty. *Teaching Theology & Religion, 13*(2), 180-181.

Siemens, G., Gašević, D., Haythornthwaite, C., Dawson, S., Shum, S. B., Ferguson, R., Duval, E., Verbert, K., & Baker, R. S. j. d. (2011). *Open learning analytics: An integrated and modularized platform.* Open University Press.

Tombari, M., & Borich, G. (1999). *Authentic assessment in the classroom.* Upper Saddle River, NJ: Merrill.

국민일보(2020. 6. 1.). 인하대 의대생 91명 온라인 시험 부정행위 자진신고. http://news.kmib.co.kr/article/view.asp?arcid=0014642345.

동아일보(2020. 6. 26.). '온라인 부정행위' 암초 만난 원격수업… 평가방법도 진화해야. https://www.donga.com/news/article/all/20200626/101695451/1.

우버人사이트(2020. 5. 7.). [단독] "B학점 이상 보장" 요구한 총학… 총신대 학생회 "코로나 피해". https://m.mk.co.kr/uberin/read.php?sc=30000001&year=2020&no=468456.

중앙일보(2018. 2. 4.). 족집게 AI가 '수포자' 지도하자 평균 성적 28% 뛰

었다. https://www.joongang.co.kr/article/22342888#home

포항공과대학교(2021). 이것은 가상인가? 현실인가? VR · AR · MR 실
현된 POSTECH 강의실. https://www.postech.ac.kr/%EC%9D%
B4%EA%B2%83%EC%9D%80-%EA%B0%80%EC%83%81%EC%9
D%B8%EA%B0%80-%ED%98%84%EC%8B%A4%EC%9D%B8%E
A%B0%80-vr%C2%B7ar%C2%B7mr-%EC%8B%A4%ED%98%84-
%EB%90%9C-postech-%EA%B0%95%EC%9D%98%EC%8B%A4/.

한국과학기술대학교(2021). 한국기술교육대학교 온라인평생교육
원 가상훈련 사이트. https://e-koreatech.step.or.kr/page/
lms/?m1=course%25&m2=course_list%25&startCount=0%25&filter_
list=sort%3Dcreation_day%2FDESC%26contentCd%3D2%25.

제3부

원격수업의
개발 및 운영

제10장

원격수업 콘텐츠의 개발

1. 원격수업 콘텐츠의 요건
2. 원격수업 콘텐츠의 개발 원리
3. 원격수업 콘텐츠의 개발 실제

학습목표

1. 좋은 원격수업 콘텐츠의 요건에 맞게 콘텐츠를 개발할 수 있다.
2. 원격수업 콘텐츠의 개발 원리를 적용하여 콘텐츠를 개발할 수 있다.

주요 용어

- 원격수업 콘텐츠(remote learning contents): 저작권을 주장할 수 있는 인터넷이나 컴퓨터 통신을 통해 제공되는 텍스트, 이미지, 오디오, 비디오 등의 다양한 멀티미디어가 결합된 원격수업 목적의 정보와 그 내용물 자체이다.

- 멀티미디어(multimedia): 디지털화된 음성, 문자, 그림, 동영상 등의 미디어 복합체로서 통신망과 결합되면 멀티미디어 콘텐츠가 된다. 일방향적이지 않고 쌍방향적이다.

- 시청각 자료(audio-visual resources): 학습자의 시청각을 통한 학습을 지도할 때 학습의 효율성을 높이기 위해 활용하는 자료를 의미한다. 기존의 사진이나 교과서와 같은 단일 시각매체와는 달리 시청각매체는 시각과 청각을 동시에 자극할 수 있는 자료이다.

- 웹 접근성(web accessibility): 누구나 웹 개별 사이트에 접근하기 쉽게 기술적으로 보장하는 일로서 장애인이나 다양한 이유로 인터넷을 이용하기 어려운 이들을 돕는 것이 목적이다.

- 저작권(copyright): 창작물을 만든 이(저작자)가 자기 저작물에 대해 가지는 배타적인 법적 권리로서 거의 대부분의 국가에서 이를 인정하고 있다. 저작권은 만든 이의 권리를 보호하여 문화를 발전시키는 것이 목적이다.

- 사용자 경험(user experience): 사용자가 어떠한 제품이나 서비스를 이용하면서 느끼고 생각하게 되는 지각, 반응, 행동 등의 총체적 경험이며, 이를 개발하고 창출하는 일을 사용자 경험 디자인이라고 한다.

1. 원격수업 콘텐츠의 요건

1) 원격수업 콘텐츠

먼저 원격수업의 콘텐츠에 대해 알아보기 전에 콘텐츠가 무엇인지 살펴보겠습니다. 네이버 국어사전에는 콘텐츠란 "인터넷이나 컴퓨터 통신 등을 통하여 제공되는 각종 정보나 그 내용물"이라고 정의되어 있습니다. 심상민(2002)은 콘텐츠를 "그 장르가 무엇이든 창작 혹은 가공을 누가 했는지가 분명하게 나타나서 추후에 저작권을 주장할 수 있는 모든 종류의 원작"이라고 하였습니다. 원격수업 콘텐츠에 대하여 김희배, 박인우와 임병노(2005)는 "학습목표를 달성하기 위해 제공되는 텍스트, 이미지, 오디오, 비디오, 애니메이션 등의 다양한 멀티미디어가 결합된 학습자료"로 정의하였습니다. 앞의 정의들을 종합해 보면, 원격수업 콘텐츠는 '저작권을 주장할 수 있는 인터넷이나 컴퓨터 통신을 통해 제공되는 텍스트, 이미지, 오디오, 비디오 등의 다양한 멀티미디어가 결합된 원격수업 목적의 정보와 그 내용물'이라고 정의할 수 있습니다. 원격수업 콘텐츠는 저작권을 주장할 수 있기 때문에 그 내용을 개발할 때 저작권 관련 문제의 소지가 없도록 개발할 필요가 있습니다.

2) 원격수업 콘텐츠의 요건

원격수업 콘텐츠는 학습 내용에 대한 내용 전문가, 교수 · 학습 활동을 디자인하는 교수설계자, 비디오 및 오디오 촬영전문가, 그래픽 디자이너, 웹 프로그래머 등의 다양한 전문가가 협업을 통해 개발하기도 하며, 개별 교수자가 원격수업 콘텐츠 개발의 전 과정을 수행하기도 합니다. 전문가 팀을 이루어서 개발하거나, 개별 교수자가 혼자 개발하거나 효과적인 원격수업용 콘텐츠는 필수 요건을 갖추어야 합니다. 한국교육학술정보원(2009)이 제시한 이러닝 콘텐츠 품질인증기준을 참조하여 원격수업 콘텐츠의 주요 요건을 정리해 보면 다음과 같습니다.

- 교수설계 영역: 구체적인 학습목표를 제시하고, 학습자 수준을 고려하여 수준별 학습이 가능하며 학습 효과를 높이는 자료를 활용하고, 일관성 있는 화면구성과 진행이 용이한 인터페이스 등을 갖추어야 합니다.
- 학습 내용 영역: 교육적이며 학습자의 경험과 최신성을 고려하여 내용을 선정하고, 용어 표현이 적절하며 체계성을 갖추어 내용을 구성하고, 학습 난이도와 분량이 적절해야 합니다.
- 교수·학습 전략 영역: 적극적이고 효율적인 참여를 유도하는 교수 · 학습 전략을 수립하고, 반성적 사고를 촉진하는 자기주도 전략과 학습 흥미를 유발하는 동기부여 전략이 수립되어야 합니다.

- 평가 전략 영역: 난이도와 변별도가 적절한 평가문항을 개발하고 학습에 따른 평가 방법, 타당도와 신뢰도를 고려한 평가도구를 적용해야 합니다.
- 기타: 학습자와 내용 간의 의사소통을 촉진하는 상호작용, 학습활동 지원 도구, 사회적 규범이나 규칙의 비편향성을 고려한 윤리성, 저작권 사용을 위한 권리를 적용해야 합니다.

3) 원격수업 콘텐츠의 접근성

정한호(2020)는 COVID-19 이후 모든 학생을 고려한 질 높은 원격수업을 위해서 콘텐츠 개발 시 지켜야 하는 정보접근성 준수 방안을 다음과 같이 제시하였습니다.

- 교수자는 수업용 콘텐츠 개발 시 국제표준인 W3C(World Wide Web Consortium)의 웹 콘텐츠 접근성 지침(WCAG) 2.1을 준수할 필요가 있습니다. 주요 내용은 시각장애, 저시력장애, 청각장애, 학습장애, 지적장애, 뇌병변장애, 광과민성 증후군과 같은 개별적인 장애를 가진 사용자들이 쉽게 접근할 수 있는 웹 콘텐츠 구축 방법을 지침에서 소개하고 있습니다. 웹 접근성 연구는 해당 사이트(https://www.wah.or.kr:444/Participation/%ED%95%9C%EA%B5%AD%ED%98%95%EC%9B%B9%EC%BD%98%ED%85%90%EC%B8%A0%EC%A0%91%EA%B7%BC%EC%84%B1%EC%A7%80%EC%B9%A82.1.pdf)에서 한국형 웹 콘

텐츠 접근성 지침 2.1을 다운로드하여 참고할 수 있습니다.

- 학습자의 인지적 · 정의적 · 심동적 특성을 반영하여 콘텐츠를 설계하려는 노력이 필요합니다.

- 보편적 학습설계(Universal Design for Learning: UDL)의 원리를 적용하여 콘텐츠를 개발할 필요가 있습니다. 보편적 학습설계란, 인간이 어떻게 학습하는지에 대한 과학적 통찰력을 바탕으로 모든 사람을 고려한 학습설계로서 교수와 학습을 개선하고 최적화하기 위한 기준으로 가이드라인(https://udlguidelines.cast.org/?utm_medium=web&utm_campaign=none &utm_source=cast-about-udl)을 활용할 수 있습니다(Center for Applied Special Technology: CAST, 2020).

COVID-19 확산 이후 원격수업을 수강하는 데 어려움이 있는 장애학생 문제를 해결하기 위해 정부에서는 다양한 '장애학생 맞춤형 원격교육 지원 사업'을 추진하는 등의 노력을 기울이고 있습니다. 주요 사업으로는 장애학생 원격교육 플랫폼 구축 사업과 콘텐츠 개발 사업을 추진하고 있습니다. 장애학생 원격교육 플랫폼은 시각장애학생 화면 읽기, 청각장애학생 자막 지원, 발달장애학생을 위한 화면 구성 등의 접근성이 보장된 실시간 원격학습 및 학습관리 시스템의 구축을 포함하고 있으며, 콘텐츠 개발 사업은 대체자료나 스크린 리더 지원, 수어 설명 및 자막 제공, 보조기기 활용이 가능한 사용자 인터페이스(User Interface: UI) 설계와 키 조작 설명을 포함하도록 하고 있습니다. 그 외에도 실감형 콘텐츠, 음성인식 자막기술(Speech To Text: STT)이 가능한 화상강의시스템 구축 등이 계획되고 있습니다(교육부, 국립특수교육원, 2021).

스크린 리더기가 어떤 기능을 하는지 사이트에서 무료로 다운 로드하여 체험해 보시기 바랍니다(http://www.yssad.or.kr/Screen_reader). 또한 음성 파일을 텍스트로 변환하거나(클로바 노트 앱), 텍스트를 음성으로 변환하는(텍스트를 읽어 주는 앱) 프로그램을 보조적으로 활용할 수 있습니다.

2. 원격수업 콘텐츠의 개발 원리

원격수업용 콘텐츠를 개발할 때 멀티미디어의 원리를 적용하면 학습 효과를 높일 수 있습니다. 멀티미디어란 디지털화된 음성, 문자, 그림, 동영상 등의 미디어 복합체를 의미합니다. 원격수업 콘텐츠를 지나치게 화려한 애니메이션과 너무 여러 색상이나 글씨체를 활용하여 개발하면 오히려 학습 내용에 집중하기 어렵습니다. 반대로 교재의 내용을 강사가 그대로 읽어 주기만 하는 원격수업 콘텐츠는 학습자를 지루하게 합니다. 원격수업 콘텐츠를 개발할 때 멀티미디어를 적절하게 활용하기 위해 우리가 알아야 하는 기본적인 원리를 살펴보겠습니다.

독일에서 이러닝 환경의 심리학에 대해 연구한 학자인 김혜온(2007)은 원격수업 콘텐츠를 개발할 때 '멀티미디어를 효과적으로 사용한다'는 것의 의미에 대해 다음과 같이 설명하였습니다. "멀티미디어를 적용한다는 것은 다양한 디지털 미디어를 이용하여 다양한 부호체계(텍스트, 도표, 그래픽 등)로 만든 학습자료를 다양한 감각을 통해 학습자가 효과적으로 학습하도록 하는 것이다."라고 하였습니다. 효과적으로 학습하도록 한다는 것은 학습자가 더욱 적극적으로 학습하도록 유도하고 심화된 인지적 과정을 촉진하는 것으로 단순히 정보를 저장하도록 돕는 것이 아니라 적극적으로 정보를 처리하고 의미를 생성하도록 도와야 한다는 것입니다.

멀티미디어의 세부 원리를 시각자료, 청각자료, 시청각자료의 원리로 나누어 살펴보고, 최근 AR, VR 등의 교육용 콘텐츠가 개발되면서 강조되고 있는 사용자 경험의 설계 원리를 살펴보겠습니다.

1) 시각자료의 원리

원격수업 콘텐츠를 개발할 때 많은 시각자료를 활용하게 됩니다. 이러한 시각자료는 교육용 목적에 부합되도록 개발할 필요가 있습니다. 린다(Linda, 2008)는 교육용 시각자료를 잘 개발하기 위해서 선택, 조직화, 통합이라는 인지심리학에 바탕을 둔 설계 원리를 따라야 한다고 하였습니다. 이 세 가지 원리는 감각기억—작동기억—장기기억의 학습자 정보처리 과정과 연결된 설계 원리입니다.

- 선택 원리: 학습자가 학습자료 중에서 어디에 주의를 기울여야

하는지를 알 수 있도록 설계하는 것입니다. 전경과 배경을 구분할 수 있도록 돕기 위해서 산만한 배경은 피해야 하며, 경쟁하는 것 같은 글씨체와 부조화된 색상 배합은 피해야 합니다.

- 조직화 원리: 정보를 위계적으로 처리하고 기억하도록 돕기 위한 원리입니다. 이를 위해서 시간이나 방향 등을 포함하여 외곽선, 화살표, 나열 목록을 활용하여 하위관계 인지, 상위관계 인지, 동격관계 인지를 파악할 수 있도록 정보의 구조를 구성합니다. 또한 기본적으로 학습자가 인지적 노력을 줄이도록 정보를 조직해야 하는데 관련된 정보를 눈에 띄도록 묶어서 조직화합니다. 만약 설명이 먼저 나오고 한참 후에 그림이 나온다면, 학습자는 설명을 작동기억에 오랫동안 저장하고 있어야 하기 때문에 정보를 처리하는 용량은 제한되어 있어 인지적 부담이 커집니다. 때문에 그림과 텍스트를 가까이 배치하고 하나의 묶음처럼 조직화하는 근접성의 원리도 인지부하를 줄이는 방법입니다(김혜온, 2007).

- 통합 원리: 전체의 내용을 이해하기 쉬운 방식으로 세부사항을 제시하는 것이 중요합니다. 가는 가지들을 쳐 내어 남은 굵은 가지들을 통해 나무의 골격을 분명하게 하는 방법으로 구체적인 부분을 정리하여 내용을 유의미하고 명확하게 만드는 단순함(simplicity)을 활용하는 것입니다. 교육용 콘텐츠를 만들 때도 유사 항목을 의미 있는 단위로 묶어 한 번에 부분들이 포함된 전체를 제시하면 학습자의 이해를 촉진할 수 있습니다.

수업용 시각자료로 텍스트를 활용할 때는 다음과 같은 유의점을 고려해야 합니다(김혜온, 2007).

- 시각자료 내의 텍스트는 내용이 정확하고 상호 모순적이지 않고 객관적이어야 하고 새로운 내용이 포함되어야 하며 학습자가 이해할 수 있도록 해야 합니다.
- 중요한 개념은 시각적으로 강조하는 것이 좋습니다. 깜박이나 애니메이션을 활용하면 강조의 효과가 있습니다. 다만, 지속하면 오히려 주의를 산만하게 하니 유의해야 합니다. 밑줄이나 파란색을 활용하여 강조하면 링크로 오해할 수 있으므로 유의하고, 내용을 블록으로 구분하여 정의, 설명, 주장, 증명, 기술 등 체계적으로 구성할 수 있습니다. 동일한 구분을 유지해야 학습자의 혼란 없이 학습을 촉진할 수 있습니다.
- 제목을 정할 때는 주제를 포함하거나 신문기사 제목과 같이 작성하거나 질문 형태를 활용할 수 있습니다.
- 표시를 활용하기 위하여 글상자, 반복적인 형식은 글씨체를 다르게 제시하거나(예와 같은 부분), 픽토그램을 활용할 수 있습니다.
- 요약을 활용하기 위해서는 전체 내용을 종합하거나 그래프, 마인드맵 등을 활용할 수 있습니다.
- 연결어(그래서 등)는 피하고 글자로 표시된 번호(첫째 등)는 피하는 것이 좋은데, 이는 학습능률을 떨어뜨리기 때문입니다.

원격수업에서 활용되는 시각자료를 디자인하기 위해서는 다음
과 같은 원리를 고려할 수 있습니다.

- 화면의 레이아웃과 텍스트의 색상, 이미지 등은 일관성을 가
  져야 합니다. 정보를 제시할 때는 화면의 여백을 살리면서도
  효율적으로 사용해야 합니다. 텍스트와 그래픽의 위치와 정
  렬은 파악하기 용이하게 배치해야 합니다. 상단에는 제목을,
  좌측과 하단에는 메뉴와 내비게이션 링크 표시를, 중앙과 우
  측에는 내용을 제시할 수 있습니다(Gillani, 2007).
- 단순히 내용의 디스플레이만이 아니라 전체 디스플레이 상황
  을 고려해야 하는데, 학습을 위해 학습자들이 어떻게 화면을
  사용하고 있는지를 고려해서 화면의 사이즈와 형태(가로형이
  나 세로형)를 결정해야 합니다. 컴퓨터 사용 경험이 낮거나 한
  번에 하나의 이슈에 집중할 때는 스크롤이 없는 것이 바람직
  하지만, 화면을 분리하면 이해가 어려운 복잡한 콘텐츠나 내
  용 제시와 연습을 함께 제시해야 하거나 출력이 필요한 경우
  스크롤 기능을 활용할 수 있습니다(Horton, 2006).

2) 청각자료의 원리

청각자료를 원격수업에서 다양하게 활용할 수 있습니다. 청각자
료를 영상의 제시 없이 소리만으로 제시할 때는 연상작용을 촉진
시킬 수 있으며, 청각을 통한 풍부한 언어적 설명은 또 다른 상상

을 유도하여 학습 자체를 의미 있게 만들어 줄 수 있습니다(권성호, 2002).

원격수업 콘텐츠를 개발할 때 청각자료의 활용 방법을 살펴보면 다음과 같습니다(김혜온, 2007).

- 학습의 단계마다 특정 음향을 활용하여 영역을 구별해 주면 학습자는 음향을 통해 내용의 구조를 효과적으로 인식할 수 있습니다. 목표 제시, 내용 제시, 탐구활동, 평가활동, 종료 등의 단계마다 특정 음향을 활용해 볼 수 있습니다. 소리의 크기, 음질, 속도를 활용하여 학습자의 주의를 끌 수 있으며, 휴식 시간을 알릴 때도 활용 가능합니다.
- 학습 내용과 관련된 음악을 내용 제시 전에 활용하여 학습자의 호기심을 높이거나, 내용과 함께 이해를 높이기 위해 활용할 수 있습니다.
- 청각자료를 녹음할 때는 가능한 한 속도가 너무 느리지 않아야 합니다. 느리면 작동기억에 부담이 될 수 있습니다.
- 청각자료를 녹음할 때 문장이 너무 길면 학습자의 주의력이 떨어지므로, 녹음 시 문장은 짧게 문체는 간결하게, 적절히 강조할 것은 소리의 크기나 높낮이로 조절합니다. 한 번에 2~3분 정도 제시하고 목소리를 다양하게 제시하는 방법도 고려합니다.

3) 시각자료와 청각자료의 혼합 활용 원리

원격수업 콘텐츠를 개발할 때 시각자료와 청각자료를 함께 활용하는 방법을 살펴보면 다음과 같습니다(김혜온, 2007).

- 내용이 어려울 때는 청각자료만으로 이해하기 어려울 수 있으므로 상세한 내용의 텍스트 자료를 추가하여 제공하는 것이 적절합니다. 또한 학습자가 원하는 부분을 선택하여 반복해서 들을 수 있는 기능이 있으면 더욱 적절합니다.
- 시각자료와 함께 청각자료를 제시할 때는 동시에 제공하는 것이 적절합니다. 두 가지 자료를 활용할 때는 싱크가 분명하도록 해야 이해에 도움이 될 수 있으므로, 포인터나 밑줄, 강조 등의 기능이 있다면 활용합니다.
- 중요한 내용은 음성으로만 제시하거나 텍스트로만 제시하여도 좋지 않으며, 두 방법을 함께 제시하는 것이 좋습니다.
- 텍스트를 그대로 읽는 것은 좋지 않습니다. 이 경우 대부분 눈으로 글을 읽는 속도가 말하는 속도보다 빠르기 때문에 간섭 효과로 인하여 오히려 학습에 방해가 될 수 있으니 유의합니다.

4) 사용자 경험의 설계 원리

최근 AR, VR 등을 활용한 교육용 콘텐츠 개발이 증가하면서 사용자 경험 설계(User Experience Design)를 교육용 콘텐츠 설계에도 적용하고 있습니다. 사용자 경험이란 사용자가 어떠한 제품이나 서비스를 이용하면서 느끼고 생각하게 되는 지각, 반응, 행동 등의 총체적 경험을 의미하며, 이를 개발하고 창출하는 일을 '사용자 경험 디자인'이라고 합니다. 사용자 인터페이스(User Interface: UI)는 사람과 시스템의 접점을 의미하기 때문에 그 사용성, 접근성, 편의성이 개발 기준이지만, 사용자 경험(User Experience: UX)은 사용자 인터페이스를 통해 사용자가 느끼는 만족이나 감정을 의미하기 때문에 사용자 인터페이스보다 주관적이며, 맥락적이고 총체적인 관점입니다. 사용성(userbility) 외에도 사용자 가치(user value)에 의해 영향을 받는데, 사용자 가치의 주요 구성 요소는 다른 사람과 차별된다는 느낌, 제품에 대한 신뢰 등이 있으며, 최근에는 가치 중심 디자인(value-sensitive design)도 등장하고 있습니다. 원격수업 콘텐츠를 개발할 때도 학습자들이 단순히 지식을 습득하는 접점으로서의 인터페이스를 설계하는 것이 아니라 학습자들이 원격수업을 통해 얻고자 하는 가치를 실현할 수 있도록 설계할 필요가 있습니다.

3. 원격수업 콘텐츠 개발의 실제

1) 동영상 콘텐츠의 개발 유형

원격수업에서 강의용 동영상 콘텐츠는 다양한 유형으로 개발되고 있습니다(유승철, 2020).

- 판서형: 강의실 안에서 칠판이나 화이트보드를 활용하여 실제로 수업하는 모습을 촬영하는 방법입니다. 현장감이 높으나, 판서 시간이 지체되어 시간이 소요되는 경우가 있습니다.
- 빔 프로젝트와 칠판 합성형: 빔 프로젝트를 칠판에 투사하여 판서를 보강하는 방법으로 시간의 여유와 품질 향상 등의 장점이 있습니다. 전용 스튜디오가 있으면 질 좋은 콘텐츠 개발이 가능합니다.
- PPT 합성형: 최신 스마트패드를 활용하면 본인의 비디오와 PPT를 동시에 합성하는 화면 속 화면(Picture In Picture: PIP) 기능을 활용할 수도 있으며, 가장 많이 활용하는 방식입니다.
- 태블릿 액션 합성형: 태블릿 PC나 스마트패드, 태블릿을 활용하여 교사의 판서를 함께 제공하는 방식입니다.
- 전자보드 칠판을 활용한 판서형: 대형 터치스크린 전자보드 칠판에서 교사가 직접 판서하는 방식입니다.
- 실물화상기 활용형: 교재 내용과 실기 도구를 근접 촬영하여 수업할 수 있습니다.

2) 동영상 콘텐츠 촬영

원격수업용 동영상 강의를 촬영하기 위해서는 최적의 고사양 장비를 활용하면 좋지만, 현실적으로 어려우므로 최소한의 장비를 효과적으로 활용하여 양질의 콘텐츠를 개발할 필요가 있습니다.

동영상 강의 촬영 시 교수자가 준비해야 하는 요소를 살펴보면 다음과 같습니다(신나민, 이선희, 김수연, 2021; 이상민, 한승연, 2020).

- **복장 준비:** 반복적인 콘텐츠 활용을 위해서는 가능한 한 계절감이 없는 복장을 준비합니다. 크로마키를 활용할 경우를 대비하여 파란색의 복장, 교안의 색과 유사한 복장, 간섭현상이 있는 줄무늬 옷은 지양합니다.
- **멘트 유의:** 일회적으로 활용하는 콘텐츠가 아니라면 날씨나 계절, 유행어 등은 지양합니다. 가끔 학습자에게 질문을 하거나 대화하듯이 진행하여 학습자와 쌍방향 강의의 느낌이 들도록 합니다. 교실수업처럼 다 설명하기보다는 필요한 핵심 개념을 중심으로 명료하게 설명합니다.
- **눈 맞춤 유의:** 가능한 한 카메라를 보며 강의하여 학생과의 눈 맞춤 효과를 높이도록 합니다.
- **슬라이드 개발 유의:** 수업용 슬라이드 제작 시 미리 강의자의 화면 위치를 고려하여 내용이 가려지지 않도록 개발합니다.
- **동영상 길이:** 강의 동영상은 10분 이내로 짧게 촬영하면 오류 시 재녹화와 재조직이 용이합니다. 짧은 길이의 영상을 여러 개 만들어 활용하는 것이 적절합니다.
- **테스트 영상 확인:** 녹화에 앞서 테스트 영상을 짧게 찍고 이를 확인하여 비디오, 오디오의 상태를 확인합니다. 프로그램과

기기 간의 호환성 문제가 있으므로 새로운 프로그램이나 기기를 설치할 경우에는 반드시 테스트 영상으로 바르게 녹화되었는지 확인하도록 합니다.

- 강의자 화면: 영상에는 가능한 한 교수자가 보이도록 하여 교수자가 학생과 함께하는 듯한 교수 실재감(teaching presence)과 학습자의 몰입감(engagement)을 높이도록 합니다. 항상 교수자의 영상이 나오게 하는 것이 부담스럽다면 동영상의 시작과 끝에만 삽입하는 것을 고려할 수 있습니다.

3) 동영상 콘텐츠 편집

곰믹스, 윈도우 무비메이커, 유튜브 크리에이터 스튜디오 등 최근 다양한 동영상 편집 프로그램을 활용하여 녹화한 강의 영상을 편집할 수 있습니다.

일반적인 동영상 편집 시의 기본 팁은 교육용 동영상 편집 시에도 유용합니다. Adobe 사이트에서 소개하는 동영상 편집의 기본 팁은 사이트에서 확인이 가능합니다(https://www.adobe.com/kr/creativecloud/video/discover/edit-a-video.html).

- 영상 파일 정리: 비디오 파일, 오디오 파일, 이미지 파일의 이름을 정확히 정하고 쉽게 찾을 수 있도록 동일 드라이브에 보관하도록 합니다.
- 모든 영상 시청: 편집 과정의 첫 단계에서는 모든 영상을 꼼꼼

히 살펴봅니다.

- 전부 모은 후 대략 자르기: 모든 비디오를 타임라인에 놓은 후 프레임 크기와 속도를 확인하고 큰 틀을 먼저 만듭니다.
- 세부 조정: 소리와 색상을 보정하고 소리를 확인하고 음악, 자막, 타이틀, 그래픽 등을 추가합니다.
- 다듬기: 동영상의 전체 속도를 확인하며 완성도를 높입니다.

원격수업의 동영상에 자막을 삽입할 때 고려해야 하는 사항은 다음과 같습니다(김혜온, 2007).

- 가능한 한 짧고 간결하게 표현하고 괄호 사용을 자제합니다.
- 주어부와 서술부를 명확하게 하고 접속사를 자제합니다.
- 시간 순서와 자막 제시 순서가 일치하도록 합니다.
- 부정문 사용은 자제하고 쉬운 단어를 선택합니다.
- 필요 이상의 전문용어나 외래어를 자제합니다.
- 두음을 활용한 지나친 축약 단어를 새로 만드는 것을 자제합니다.
- 중요한 정보는 좌측 상단에 더 크게 배치합니다.
- 보충 정보는 하단에 배치합니다.
- 글씨체는 가독성(바탕체, 명조체, 신명조체, 고딕체)과 판독성(견출고딕체, 견출명조체, 궁서체)을 고려하여 결정합니다.
- 모니터의 크기(PC용, 모바일용 기기 화면 참조), 해상도, 읽는 각도, 모니터와의 거리 등을 고려하여 글자 크기를 결정합니다.

4) 저작권 유의사항

많은 교수자가 원격수업 콘텐츠를 개발하면서 저작권과 관련한 어려움에 직면합니다. 다음은 2020년에 제시된 한국교육학술정보원의 원격수업 저작권 안내에 대한 주요 내용입니다.

〈표 10-1〉 원격수업 및 학습을 위한 저작권 사전 동의

저작물의 이용 사례	사전 동의	
정보통신기술(ICT) 활용 수업을 위한 저작물 이용	불필요	접근제한 조치 필요
원격수업을 위한 저작물 이용		
수업을 위한 카페, 블로그 등에서의 저작물 이용		
수업을 위한 교과서 사진, 그림 등의 인터넷 이용		
학습자료 배경음악(BGM)으로 음원 파일 이용	동의 필요	–
학습자료에 무료 · 유료 폰트 파일 이용		

출처: 한국교육학술정보원 교육저작권지원센터(2020. 3. 21.).

- 접근제한조치란, 수업 및 수업지원을 목적으로 저작물을 이용하기 위한 조치사항으로 인터넷을 통한 저작물이기 때문에 접근제한조치(로그인해서 접근), 복제방지조치(우클릭 방지 등), 저작권 보호 관련 경고 문구 표시 등을 해야 합니다.
- 저작물의 이용 분량은 텍스트 기반 저작물은 전체의 10%, 음원형태 저작물은 20%(최대 5분 이내), 영상저작물은 20%(최대 15분 이내)까지 복제하여 이용할 수 있으나, 내용이 아닌 단순한 집중도와 흥미를 위해서는 사용할 수 없습니다. 공유저작

물을 제공하는 공유마당, 유튜브 오디오 라이브러리, 자멘도, 프리뮤직아카이브, 프리사운드, 씨씨믹스터, 플래티콘, 픽사베이 등을 활용할 수 있습니다.

- 원격수업에 참여하는 교사와 학생에게만 저작물이 허용되며, 원격수업이나 일반 수업에서의 저작물 또는 인물이 포함된 화면을 무단 캡처하여 배포 및 전송할 경우 저작권 침해 또는 초상권 침해에 해당될 수 있습니다.

- 학교 홈페이지가 아니라 개인 블로그, SNS, 유튜브 등을 통해 학생들에게 전송할 수 있으나 접근제한조치를 해야 합니다. 특히 유튜브의 경우에는 해당 학생 외에 제공되지 않도록 유의해야 합니다.

- 원격수업에서 교과서 내의 사진, 지문을 활용할 수 있지만, 내용의 상당량이나 전부를 제공하는 것은 저작권 침해이므로 교과서 PDF 파일을 제공할 때는 교과서 발행사의 동의가 필요합니다.

- 프로그램 설치 시 자동 저장되는 글씨체는 저작권 침해에 해당하지 않지만, (주)한글과 컴퓨터의 번들 글씨체는 해당 프로그램에서만 사용하도록 하고 있어 주의가 필요하며, 무료 글씨체라도 사용을 개인으로 한정하고 있는 경우에는 학교 교육활동 등에서 사용할 수 없으므로 이용 조건을 확인한 후 사용해야 합니다.

학습활동

⧖ **1.**

❶ 활동명: 원격수업 콘텐츠 평가해 보기
❷ 활동 목적: 좋은 원격수업 콘텐츠의 요건이 무엇인지 평가를 통해 확인할 수 있다.
❸ 활동 절차:
- 학습자를 4개의 팀으로 구성한다.
- 각 팀은 자신들이 평가할 원격수업 콘텐츠를 인터넷 검색을 통해 1가지 선택한다.
- 팀별로 좋은 원격수업 콘텐츠의 요건을 기초로 하여 자신의 팀원들이 가장 중요하게 생각하는 평가 기준을 4가지 선정한다.
- 각 팀은 선택한 콘텐츠를 평가한다.
- 평가 결과와 점수 산정의 근거를 발표한다.
- 평가 기준과 결과가 타당한지에 대하여 상호평가를 실시한다.
- 우수한 팀을 선정하고 시상한다.

⧖ **2.**

❶ 활동명: 웹 접근성 체험하기
❷ 활동 목적: 원격수업 콘텐츠에 적용 가능한 웹 접근성은 무엇이 있는지 체험을 통해 탐색할 수 있다.
❸ 활동 절차:
- 학습자를 4개의 팀으로 구성한다.
- 팀별로 네이버 온라인 웹 접근성 체험 사이트(https://nax.naver.com/index)에 접속한다.
- 각 팀은 저시력장애, 전맹시각장애, 손운동장애, 중증운동장애 중에서 한 가지를 골라 웹 접근성을 체험한다.
- 팀별로 원격수업 콘텐츠를 개발할 때 반영할 수 있는 웹 접근성 방안

을 탐색한다.
- 방안의 실용 가능성과 효과를 근거로 상호평가를 실시한다.
- 우수한 팀을 선정하고 시상한다.

참고문헌

교육부 국립특수교육원(2021). https://www.nise.go.kr/main. do?s=nise.

권성호(2002). 교육공학의 탐구. 경기: 양서원.

김혜온(2007). e-러닝의 심리학적 기반. 서울: 학지사.

김희배, 박인우, 임병노(2005). 대학 e-러닝 콘텐츠 공동 개발 및 활용 유통 활성화 방안 연구. 한국교육학술정보원 연구보고, CR 2005-21.

신나민, 이선희, 김수연(2021). 교사와 예비교사를 위한 원격교육론. 서울: 박영스토리.

심상민(2002). 미디어는 콘텐츠다: 미디어 & 콘텐츠 비즈니스 전략. 경기: 김영사.

유승철(2020). 한 권으로 끝내는 온라인 교육 콘텐츠 제작: 교수자를 위한 수업 영상 · 촬영 · 편집 · 활용 핸드북. 서울: 이화여자대학교출판문화원.

이상민, 한승연(2020). 온라인 수업 전략: 언택트 시대의 교수법. 경기: 종이와 나무.

정한호(2020). COVID-19 시대에 이루어지는 원격수업에 대한 성인학습자의 지속적인 사용의도 예측모형 비교: 특수대학원을 중심으로. 평생학습사회, 16(3), 121-151.

한국교육학술정보원(2009). 2009 교육정보화백서. 대구: 한국교육학술정보원. p. 179.

한국교육학술정보원 교육저작권지원센터(2020. 3. 21.). 교육기관 원격수업 및 온라인 학습을 위한 저작권 FAQ 안내자료. https://

www.keris.or.kr/main/na/ntt/selectNttInfo.do?mi=1051&nttSn
=36454.

Gillani, B. B. (2007). *Learning theories and the design of e-learning environments.* 김영수, 김현진, 한승연 역(2007). 학습 이론과 e-러닝환경 설계. 경기: 교육과학사.

Horton, W. (2006). *E-Learning by design.* 김세리, 한승연, 우영희, 박성희 역(2009). Horton의 이러닝 설계. 서울: 아카데미프레스.

Linda L. L. (2008). *Creating graphics for learning and performance: Lessons in visual literacy, 2/E.* 권성호, 엄우용, 심현애, 박선희, 장상필 역(2010). 학습과 수행지원을 위한 그래픽 디자인 원리. 서울: 아카데미프레스.

UX. https://terms.naver.com/entry.naver?docId=1691521&cid=4217
1&categoryId=42190.

제11장

원격수업의 유형별 운영 도구

1. 원격수업 운영 기준과 수업 도구
2. 실시간 원격수업에 활용할 수 있는 줌
3. 비실시간 원격수업에 활용할 수 있는 마이크로소프트오피스 365
4. 수업평가에 활용할 수 있는 구글 설문지
5. 알고 있으면 유용한 운영 도구
6. 알고 있으면 유용한 학습자료 도구

학습목표 ●●●●●

1. 실시간 원격수업에서 효과적인 줌 사용 방법을 활용하여 실제 수업에 적용할 수 있다.
2. 비실시간 원격수업에서 마이크로소프트 오피스 365의 녹화와 자막 기능을 활용하여 실제 수업에 적용할 수 있다.
3. 수업평가를 위해 구글 설문지를 활용하여 학습자와 상호작용할 수 있다.

주요 용어

- 줌(zoom): 줌 비디오 커뮤니케이션(Zoom Video Communications)은 화상회의, 온라인 회의, 채팅, 모바일 협업을 하나로 합친 '원격회의 서비스'를 제공하는 소프트웨어 프로그램이다.

- 멘티미터(mentimeter): 실시간으로 다양한 의견과 생각을 모을 수 있는 사이트이다. 입력된 의견이 전체 화면에 바로바로 보이기 때문에 학생들의 흥미를 유발할 수 있고, 직관적으로 학생들의 생각을 알 수 있는 장점이 있다.

- 패들렛(padlet): 사용자가 가상 게시판에 콘텐츠를 업로드, 구성 및 공유할 수 있는 실시간 협업 웹 플랫폼으로서 클라우드 기반 서비스형 소프트웨어이다.

- 유튜브(youtube): 2006년에 구글이 인수하여 서비스하는 동영상 공유 플랫폼으로 전 세계 최대 규모의 동영상 공유 및 호스팅 사이트이다. 사용자는 소비자로서 동영상을 시청하고 생산자로서 동영상을 업로드 및 공유할 수 있다.

1. 원격수업 운영 기준과 수업 도구

원격수업 방식을 실시간 원격수업과 비실시간 원격수업, 두 가지 형태로 구분하고 유형별 각각 대표할 수 있는 수업 도구 활용 방법을 살펴보고자 합니다.

실시간 원격수업에 유용한 도구인 줌(Zoom)을 많은 초·중·고 및 대학교에서 활용하고 있습니다. 기업에서는 원격훈련을 위하여 보안상의 이유로 시스코의 웹엑스(Webex), 마이크로소프트웨어의 팀즈(Teams)를 많이 활용합니다.

비실시간 원격수업은 녹화강의나 학습 콘텐츠를 시청하고, 이후 과제를 통해서 학습활동을 수행하고 교수자가 피드백하는 방식으로 이루어집니다. 마이크로소프트오피스 365를 통해 강의 프레젠테이션을 교수자 얼굴과 함께 녹화하고, 실시간으로 프레젠테이션을 송출할 때 음성과 텍스트를 인공지능 기술을 활용하여 자막을 넣을 수도 있습니다.

이 외에도 학습에 필요한 자원들을 구글 클래스 룸에 올려 학습자가 다양한 학습 자원들을 활용하여 자기주도적 학습을 진행하도록 할 수 있고, 구글 설문기능을 활용하여 퀴즈와 시험 등의 수업 평가를 진행할 수 있습니다.

〈표 11-1〉 원격수업 운영 유형과 수업도구

운영 유형		운영 형태	수업도구 예시
실시간 원격수업		• 정해진 시간에 교사와 학생들이 화상회의 플랫폼에서 만나 원격수업 진행	줌(Zoom), MS 팀즈, 웹엑스, 네이버밴드 라이브 방송, 카카오 라이브톡, 구루미
비실시간 원격수업	콘텐츠 활용 수업	• 학습자는 지정된 녹화 강의 혹은 학습 콘텐츠를 시청하고 교수자는 진도 확인 및 피드백 제공	EBS 온라인클래스, e학습터, 위두랑, 마이크로오피스 365(녹화, 자막), 클로바더빙, 유튜브
	과제 기반 수업	• 교수자가 온라인으로 교과별 성취 기준에 따라 학습자의 자기주도적 학습 내용을 맥락적으로 확인할 수 있는 과제 제시, 퀴즈 및 피드백 제공	학급홈페이지, 구글 클래스룸, 네이버밴드, 카카오톡 단톡방

2. 실시간 원격수업에 활용할 수 있는 줌

1) 줌을 활용하여 수업 시작하기

줌 홈페이지(https://zoom.us)에 접속하여 [무료 가입하기]로 이동하여 회원 가입을 합니다. 무료 회원은 3명 이상 참여하는 경우 40분으로 회의 제한 시간이 있습니다.

(1) 수업 바로 시작하기

줌 홈페이지에 접속하면 오른쪽 상단에 회의를 바로 시작할 수 있는 [회의 호스팅] 기능이 있습니다. 교수자는 '호스트'로서 회의를 개설합니다.

(2) 수업 예약하기

주요 설정 변경은 홈페이지 왼쪽 설정을 클릭한 후 옵션을 확인한 후 활성이나 비활성을 선택합니다. 실시간 원격수업을 할 때 참조할 수 있는 줌의 주요 옵션 기능은 〈표 11-2〉와 같습니다(민혜리, 서윤경, 윤희정, 이상훈, 김경이, 2021, p. 148).

〈표 11-2〉 줌의 주요 설정 및 옵션 기능

설정 범주	옵션	추천
회의 예약	• 호스트 비디오, 참가자 비디오, 인증된 사용자만 회의에 참가할 수 있습니다. 입장 시 참가자 음소거	활성
	• 한 번만 클릭해 참가할 수 있도록 회의 링크에 비밀번호 내장	비활성
회의 중(기본)	• 채팅 자동저장, 설문조사(polling), 회의콘트롤 도구모음 항상 표시	활성
	• 비공개 채팅, 주석	비활성
회의 중(고급)	• 소회의실, 대기실	활성

회의 예약 시 옵션은 입장 시 참가자 음소거를 하고 보안을 위해서 대기실 사용은 체크를 권장합니다.

예약을 미리 해 놓으면 특정 시간대에 수업을 진행할 수 있습니다. 미리 예약한 수업의 경우 접속 링크가 생성되므로 학습자들에게 해당 수업방에 접속할 수 있는 링크를 SNS나 게시판에 올리기 용이합니다.

그림 11-1 수업 예약을 위한 기능

오른쪽 상단의 [회의 예약]을 클릭하고 나면 회의 설정을 하는 옵션이 나옵니다. '주제'에는 회의방의 제목을 입력합니다. 원격수업의 경우 학습자들이 줌으로 해당 수업방에 접속했을 때 어느 과목인지 알 수 있도록 해 줍니다. '시점'은 수업이 시작되는 시간을 설정하고 '기간'에는 수업이 몇 시간 개설될지 설정합니다. '표준시간대'가 서울로 되어 있는지 체크해야 합니다. 전 세계적으로 활용되다 보니 한국 시간으로 설정을 해야 학습자가 실수 없이 해당 시간대에 입장할 수 있습니다. '되풀이 회의'를 체크하면 반복되는 수업을 자동으로 생성해 줍니다. 또한 '암호'는 필수로 설정하여야 합니다. '대기실'은 교수자가 수락해야만 학습자들이 수업방으로 입장할 수 있도록 대기하는 기능입니다.

그림 11-2 수업 예약 설정하기

'호스트 전 참가 사용'은 예약한 수업방에 미리 입장할 수 있는 옵션입니다. 교수자가 입장하지 않아도 학습자들이 미리 방에 들어올 수 있습니다. '입장 시 참가자 음소거'를 체크하면 참가자들이 방에 들어올 때 오디오가 꺼진 상태로 들어옵니다. 원격수업에서 이 옵션을 체크하는 것이 수업 분위기를 조성하는 데 좋습니다. '로컬 컴퓨터에서 자동으로 회의 기록'은 교수자가 별도로 기록 기능을 클릭하지 않아도 자동으로 회의를 영상으로 기록하여 교수자의 컴퓨터에 저장해 주는 기능입니다. '초대 복사' 기능을 이용하여 학습자들에게 초대 링크를 첨부하여 보낼 수 있습니다. 링크 주소, 수업방 ID와 암호화된 비밀번호가 포함되어 있습니다.

2) 수업 진행하기

(1) 줌 메인 화면 메뉴

줌 화면 하단에 보면 메인 화면이 있습니다. 각 메뉴의 기능을 살펴보겠습니다.

그림 11-3 줌 메뉴 기능

① 오디오

처음 수업을 시작할 때 학습자들은 '오디오'를 꺼 두고 시작하면 집중을 잘할 수 있습니다. 마이크 아이콘을 클릭하면 음소거가 되어 자신의 목소리가 다른 학습자에게 들리지 않습니다. 발표를 하거나 토론을 할 때는 다시 마이크 아이콘을 누르면 음소거가 해제됩니다. 오디오 옆의 아이콘으로 다양한 오디오 기기가 설치되어 있을 경우 선택할 수 있습니다.

② 비디오

'비디오'는 수업 중에 기본적으로 학습자들에게 켜 두도록 안내하는 것이 상호작용하기에 용이합니다. 비디오 아이콘을 클릭하면 비활성화되어 나의 모습이 다른 학습자에게 보이지 않습니다. 개인적인 활동으로 잠시 의견을 노트에 적어 보거나, 개인 활동을 워크시트에 작성할 경우에는 비디오를 끄고 진행하는 것이 학습자의 몰입을 높이는 데 도움이 됩니다.

　비디오의 경우 개인적인 공간이 공개되는 것이 부담스러운 학습자는 '가상배경 선택'을 할 수 있습니다. 줌에서 기본으로 제공되는 이미지나 동영상 혹은 내가 올리고 싶은 이미지를 선택할 수 있습니다. '비디오 필터' 기능을 통해 재미있는 분위기를 연출하여 비대면 상황에서 즐거운 분위기를 조성해 볼 수 있습니다. 특별한 이벤트가 있을 경우 공통의 가상배경을 나누어 주고 모든 학습자가 동일한 가상배경을 하도록 하여 통일감과 소속감을 느끼게 해 줄 수도 있습니다. 그러나 노트북 사양에 따라서는 가상배경 설정이 안되는 경우도 있고, 100명 이상 대형수업이 진행될 경우 네트워크 환경을 원활하게 하기 위해 학습자에게 양해를 구하고 비디오를 모두 꺼 두게 하거나 가상배경 해제를 요구하는 경우도 있습니다.

그림 11-4 줌 배경 및 필터 설정

③ 보안

'회의 잠금' 기능을 활용하면 회의 방을 잠그는 효과가 있어서 강의 시간 이후에 학습자가 강의에 입장하여 몰입을 방해할 때 활용할 수 있습니다. '대기실 사용' 기능을 활용하면 교수자가 입장을 일일이 수락할 수 있으므로 원치 않는 사람이 수업방에 들어오는 것을 차단할 수 있습니다. '스스로 이름 바꾸기' 기능을 통해 수업에서 활용하는 이름은 본인 이름으로 입력할 수 있도록 안내합니다. 교수자가 이름을 수정할 수도 있습니다. '참가자 제어'는 수업 참가자 중 문제를 일으키는 경우에 추방할 수 있는 기능입니다.

④ 참가자

'초대' 기능을 이용해서 현재 수업방에 다른 참가자를 들어올 수 있게 할 수 있습니다. '모두 음소거' 기능은 교수자가 학습자 모두의 음소거를 진행할 수 있습니다. 간혹 생활 소음으로 학습을 방해할 경우 활용할 수 있습니다. 필요에 따라 '모두 음소거 해제'도 가능합니다.

⑤ 채팅

'채팅' 기능을 통해서 간단한 메시지 전송을 모두에게 혹은 특정 사람에게 할 수 있으며 파일 전송도 가능합니다. 채팅 기능은 교수자와 학습자 간 상호작용의 도구로 활용하면 좋습니다. 질문 후 대답을 듣거나 학습자가 교수자에게 질문하는 기능으로 활용할 수 있으며, 학습자의 의견을 취합하거나 피드백을 주고, 중요 단어나 문장을 강조할 때 판서 기능을 대신할 수 있습니다. 학습자는 궁금한 사항을 채팅창에 남기고, 교수자는 설명 이후 남겨져 있는 질문에 대답해 주는 형태로 전체 학습의 분위기를 흐트러뜨리지 않고도 적절히 상호작용할 수 있습니다.

수업 중간에 강의 보조 자료, 협업활동을 위한 도구, 동영상 링크 등의 자료도 공유할 수 있어서 유용합니다.

⑥ 화면공유

'화면공유' 기능은 컴퓨터 화면에 파워포인트 등의 교안을 공유할 수 있는 기능입니다. 화이트보드는 하얀색 빈 화면에 필기하며 함께 협의할 수 있습니다. 아이폰과 아이패드의 경우 화면을 공유할 수 있습니다. 이 외에도 온라인 협업 도구 등 특정 프로그램을 선택하여 공유가 가능합니다. 유튜브 동영상을 공유할 경우에는 '비디오클립을 위한 화면공유 최적화'와 '컴퓨터 소리 공유' 버튼을 클릭하면 영상이 끊어지지 않고 제대로 전송됩니다. 그럼에도 불구하고 동영상 공유는 인터넷 상황 등에 따라 끊김이 발생하거나, 소리가 재생되지 않는 경우가 발생하므로 수업 전에 다른 기기로 접속하여 테스트해 보는 것이 좋습니다.

그림 11-5 줌 화면공유 기능

화면공유 기능은 교수자만 사용하는 것이 아니라 학습자에게도 공유 권한을 줄 수 있습니다. [화면공유 펼침 버튼]을 클릭하면 모든 참가자에게 공유 권한을 줄 수 있습니다. 이를 통해 학습자가 작성한 발표 자료를 클래스의 모든 사람이 볼 수 있습니다.

화면공유 기능을 활용하는 동안에만 [주석] 메뉴가 보이는데, 주석 기능은 공유 중인 화면 위에 글을 쓰거나 도형을 그리고 싶을 때 사용할 수 있습니다. [텍스트] 기능은 공유 화면에 글쓰기가 가능합니다. [그리기] 기능은 여러 가지 모양의 도형을 그릴 수 있습니다. [스탬프]는 다양한 모양의 도장을 찍을 수 있습니다. [지우개] 기능을 통해 전체 혹은 개별로 삭제가 가능합니다.

학습자의 상호작용을 유도할 때 화이트보드 기능을 화면에 공유하고, 본인의 의견은 [텍스트] 기능을 활용하여 적게 합니다. 학습자들이 의견을 모두 기재하고 나면, [스탬프] 기능을 활용하여 가장 좋은 의견에 표시를 해 보라고 안내하여 학습자가 다른 동료 학습자의 글을 읽고 무기명으로 투표할 수 있습니다. 도형이나 텍스트의 경우 원하는 색깔을 선택하여 사용할 수 있습니다.

그림 11-6　줌 화면공유 시 주석 기능

그림 11-7　줌 주석 기능 중 스탬프 기능

⑦ 기록

수업 화면을 기록할 수 있습니다. 화면을 기록할 경우 녹화를 나타내는 아이콘이 화면의 왼쪽 상단에 나타납니다. 수업이 종료되면 화면을 기록한 파일이 자동으로 변환 및 저장되고 종료 후에는 줌이 설치된 폴더에서 해당 기록의 파일을 찾을 수 있습니다. 파일을 저장한 후에 변환할 수도 있습니다.

⑧ 소회의실

그룹을 나누어 소그룹 토의를 진행할 수 있습니다. 교수자가 '소회의실' 기능을 통해 그룹을 만들 수 있습니다. 모임의 생성 개수를 설정하고 자동 혹은 지정하여 구성원을 그룹으로 구성할 수 있습니다. 교수자는 생성한 '소그룹실'별로 자유롭게 이동하며 참관하거나 회의에 참여할 수 있습니다. 학습자들이 서로 협의하고 토론하는 모습을 지켜볼 수 있고 피드백을 줄 수도 있습니다. 일정시간이 지나면 소회의실을 종료하고 다시 전체 학습자들이 모일수 있도록 설정이 가능합니다. 소회의실 녹화의 경우 교수자가 소회의실 회의에 참여할 때만 저장이 되며, 학생들끼리 회의하는 소회의실 활동은 녹화하기 어렵습니다.

그림 11-8 줌 소회의실 활성화 기능

소회의실 기능을 활성화하기 위해서는 줌 홈페이지 계정 설정에서 소회의실 기능 옵션을 활성화해야 합니다. 로그인된 상태에서 홈페이지 화면의 오른쪽 상단에 위치한 [내 계정]을 클릭하고 왼쪽의 [설정]으로 이동하여 [회의 중(고급)] 영역에 있는 [소회의실]을 활성화한 후 저장 버튼을 눌러 줍니다.

그림 11-9 줌 소회의실 만들기 기능

학습자의 경우 소회의실에서 회의하다가 질문이 있는 경우 화면 왼쪽에 [도움 요청]을 눌러 교수자에게 도움 요청 메시지를 전송할 수 있습니다. 교수자는 이 메시지를 확인하고 [소회의실 참가] 버튼을 누르면 해당 소회의실로 이동합니다. 소그룹 활동에서는 5명

이내의 학습자를 배정하면 부담감은 줄이며 상호 간의 토의가 가능합니다. 소그룹의 활동 적정 시간은 인원 수, 발언 시간, 활동 결과 정리 여부에 따라 정하면 좋습니다.

소그룹 활동에서 주의해야 할 사항은 명확한 안내를 해야 한다는 점입니다. 명확한 안내 없이 소그룹으로 흩어지는 경우, 정작 소그룹 룸에서는 무엇을 해야 할지 혼란스러워하고 때에 따라 잡담만 하다가 돌아오는 경우가 발생하게 됩니다. 흩어지기 전에 주제, 조장 선정, 소그룹 활동 방법, 소그룹 활동 산출물 내용을 안내에 포함하면 좋습니다. 조장은 돌아가면서 할 수 있도록 교수자가 사전에 지정하여 정하고 역할을 안내하는 것이 시간 단축과 혼란

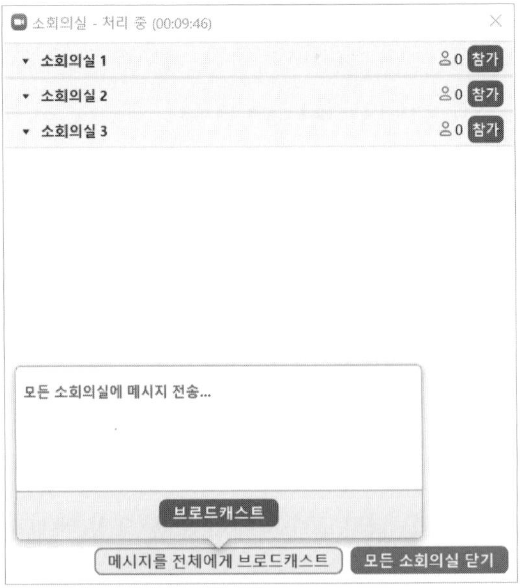

그림 11-10 줌 소회의실 브로드캐스트 기능

을 줄이는 데 용이합니다. 학습자가 소회의실로 나누어지기 전에 주제에 대해 생각해 보고 개인 스스로 정리할 시간을 주는 것이 좋습니다.

소회의실에서 학습자를 나누었던 창 하단에 있는 [메시지를 전체에게 브로드캐스트] 버튼을 누르면 창이 하나 뜨고 전체 학습자에게 알림 메시지를 발송할 수 있습니다. 교수자는 줌 소회의실에 참가하여 팀 활동을 수시로 모니터링할 수 있습니다.

⑨ 반응

수업에 참석하는 사람들이 이모티콘을 통해 반응을 보일 수 있습니다. 교수자가 참여를 유도하거나 집중하고 있는지 확인할 때 적절히 상호작용 버튼을 활용합니다. 아이콘을 클릭하면 학습자 본인의 영상화면 왼쪽에 활성화되었다가 시간이 지나면 사라집니다.

⑩ 종료

수업을 마무리하는 기능입니다. '모두에 대해 회의 종료'는 교수자가 퇴장하면서 클래스가 사라집니다. 반면, '회의 나가기'는 교수자가 퇴장하여도 클래스는 계속 존재하게 됩니다.

⑪ 파일을 변환하여 녹화본 올리기

기록 파일이 저장된 곳에서 변환이 일시 중지된 파일을 더블 클릭해 변환을 재개할 수 있습니다.

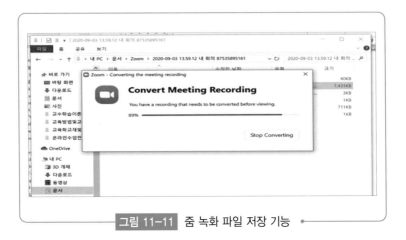

그림 11-11 줌 녹화 파일 저장 기능

⑫ 출석 체크

화상강의 출석 체크와 관련하여 줌 홈페이지(https://zoom.us)로 가서 로그인을 하고 화면 상단 오른쪽에 있는 [내 계정]을 선택한 후 왼쪽에 있는 [보고서] 기능을 클릭합니다.

- 줌 홈페이지→내 계정→관리자→계정 관리→보고서→사용 보고서→활성 호스트→참가자→내보내기

회의 기간으로 회의를 검색하여 출석 확인이 필요한 회의를 선택합니다.

보고서 > 사용 보고서 > 사용

시작: [03/01/2020] 📅 종료: [03/31/2020] 📅   **검색**

최대 보고서 기간: 1 개월

이 보고서에는 끝난 지 30분 이상 지난 회의에 대한 정보가 표시됩니다.

CSV 파일로 내보내기
합계: 37   ‹ [›]

그림 11-12 줌 출석체크를 위한 보고서 기능 •

회의 리스트에서 참가자를 선택하면 세부 참가자 명단이 있는 페이지로 이동합니다.

그림 11-13 줌 회의 데이터로 내보내기 기능 •

회의 참가자 페이지에서 [회의 데이터로 내보내기]를 선택하고 내보내기를 하면 엑셀로 다운받을 수 있습니다.

3) 줌 수업 규칙 안내

줌을 활용한 실시간 화상수업은 교수자나 학습자 모두에게 익숙하지 않기 때문에 기본적인 수강 규칙을 정하여 안내하는 것이 필요합니다. 다음은 민혜리 등(2021)에서 제시한 줌 수업 에티켓을 수정한 내용입니다.

(1) 중요사항

- 저작권 문제가 있는 자료, 타학생 개인정보, 교수자와 학습자 얼굴이 있는 화면캡처나 녹화, 저장, 공유는 금지합니다.
- 수업 로그인 정보를 공유해서는 안 됩니다.
- 닉네임이 아닌 실명으로 입실합니다.
- 독립된 조용한 공간에서 접속합니다.
- 안정적인 PC나 노트북을 통해 접속합니다.
- 마이크 기능이 탑재된 이어폰만 있으면 사용하기 편합니다.
- 와이파이(근거리 무선망) 등 접속 환경을 확인합니다.
- 오픈 SNS 채팅방을 통해서 시스템 에러가 발생될 때 소통할 수 있습니다.
- 카톡방에 수업 안내 공지를 미리 해 둡니다.

(2) 수업 전 준비사항

- 카메라의 위치를 확인하여 얼굴이나 몸의 일부만 나오지 않도록 합니다.
- 수업 중 발표 외에는 음소거를 사용합니다.
- 실내 공간과 개인 복장을 정리합니다.
- 컴퓨터 화면에서 수업 외 화면은 정리하고 닫습니다.

- 수업 시간 5분 전에는 로그인하여 정시에 수업에 참여할 수 있도록 합니다.
- 교재와 개인 필기도구를 준비합니다.
- 비디오 화면 및 오디오 상태를 확인합니다.

(3) 수업 중 준수사항

- 수업과 관련되지 않는 급한 활동을 할 때는 일시적으로 비디오 기능을 중지합니다.
- 개인 간 채팅이나 관련없는 자료의 공유는 허용하지 않습니다.
- 발표를 원할 때 손을 들거나 이모티콘을 활용합니다. 발표를 마칠 때는 '이상입니다. 감사합니다.'라고 발표 종료를 알립니다.
- 쉬는 시간 등 시간을 잘 지켜 주세요.
- 비디오를 항상 on 상태로 합니다.
- 음소거 기능을 적절히 활용해 주세요.
- 적극적으로 호응해 주세요(예: 채팅창을 통한 질의응답, 보디랭귀지 등).
- 중간 중간 스트레칭과 눈 운동을 해 주세요.

(4) 수업 후 질의 방법

- 수업 후 질의응답이 있는 학생은 다른 학생들이 퇴장할 때까지 기다린 후 질문할 수 있습니다.

줌은 PC, 스마트폰, 태블릿 등의 기기 제한이 없고 비디오와 오디오의 품질이 좋으며, 학생들이 로그인 없이 간단히 참여할 수 있어 실시간 온라인 수업에서 가장 많이 활용되고 있습니다. 그러나 인터넷이 불안정하여 학습자뿐 아니라 교수자도 접속이 끊길 때가 있으며, 출석으로 너무 많은 시간을 소비하거나 강의 도중 모르는 사람이 접근하는 등 다양한 문제가 발생할 수 있습니다. 여러 문제에 대한 해결책을 고려하여 강의에 임한다면 보다 효과적인 수업을 진행할 수 있을 것입니다.

3. 비실시간 원격수업에 활용할 수 있는 마이크로소프트오피스 365

1) 마이크로소프트오피스 365 프레젠테이션 녹화

마이크로소프트오피스 365 파워포인트 구독자(윈도용)의 경우 사운드 카드, 마이크 및 스피커가 있고, 필요에 따라 웹캠이 있으면 PowerPoint 프레젠테이션을 녹화하며, 설명과 슬라이드 타이밍 및 잉크 제스처를 캡처할 수 있습니다. 녹화를 만든 후 다른 프레젠테이션처럼 학습자를 위해 슬라이드 쇼에서 재생하거나 비디오 파일로 저장할 수 있습니다.

녹화할 준비를 하려면 [슬라이드 쇼] ⇨ [녹화]를 선택합니다. 녹화 버튼의 위쪽 절반을 클릭하면 현재 슬라이드에서 시작됩니다. 녹화 버튼의 아래쪽 절반을 클릭하면 처음부터 시작하거나 현재 슬라이드에서 시작하도록 선택할 수 있습니다.

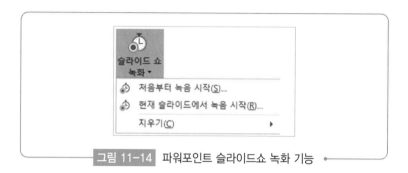

그림 11-14 파워포인트 슬라이드쇼 녹화 기능

　슬라이드 쇼가 녹음/녹화 창에 열리고, 왼쪽 맨 위에 녹화 시작, 일시 중지 및 중지하는 단추가 있습니다. 녹화를 시작할 준비가 되면 둥근 빨간색 단추를 클릭하거나 키보드의 R키를 누릅니다. 3초간 카운트다운이 뒤따르고 녹화가 시작됩니다.

그림 11-15 파워포인트 슬라이드쇼 녹화 버튼

　현재 슬라이드가 녹음/녹화 창의 기본 창에 표시됩니다. 키보드에서 Alt+S키를 눌러 언제든지 녹화를 중지할 수 있습니다. 현재

슬라이드의 양쪽 탐색 화살표를 사용하여 이전 슬라이드나 다음
슬라이드로 이동할 수 있습니다. 마이크로소프트오피스 365 파워
포인트에서는 각 슬라이드에 소요된 시간을 자동으로 녹화하며,
모든 텍스트 또는 개체에 애니메이션 적용 단계와 각 슬라이드에
서의 기능 사용도 녹화합니다. 프레젠테이션할 때의 오디오 또는
비디오 설명을 녹화할 수 있습니다. 창의 오른쪽 아래 모서리에 있
는 단추를 사용하여 마이크, 카메라 및 카메라 미리 보기를 켜거나
끌 수 있습니다.

그림 11-16 파워포인트 슬라이드쇼 오디오 또는 비디오 설명 녹화 기능

펜, 형광펜 또는 지우개를 사용하는 경우 파워포인트에서는 이
러한 동작도 재생하기 위해 녹화합니다.

그림 11-17 파워포인트 슬라이드쇼 펜, 형광펜 녹화 기능

설명(오디오 및 잉크 포함)을 다시 녹화하는 경우 파워포인트에서
는 같은 슬라이드에서 녹화를 다시 시작하기 전에 이전에 녹화된
설명(오디오 및 잉크 포함)을 지웁니다. 슬라이드 쇼에서 슬라이드
쇼 녹화로 이동하여 다시 녹화할 수도 있습니다. 현재 슬라이드 바

로 아래의 도구 배열에서 포인터 도구(예: 펜, 지우개 또는 형광펜)를 선택할 수 있습니다. 잉크 색을 변경하기 위한 색 선택 상자도 있습니다.

　녹화를 종료하려면 사각형 모양의 중지 단추를 선택하거나 키보드의 S키를 누릅니다. 설명 녹화를 마치면 녹화된 슬라이드의 오른쪽 아래 모서리에 작은 그림이 나타납니다. 이 그림은 오디오 아이콘이거나, 녹화 중 웹 카메라가 켜진 경우에는 웹캠의 정지 이미지입니다.

그림 11-18 파워포인트 슬라이드쇼 오디오 아이콘

　녹화된 슬라이드 쇼의 타이밍은 자동으로 저장됩니다. 여러 슬라이드 보기에서 타이밍은 각 슬라이드 아래에 표시됩니다. 이 과정에서 녹화하는 내용이 각 슬라이드에 포함되고 슬라이드 쇼에서 녹화를 재생할 수 있습니다. 이 녹화 과정에서는 비디오 파일이 생성되지 않습니다. 하지만 비디오 파일이 필요한 경우 몇 가지 추가 단계를 통해 프레젠테이션을 비디오로 저장할 수 있습니다.

2) 마이크로소프트오피스 365 녹화된
   슬라이드 쇼 미리 보기

슬라이드 쇼 탭에서 처음부터 또는 현재 슬라이드부터를 클릭합니다. 재생하는 동안 애니메이션, 수동 입력 동작, 오디오 및 비디오가 동기화된 상태로 재생됩니다.

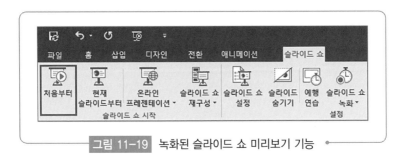

그림 11-19 녹화된 슬라이드 쇼 미리보기 기능

슬라이드에 녹음한 소리를 화면에서 미리 볼 수 있습니다. 녹음/녹화 창에서 왼쪽 위 모서리 근처에 있는 삼각형 재생 버튼을 사용하면 해당 창에서 현재 포커스가 있는 슬라이드의 녹화를 미리 볼 수 있습니다.

그림 11-20 녹음한 소리 미리보기 기능

기본 보기에서 슬라이드 오른쪽 아래 모서리에 있는 소리 아이

콘이나 그림을 클릭한 다음 재생 버튼을 클릭합니다. (이 방법으로
개별 오디오 화면을 미리 볼 때는 녹화된 애니메이션 또는 수동 입력은
보이지 않습니다.)

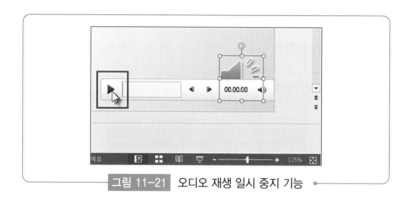

그림 11-21 오디오 재생 일시 중지 기능

오디오 화면을 미리 보는 중에 재생을 일시 중지할 수 있습니다.

3) 마이크로소프트오피스 365 녹화 공유

녹화를 만족스럽게 편집했으면 마이크로 스트림에 게시하여 다
른 사용자가 사용할 수 있도록 만들 수 있습니다. 다음의 과정으로
시도할 수 있습니다.

프레젠테이션을 연 상태로 녹음/녹화 탭에서 스트리밍에 게시를
선택하고 비디오의 제목과 설명을 입력합니다. 다른 사용자에게
비디오를 볼 수 있는 권한을 부여할지 여부를 포함하여 다른 옵션
을 설정합니다. 게시 단추를 선택합니다. 업로드 프로세스는 비디
오의 길이에 따라 몇 분 정도 걸릴 수 있습니다. 파워포인트 창의

가장 아래에 있는 상태 표시줄에 진행률이 추적되고 업로드가 완료되면 파워포인트에 메시지가 표시됩니다. 메시지를 클릭하면 마이크로 스트림의 비디오 재생 페이지로 바로 이동됩니다.

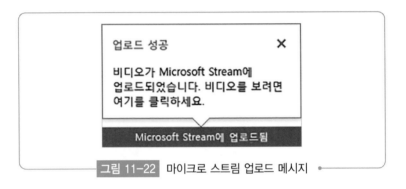

그림 11-22 마이크로 스트림 업로드 메시지

4) 파워포인트에서 자동 캡션 또는 자막과 함께하는 실시간 프레젠테이션

마이크로소프트 365용 파워포인트 프레젠테이션을 할 때 사용자의 단어를 받아쓰기할 수 있으며, 사용자가 말하고 있는 것과 동일한 언어의 자막으로 또는 다른 언어의 자막으로 번역하여 화면에 표시할 수 있습니다. 이렇게 하면 청각장애가 있거나 청력이 약한 청중 또는 다른 언어에 더 익숙한 개인에게 도움이 될 수 있습니다. 다양한 환경 및 잠재 고객의 요구에 맞게 캡션과 자막의 위치, 크기, 색상 및 기타 모양 옵션을 사용할 수 있습니다.

최상의 결과를 얻으려면 실행 중인 장치에 연결된 헤드셋 마이크를 사용하는 것이 좋습니다. 또한 프레젠테이션을 진행하는 동안 안정적인 인터넷 연결이 필요합니다.

캡션과 자막 설정 방법은 프레젠테이션 중에 사용하길 원하는 언어를 선택하고, 캡션/자막 텍스트를 표시할 언어(예: 번역하려는 경우)를 선택할 수 있습니다. 사용하려는 특정 마이크(장치에 마이크가 두 개 이상 연결된 경우), 화면에 자막이 나타나는 위치(아래 또는 위, 슬라이드에서 겹쳐지거나 분리된 위치) 및 기타 디스플레이 옵션을 선택할 수 있습니다. 슬라이드 쇼 리본 탭에서 자막 설정을 선택 또는 컨텍스트 메뉴, 슬라이드 쇼 또는 발표자 보기 메뉴 ⇨ 자막 설정 ⇨ 기타 설정을 통해 프레젠테이션을 종료하지 않고 설정을 조정할 수 있습니다.

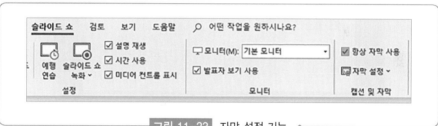

그림 11-23 자막 설정 기능

발표 언어를 사용하여 파워포인트가 인식할 수 있는 음성 언어를 보고 원하는 언어를 선택합니다. 이것은 발표하는 동안 사용자가 말할 언어입니다. 자막 언어를 사용하여 파워포인트가 캡션 또는 자막으로 화면에 표시할 언어를 확인하고 원하는 언어를 선택합니다. 이것은 청중에게 표시될 텍스트의 언어입니다. 기본적으로는 사용자의 발표 언어와 동일한 언어이지만 다른 언어가 될 수도 있습니다. 즉, 번역이 이루어집니다. 자막 설정 메뉴에서 캡션이나 원하는 자막의 위치를 설정합니다. 슬라이드의 위쪽 또는 아래쪽 여백(겹쳐서 표시)에 표시되거나 슬라이드 맨 위 또는 아래에 나타날 수 있습니다(고정 표시). 기본 설정은 슬라이드 아래입니다. 자막 설정 ⇨ 추가 설정을 클릭하면 더 많은 모양을 설정하여 사용할 수 있습니다. 자막의 색상, 크기, 투명도 및 글꼴 스타일을 변경할 수 있습니다. 대비를 높여 텍스트를 읽기 쉽게 배경을 변경할 수 있습니다.

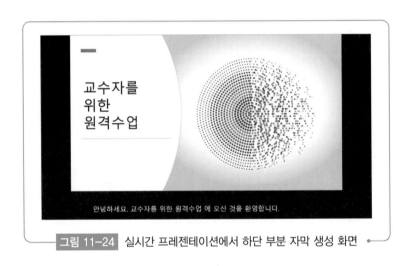

그림 11-24 실시간 프레젠테이션에서 하단 부분 자막 생성 화면

4. 수업평가에 활용할 수 있는 구글 설문지

구글 설문에 내장된 퀴즈 기능을 이용해 실시간 평가 도구로 활용할 수 있습니다. 설문 결과를 정리하여 그래픽으로 실시간 보여 줄 뿐만 아니라 스프레드시트로 자동 정리해 줍니다.

1) 구글 설문 문항 유형 선택하기

구글 홈페이지(https://www.google.com)에서 로그인합니다. 로그인한 후 구글 설문(forms.google.com)으로 이동합니다.

그림 11-25　구글 설문 페이지

구글 설문 메인화면에서 [새 양식 시작하기] ⇨ [내용 없음]을 클릭합니다. 화면 상단에 [설정] 아이콘을 클릭하면 [퀴즈]로 설문을 변경할 수 있는 창이 나옵니다. 성적 공개 여부를 결정할 수 있고 응답자가 볼 수 있는 항목을 지정할 수 있습니다.

그림 11-26 구글 설문 설정 기능

구글 설문에는 총 11개의 문항 유형을 제공합니다. '단답형' '장 문형' '객관식 질문' '체크박스' '드롭다운' '파일 업로드' '선형 배율' '객관식 그리드' '체크박스 그리드' '날짜' '시간'이 있습니다.

그림 11-27 구글 설문 객관식 질문 기능

(1) 단답형

'단답형'은 주관식 문항이나 이름 등과 같은 정보를 입력받을 때 사용합니다.

상단의 [제목 없는 설문지] 문항에 진행할 퀴즈 혹은 테스트 이름을 기재합니다. 여기서는 '교수자를 위한 원격수업 형성평가'로 기재하였습니다.

[단답형]으로 문항을 변경하고 왼쪽에 질문을 기재합니다. 여기서는 '이번 시간에 배운 실시간 수업을 활용할 때 사용하는 도구는 무엇입니까?'로 기재하였습니다.

오른쪽 하단에 있는 해당 퀴즈를 필수 문항으로 진행하고 싶으면 오른쪽으로 버튼을 눌러 필수로 선택합니다. 옆에 더 보기 아이콘을 클릭하면 [설명] ⇨ [응답 확인]을 선택할 수 있습니다.

[설명]에는 질문에서 유의해야 할 사항이 있으면 추가로 기재합니다. [응답 확인]에는 정답 및 유사 답안(영문 작성, 맞춤법 오류 등)

그림 11-28 구글 설문 설정 기능

을 기재하여 학습자가 작성한 답과 정답이 일치할 수 있는 정보를 기재합니다. 정답 유형에 따라 응답은 '숫자' '텍스트' '길이' '정규 표현식'으로 구분하여 넣을 수 있도록 하였습니다.

화면 상단을 보면 미리보기 기능이 눈 모양의 아이콘으로 되어 있습니다. 아이콘을 클릭하면 새로운 창이 나타나면서 설문지를 미리 구성해 보여 줍니다.

(2) 장문형

문항의 오른쪽에 위치한 메뉴 기능 아이콘 중 [질문 추가]를 클릭합니다. '장문형'은 하나의 단락으로 구성된 긴 답변을 얻고자 할 때 사용할 수 있습니다. '단답형'과 비교해 보면 '단답형'은 단락을 나누기 위한 엔터키 입력이 안 됩니다. 반면, '장문형'은 입력할 때 엔터키 입력이 되기 때문에 문단으로도 답변이 가능합니다.

[응답 확인]을 클릭하면 '길이'로 정답을 규정하는 방법과 '정규식

그림 11-29 구글 설문 장문형 질문 설정 기능

표현법'으로 정답에 꼭 들어가야 하는 단어나 문장을 포함하는 방식으로 응답을 작성할 수 있습니다.

(3) 객관식 질문

'객관식 질문'은 응답하는 사람이 여러 옵션 중에서 하나의 옵션만 선택할 수 있습니다. 퀴즈에서 흔히 쓰는 4지 선다형, 5지 선다형으로 하나의 정답을 다룰 때 활용합니다.

더 보기 아이콘을 클릭하면 [답변을 기준으로 세션 이동하기] ⇨ [옵션 순서 무작위로 섞기]를 선택할 수 있습니다. [답변을 기준으로 세션 이동하기]의 경우에는 학습자의 응답에 따라 다른 질문 유형으로 이동하여 학습자별로 질문을 다르게 제시할 수 있습니다. [옵션 순서 무작위로 섞기]의 경우에는 연대별 순서 등 순서로 제시되었을 때 정답을 유추할 수 있는 경우에 활용하면 좋습니다.

그림 11-30 구글 설문 객관식 질문 설정 기능

(4) 체크박스

'체크박스'는 여러 문항을 선택할 수 있습니다. 복수 응답이 필요할 때 사용합니다.

'체크박스'에서의 규칙은 응답의 개수를 설정하는 것입니다. 최소한으로 선택하는 개수나 최대한으로 선택하는 개수를 설정할 수 있습니다. '최소 선택 개수' '최대 선택 개수' '정확한 선택 개수'의 3가지 중에서 설정할 수 있습니다.

그림 11-31 구글 설문 체크박스 질문 설정 기능

(5) 드롭다운

'드롭다운'은 학습자가 목록을 클릭했을 때만 문항이 나타납니다. 객관식 질문처럼 여러 문항 중 하나만 선택이 가능합니다. 드롭다운은 제시된 문항에서만 선택할 수 있습니다.

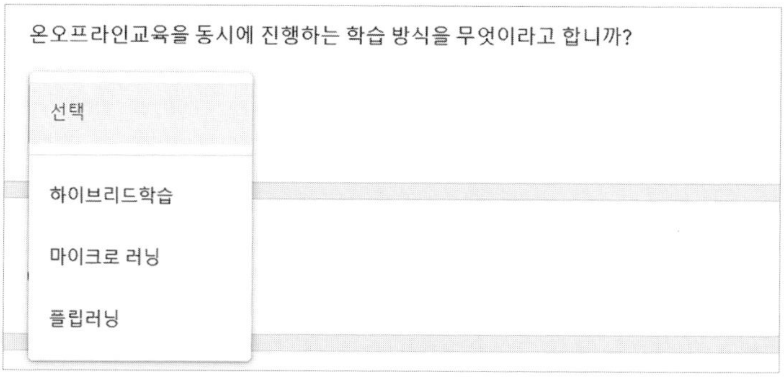

온오프라인교육을 동시에 진행하는 학습 방식을 무엇이라고 합니까?

선택

하이브리드학습

마이크로 러닝

플립러닝

그림 11-32 구글 설문 드롭다운 질문 설정 기능

(6) 파일 업로드

'파일 업로드' 기능을 통해 다양한 이미지나 동영상 자료 등을 제출받을 수 있습니다. 이렇게 제출받은 파일은 설문지를 소유한 사람의 구글 드라이브에 자동으로 저장됩니다.

파일 업로드 유형에는 [특정 파일 형식만 허용] 옵션이 있습니다. 이 옵션을 체크하면 [그림 11-33]과 같이 특정 유형의 파일만

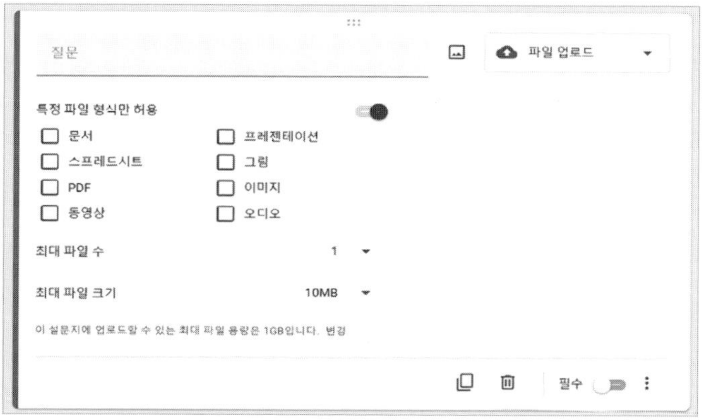

질문

특정 파일 형식만 허용

☐ 문서   ☐ 프레젠테이션
☐ 스프레드시트   ☐ 그림
☐ PDF   ☐ 이미지
☐ 동영상   ☐ 오디오

최대 파일 수   1

최대 파일 크기   10MB

이 설문지에 업로드할 수 있는 최대 파일 용량은 1GB입니다. 변경

필수

그림 11-33 구글 설문 파일 업로드 질문 설정 기능

업로드할 수 있습니다. 수학 문제의 풀이과정을 사진으로 제출할 경우 '이미지'로 제출하도록 하면 풀이과정을 볼 수 있어 편리합니다.

(7) 선형 배율

'선형 배율'은 일반적으로 설문조사에서 많이 사용하는 유형입니다. 척도는 0부터 10 사이의 정수입니다. 척도의 양 끝에는 라벨(매우 그렇다, 매우 그렇지 않다)을 설정할 수 있습니다.

그림 11-34 구글 설문 선형배율 설정 기능

(8) 객관식 그리드

행마다 문항을 구성하여 답변을 받을 수 있는 유형입니다. 행에는 질문이 들어가고 열에는 척도를 넣습니다.

'객관식 그리드' 문항의 수가 많아지면 누락된 응답이 생길 수 있습니다. 이럴 때는 더 보기 버튼에 있는 [각 행에 응답 필요]를 체크하여 누락되는 응답이 없게 합니다.

본인이 선호하는 학습 스타일의 매체를 1-5점으로 표기하세요. *

	1	2	3	4	5
오디오	○	○	○	○	○
비디오	○	○	○	○	○
인쇄물	○	○	○	○	○
멀티미디어	○	○	○	○	○

그림 11-35 구글 설문 객관식 그리드 설정 기능

(9) 체크박스 그리드

'체크박스 그리드'는 '객관식 그리드'와 기본 기능 및 구성 방식이 동일하며 체크박스에 체크하는 형태로 나타납니다.

원격수업 관련 역량 중 본인의 역량 수준을 평가하여 주세요

	부족함	평균 이하	보통	평균 이상	탁월함
요구분석 역량	☐	☐	☐	☐	☐
교수학습 설계 ...	☐	☐	☐	☐	☐
교육 운영 역량	☐	☐	☐	☐	☐
교육 평가 역량	☐	☐	☐	☐	☐
교육 테크놀로...	☐	☐	☐	☐	☐

그림 11-36 구글 설문 체크박스 그리드 설정 기능

(10) 날짜

달력에서 날짜를 지정하여 퀴즈를 볼 수 있는 연도, 월, 일, 시간을 정할 수 있습니다.

(11) 시간

시간에는 시간이나 기간을 입력할 수 있습니다.

2) 구글 설문에서 이미지와 동영상 추가하기

구글 설문에서 기본 양식을 만들 때 최대 300개의 콘텐츠를 추가하고 수정할 수 있습니다. 컴퓨터에 저장된 이미지뿐만 아니라 구글 검색 이미지나 유튜브 동영상도 쉽게 추가할 수 있습니다.

(1) 이미지를 활용한 퀴즈 예시

질문에 이미지를 삽입하여 시각 효과와 이해를 도울 수 있도록 구성할 수 있습니다. 텍스트로 표현하기 어려운 수식을 이미지로 제시할 수 있습니다.

그림 11-37 구글 설문 이미지를 활용한 퀴즈 예시

(2) 동영상을 보고 의견 작성하기 예시

그림 11-38 구글 설문 동영상을 보고 의견 작성하기 예시

5. 알고 있으면 유용한 운영 도구

1) 아이캔노트

아이캔노트(http://icannote.com)는 PDF, JPG, HWP, PPT 파일을 불러와서 판서와 함께 녹화할 수 있는 프로그램입니다. 필기 시 형광펜, 스티커, 그래프, 도형 등을 사용할 수 있습니다. 아이캔스크린의 경우 컴퓨터 화면에 바로 판서할 수 있는 프로그램으로 간단한 문서를 실행하여 판서할 때 사용하고 판서하는 장면을 모두 녹화할 수 있습니다. 아이캔노트, 아이캔스크린 모두 사용자의 구분없이 무상으로 사용할 수 있는 소프트웨어입니다.

그림 11-39 판서하는 장면을 녹화할 수 있는 아이캔노트

출처: http://icannote.com/help/intro.html.

2) OBS 스튜디오

OBS 스튜디오(https://obsproject.com)는 비디오 녹화 및 라이브 스트리밍을 위한 무료 소프트웨어입니다. 직관적인 오디오 믹서를 제공하고 음원 혹은 영상 자료를 손쉽게 추가 · 복제할 수 있습니다. 영상 자료를 가공할 때 색상 보정, 크로마키 등 여러 필터 도구를 제공한다는 것이 장점입니다.

그림 11-40 OBS 스튜디오 실행 화면

출처: https://obsproject.com.

3) 클로바더빙

클로바더빙(https://clovadubbing.naver.com)은 음성합성 기술로 사용자가 입력한 텍스트를 목소리로 생성하는 소프트웨어입니다. 다양한 목소리의 형태를 제공하며 자연어에 가까워 콘텐츠 제작 시 교수자의 목소리를 사용하지 않아도 됩니다. 동영상을 추가하거나 PDF 파일을 추가하여 음성을 더빙하는 형태로 진행됩니다. 동영상 파일은 FHD 이하 해상도의 MP4 및 MOV 형식만 지원하며 최대 20분, 500MB까지만 업로드할 수 있습니다.

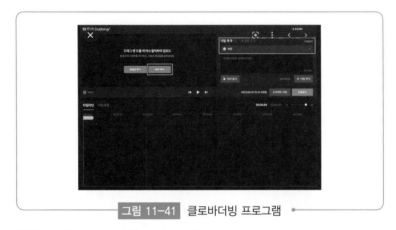

그림 11-41 클로바더빙 프로그램

출처: https://blog.naver.com/clova_ai/222136860177.

4) 패들렛

패들렛(https://ko.padlet.com)은 학습자들이 실시간 협업으로 공동 작업을 할 수 있는 공간을 제공합니다. 협업 공간의 다양한 템플릿을 제공하고(기본, 캔버스, 스트림, 격자, 선반 등), 참여자는 회원가입 없이 링크나 QR 코드로 접속할 수 있으며, 전체 결과는 PDF, 이미지 등 다양한 형태로 추출할 수 있습니다. 무료 버전의 경우 3개의 패들렛까지 사용이 가능합니다.

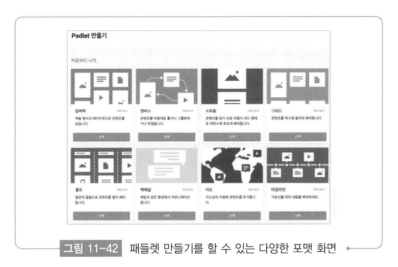

출처: https://ko.padlet.com.

그림 11-42　패들렛 만들기를 할 수 있는 다양한 포맷 화면

5) 멘티미터

스웨덴에서 만들어진 멘티미터(https://www.mentimeter.com)는 학습자가 별도의 설치 없이 교수자가 제공한 URL과 QR코드로 입장할 수 있습니다. 교수자는 실시간으로 학습자의 응답 현황을 확인할 수 있으며 응답 결과를 PDF로 추출·보관이 가능합니다. 또한 다양한 형태의 시각화 포맷을 제공합니다. 무료 버전의 경우 한 프레젠테이션에 3개의 질문을 넣을 수 있으며 이는 학습자의 이해도를 평가할 때 유용하게 사용할 수 있습니다. 여러 사람이 동시에 답을 한 경우, 클라우드(Cloud) 결과에서 글씨가 중앙에 크게 나타납니다. 이 앱을 사용하면 사용자가 수업, 회의, 그룹 활동에서 프레젠테이션, 설문조사, 브레인스토밍 세션을 통해 모바일을 활용하여 실시간 피드백을 공유할 수 있습니다.

그림 11-43 멘티미터를 클라우드 형태로 구현한 화면

출처: https://www.mentimeter.com.

6) 잼보드

잼보드(https://edu.google.com/intl/ALL_kr/products/jamboard)는 모바일 앱 또는 55인치 클라우드 기반 화이트보드를 활용해 학습 자들의 학습과 공동작업, 참여를 촉진할 수 있습니다. 학습자는 구글 클라우드(Google Cloud) 기반 잼보드 앱으로 태블릿에서 다양한 편집 도구를 활용하여 다른 학습자나 교수자와 공동으로 작업할 수 있습니다. 웹 브라우저에서도 접속이 가능합니다. 잼보드는 스마트 디스플레이의 일종입니다. 구글 검색에서 빠르게 이미지를 가져오고 클라우드에 작업을 자동으로 저장하며 읽기 쉬운 필기 입력 및 형상 인식 도구를 사용하고 스타일러스로 그리지만 화이트보드처럼 손가락으로 지울 수 있습니다. 원격수업에서도 공동 작업 세션의 모든 공동작업자가 학습 내용을 보고 활용할 수 있습니다.

7) 카훗

카훗(https://kahoot.com)은 노르웨이 기업이 만든 온라인 교육 플랫폼입니다. 학교 등의 수업 후에 과제물로서 카훗을 활용한 퀴즈, 문제 등을 제공하기도 하고, 실시간 다중접속이 가능해 퀴즈를 통한 다양한 레크리에이션 활동에 활용하기도 합니다. 재미있고 흥미로운 게임 기반의 학습을 진행할 수 있도록 만들었으며 다양한 질문 유형의 퀴즈를 제공합니다. 신나는 음악과 화면으로 학습자에게 즐거운 수업 경험을 제공할 수 있습니다. 학습자는 특정 링크에 접속해 핀 번호만으로 카훗에 간편하게 접속 · 사용할 수 있다는 장점이 있습니다. 문제 출제는 직접 해도 되고, 기존의 사용자들이 출제했던 내용을 문제은행식으로 가지고 와서 사용해도 됩니다. 무료 사용자의 경우 4지 선다형, OX퀴즈를 제작할 수 있습니다.

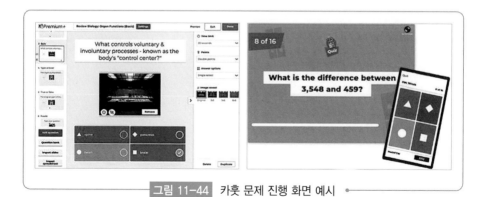

그림 11-44 카훗 문제 진행 화면 예시

출처: https://kahoot.com.

8) 애드퍼즐

애드퍼즐(EDpuzzle, https://edpuzzle.com)은 짧은 온라인 동영상에 교사의 질문이나 설명을 삽입할 수 있게 해 주며, 생성된 동영상 교육자료를 애드퍼즐에 개설한 학급에 넣어 두면, 학급에 등록한 학생들이 다양한 기기를 통해 질문에 응답하거나 설명을 들으며 동영상 자료를 시청할 수 있도록 하는 사이트입니다. 기존의 동영상이 단순히 보고 듣는 수동적인 시청에 머무는 반면, 애드퍼즐로 생성한 동영상 자료는 다양한 방식의 돌발 퀴즈, 교사의 음성이나 텍스트 설명 등을 내장하고 있어서 학생들이 동영상 자료를 더 쉽게 이해하고 더 몰입하여 학습할 수 있게 해 줍니다.

그림 11-45 애드퍼즐 화면의 예시

출처: https://edpuzzle.com.

9) 화이트보드 챗

　화이트보드 챗(Whiteboard Chat, https://www.whiteboard.chat)은 교사, 학생, 원격 동료, 부모 및 어린이의 협업 학습을 위한 가상 화이트보드입니다. 무료로 사용할 수 있으며, 최대 100명까지 보드에 동시에 연결하고 보드를 PDF로 내보낼 수 있습니다. 또한 동시에 여러 사용자 보드를 쉽게 관찰하고 가르칠 수 있습니다. 별도의 가입 없이 공동 작업을 위해 보드 링크를 공유할 수 있습니다. 게시판을 저장하려면 무료 계정으로 로그인해야 합니다. 화이트보드 챗은 빈 캔버스로 구성되어 있어 애플리케이션에 따라 이미지, 하이퍼링크를 추가하고, 그림을 그리거나 주석을 달고 비디오를 업로드하고 일부는 음성 녹음을 할 수도 있습니다.

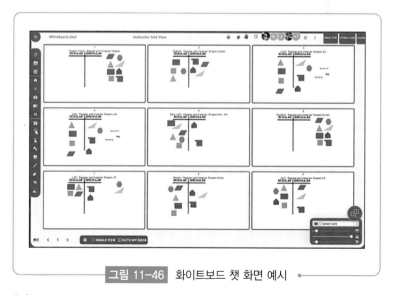

그림 11-46　화이트보드 챗 화면 예시

출처: https://www.whiteboard.chat/.

10) 온더라이브

온더라이브(https://www.onthe.live)는 오직 교육을 위해서 만들어진 플랫폼입니다. 따라서 교육에 필요한 다양한 교육자료들을 복합적으로 접목하여 사용할 수 있을 뿐 아니라 수업계획에 따른 진행 방식, 학생들의 참여 유도 등에 최적화되어 있습니다. 실시간 투표를 통해 학생들의 의견을 수렴할 수 있는데, 이러한 기능을 활용하면, OX퀴즈, 4지 및 5지 선다형, 단답형, 주관식 등의 문항 제시에 적극 이용할 수 있습니다. 학생들이 응답하는 즉시 그래프를

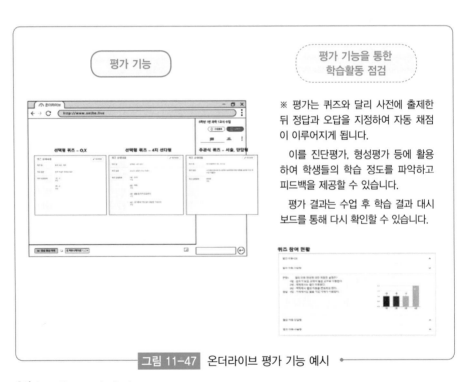

평가 기능

평가 기능을 통한 학습활동 점검

※ 평가는 퀴즈와 달리 사전에 출제한 뒤 정답과 오답을 지정하여 자동 채점이 이루어지게 됩니다.

이를 진단평가, 형성평가 등에 활용하여 학생들의 학습 정도를 파악하고 피드백을 제공할 수 있습니다.

평가 결과는 수업 후 학습 결과 대시보드를 통해 다시 확인할 수 있습니다.

그림 11-47 온더라이브 평가 기능 예시

출처: https://www.onthe.live/.

통해 확인할 수 있으며 바로 수업에 활용도 가능합니다. 진행된 수업에 대한 다양한 정보인 발표 횟수, 질문 횟수, 퀴즈 및 평가 결과, 종합 데이터 등을 대시보드 형태로 시각화하여 수업을 진행하는 교사가 다음 수업에 개선·보완될 점을 한눈에 확인할 수 있다는 장점이 있습니다.

6. 알고 있으면 유용한 학습자료 도구

- Prezi(https://prezi.com): 파워포인트(PowerPoint)보다 역동적인 프레젠테이션 자료를 작성할 수 있습니다.
- Sway(https://sway.com): 상호작용적인 보고서나 프레젠테이션 작성을 할 수 있습니다.
- Screen-casto-matic(http://screencast-o-matic.com): 프레젠테이션 작성 시 동영상 편집과 녹화에 활용할 수 있습니다.
- Knovio(the free version, http://knovio.com): 온라인 비디오 플랫폼으로 슬라이드를 업로드하고, 여기에 추가로 영상과 녹음을 진행해서 합칠 수 있습니다.
- PowToon(http://wpowtoon.com): 프레젠테이션을 작성하고 질 높은 애니메이션을 사용할 수 있습니다.
- Quizlet(https://quizlet.com): 퀴즈, 게임 등을 작성할 수 있습니다.
- VoiceThread(video discussions, https://voicethread.com): 비디오

영상을 활용한 토론을 지원합니다.

- ThingLink(interactive learning images, https://thinglink.com): 시각자료인 그림, 사진, 지도와 그 외 이미지 형태에 동영상, 텍스트 등을 링크로 연결하여 교육자료로 만들 수 있습니다.

- Popplet(mind mapping, https://www.popplet.com): 마인드맵을 작성할 수 있습니다.

학습활동

1. 실시간 원격수업, 비실시간 원격수업, 수업평가가 가능한 도구(Tool)를 한 가지 정해서 15분 이내의 학습활동을 설계하여 과정을 운영해 보고, 이를 통하여 교수자와 학습자 간의 상호작용을 높일 수 있는 팁을 정리하여 공유해 봅시다.

⏳ 진행 방식

(1) 학습활동의 목적

- 실시간 원격수업, 비실시간 원격수업, 수업 평가에서 활용할 수 있는 운영 도구로 실습하여 15분 이내의 수업을 개발해 볼 수 있다.
- 수업도구를 직접 활용해 보고, 경험 속에서 얻은 교수자와 학습자의 상호작용을 높일 수 있는 팁을 정리할 수 있다.

(2) 학습활동 방식

- 4~5명을 한 팀으로 구성한다.
- 실시간 수업, 비실시간 수업, 수업평가에 사용할 수 있는 도구를 1개 정해서 사용 방법을 습득한다.
- 15분 이내의 학습활동을 설계하여 과정을 실제 운영해 본다.
- 경험해 본 학습지원 도구를 활용하여 교수자와 학습자 간의 상호작용을 높일 수 있는 팁을 정리하여 공유한다. (동기부여, 참여, 소통, 피드백, 협력 등)

(3) 학습활동 지침

- 도구를 사용하는 방법에 초점 맞추기보다는 교수 · 학습 장면에서 어떻게 하면 상호작용을 촉진하는지 학습에 몰입할 수 있도록 돕는 유용한 기능이나 활동이 무엇인지에 집중한다.
- 각 도구에 학습자가 학습에 참여하고 자신의 의견을 발표하고 의견을 교환하고 함께 지식을 구성하는 경험을 포함하고 있는지를 살펴본다.

참고문헌

민혜리, 서윤경, 윤희정, 이상훈, 김경이(2021). 온라인 수업 · 강의 A2Z.
　　서울: 학이시습.

구글 클래스룸. https://edu.google.com/intl/ALL_kr/products/
　　classroom.
구루미. https://gooroomee.com.
네이버밴드. https://band.us/ko.
마이크로 오피스 365(녹화, 자막). https://www.microsoft.com/
　　ko-KR/education/buy-license/microsoft365/default.
　　aspx?culture=ko-kr&country=KR.
멘티미터. https://www.mentimeter.com.
아이캔노트. http://icannote.com.
애드퍼즐. https://edpuzzle.com/.
온더라이브. https://www.onthe.live/.
웹엑스. https://www.webex.com/ko/index.html.
유튜브. https://www.youtube.com.
잼보드. https://edu.google.com/intl/ALL_kr/products/jamboard.
줌. https://zoom.us/ko-ko/meetings.html.
카카오라이브. https://tv.kakao.com/live.
카훗. https://kahoot.com.
클로바더빙. https://clovadubbing.naver.com.
클로바더빙 블로그. https://blog.naver.com/clova_ai/222136860177.
패들렛. https://ko.padlet.com.

화이트보드 챗. https://www.whiteboard.chat.

MS 팀즈. https://www.microsoft.com/ko-kr/microsoft-teams/group-chat-software.

OBS 스튜디오. https://obsproject.com.

Knovio. http://knovio.com.

Popplet. https://www.popplet.com.

PowToon. http://powtoon.com.

Prezi. https://prezi.com.

Quizlet. https://quizlet.com.

Screen-casto-matic. http://screencast-o-matic.com.

Sway. https://sway.com.

ThingLink. https://thinglink.com.

VoiceThread. https://voicethread.com.

제12장

원격수업의 상호작용 전략

1. 원격수업의 상호작용 유형
2. 피드백을 활용한 상호작용 전략
3. 실재감을 활용한 상호작용 전략

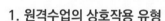

학습목표 ● ● ● ●

1. 학습자와 콘텐츠, 학습자와 교수자, 학습자 간의 상호작용 유형별 특징을 설명할 수 있다.
2. 학습자의 원격수업 과정과 결과에 대해 효과적이고 효율적인 피드백을 제공하여 학습자와 상호작용할 수 있다.
3. 실재감을 활용하여 원격수업에서 학습자와 상호작용할 수 있다.

주요 용어

- **상호작용(interaction):** 사람이 주어진 환경에서 다른 사람이나 사물과 서로 관계를 맺는 모든 과정과 방식이다. 면대면 교육환경에서 교수자와 학습자, 학습자 간의 상호작용은 학습의 과정과 결과에 다양한 영향을 미친다. 원격수업에서는 이 두 가지 외에도 학습자와 콘텐츠의 상호작용을 촉진하기 위한 교수설계가 필요하다.

- **피드백(feedback):** 학생의 학습에 대하여 교사와 학생이 함께 교류하고 상호작용하는 의사소통 행위로서 학습을 촉진하는 기능을 넘어 학생의 전반적인 성장을 유도하는 활동이라고 할 수 있다.

- **실재감(presence):** 매체에 의해 중재되지 않았다고 여기는 지각적 환상이다. 원격수업에서는 교수자와 학습자, 학습자 간에 서로 고립감을 느끼게 된다. 지리적으로 흩어져 있지만 집단의 구성원들이 테크놀로지를 이용하면서 갖게 되는 공유된 실재감인 원격 실재감이나 사람들이 멀게 느껴지지 않고 따뜻하고 친밀하며, 가까이 있는 진짜 사람으로 인식되는 사회적 실재감은 원격수업에 참여한 학습자에게 긍정적인 영향을 줄 수 있다.

원격수업은 교수자와 학습자가 서로 멀리서 매체를 매개로 이루어지기 때문에 소통이 어려운 경우 학습자의 자기주도적 학습능력이 떨어지고, 학습환경이 적절하지 않은 경우 학습 효과가 낮아집니다. 이러한 이유 때문에 면대면 수업보다 원격수업에서 학습자 간의 학습격차가 더욱 벌어지게 됩니다. 이를 방지하기 위하여 교수자는 학습자들이 더욱 적극적으로 학습에 참여하도록 다양한 상호작용 전략을 준비해야 합니다.

1. 원격수업의 상호작용 유형

매체를 매개로 하는 원격교육은 초기 선형적이고 단순한 인쇄매체에서부터 점차 다양한 멀티미디어와 풍부한 상호작용의 요소로 보강한 콘텐츠를 활용하는 지금의 원격수업 형태로 발전해 왔습니다. 그럼에도 불구하고 원격수업은 여전히 면대면 수업보다 제한적인 상호작용을 제공한다는 비판을 받고 있습니다. 원격수업에서 상호작용은 학습자와 콘텐츠 간의 상호작용, 학습자와 교수자와의 상호작용, 학습자와 학습자 간 상호작용의 세 가지 유형으로 구분할 수 있습니다. 이 유형의 상호작용을 통해 학습자들이 더욱 적극적으로 원격수업에 참여할 수 있도록 유도할 수 있습니다.

1) 학습자와 콘텐츠의 상호작용

원격수업의 콘텐츠를 개발할 때 학습자가 교수자의 도움 없이 자기주도적으로 학습해야 하기 때문에 콘텐츠와 원활한 상호작용이 발생하도록 설계해야 합니다. 조미헌, 김민경, 김미량, 이옥화와 허희옥(2020)은 학습자와 콘텐츠의 상호작용 범주를 다음의 6가지로 나누어 제시하였습니다.

- 학습자의 다양한 필요를 고려한 상호작용: 학습자의 개인차와 학습 필요를 고려하여 선택의 폭을 넓혀 주며, 언제 어디서든 어느 지점에나 즉각 접속이 가능하도록 합니다.
- 효과적인 학습자 통제를 통한 상호작용: 중요한 결정의 권한을 학습자에게 부여하되, 사전진단을 통해 적절한 정도의 통제를 제공합니다. 부적합한 방향으로 학습이 진행될 때 적절한 안내와 코칭을 통해 학습자가 점검할 수 있는 기회를 제공합니다.
- 역동성 증진을 통한 상호작용: 콘텐츠와 학습자 간의 즉각적인 대화가 가능하도록 하며, 학습자가 원할 때 불필요한 정보를 차단하고 중지할 수 있는 기제를 제공합니다.
- 원활한 의사소통을 통한 상호작용: 학습자의 반응과 참여를 유도하는 질문을 제공하고 학습자가 질문할 수 있는 기회를 제공합니다. 학습자가 다양한 예와 충분한 연습의 기회를 경험하도록 유도하며, 적절하고 즉각적인 교정적·개별적 피드백을

제공합니다.

- 효과적인 내용 전달을 통한 상호작용: 사용자 인터페이스를 일관성 있게 설계하여 효율적으로 학습할 수 있도록 하며, 기능적으로 단순하게 설계하고 숙달의 기회를 제공합니다.
- 유용성을 높이는 상호작용: 테크놀로지 활용법을 적은 노력으로 쉽게 익히도록 제공합니다. 여러 실수나 결정을 교정할 수 있도록 환경을 제공하고, 학습자의 좌절이나 불안을 최소화하면서 지속적인 동기 유발과 유지를 돕도록 사용자에게 친근한 환경을 제공합니다.

한편, 콘텐츠를 설계할 때 학습자와 상호작용을 높일 수 있는 구체적인 세부 전략은 다음과 같습니다(조미헌 외, 2020).

- 콘텐츠 첫 화면의 방향 제시 전략: 콘텐츠를 통해 무엇을 학습할 수 있는지 통찰적으로 파악할 수 있도록 제시해야 합니다. 학습자가 자신이 가지고 있는 사전지식이나 경험을 회상할 수 있도록 도울 수 있어야 합니다.
- 메타포 활용 전략: 실생활에서 사람들이 생각하고 행동하고 있는 것을 인터페이스를 통해 은유할 수 있도록 하는 전략으로 효율성과 직관성을 사용하도록 도울 수 있습니다.
- 내비게이션 전략: 현재 위치가 어디이고, 가는 곳이 어디인지를 명확하게 파악할 수 있고, 어디에서 어떻게 이 지점까지 왔는지 확인할 수 있도록 안내하며, 학습자의 의지대로 접근할 수

있도록 설계합니다.

- **학습자 통제 전략**: 학습자가 자신의 학습에 대한 의사결정과 행동을 취할 수 있도록 돕는 전략입니다. 콘텐츠를 자신이 직접 조작하여 통제권을 행사하고 있다는 느낌을 가지도록 하여 학습자의 인지부담을 줄여 줄 수 있습니다. 학습 순서나 진도를 제어하고 난이도나 학습전략을 선택하도록 합니다. 학습자가 자신의 학습통제 결과에 대한 피드백을 받을 때 효과가 더욱 커지므로 적절한 피드백(반응적·교수적·동기적)을 제공하고, 버튼과 아이콘의 색 변화나 특수 효과 등의 간단한 피드백도 활용할 수 있습니다.

- **일관성 전략**: 콘텐츠에서 메뉴, 색상, 레이아웃, 폰트, 실행 순서, 도움말 등은 일관성을 원칙으로 적용해야 합니다. 이는 학습자의 인지적 부담을 줄여 주기 때문입니다. 화면상 주요 요소는 같은 위치에 있어야 하고 메뉴나 버튼은 일관된 형태와 크기를 유지하며 하나의 콘텐츠는 동일한 콘텐츠로서의 느낌을 유지해야 합니다.

- **사용성 전략**: 직관성과 단순함을 기초로 하여 학습자의 접근 노력을 최소화해야 합니다. 사용자 선택에 있어 융통성을 제공해야 하고 실수를 허용하여 교정할 방법을 제공해야 합니다.

- **기능성 전략**: 설계한 콘텐츠의 모든 내용이 제 기능을 발휘하고 있는지 구체적으로 확인해야 합니다. 오류가 없는지 불필요한 내용은 없는지 학습자에게 혼돈을 주는 부분은 없는지 등을 점검합니다.

2) 학습자와 교수자의 상호작용

원격수업에서 학습자와 교수자는 전통적인 면대면 교실환경과는 다른 형태의 상호작용을 하게 됩니다. 일반적으로 원격수업은 전통적인 수업에 비하여 교수자와 학습자 간 상호작용이 불가능하거나 비효과적이라고 비판받아 왔습니다. 그러나 원격수업은 매체를 매개로 하기 때문에 어떠한 매체를 어떻게 활용하는가에 따라 다양한 방식으로 상호작용을 시도할 수 있습니다.

베이커(Baker, 1995)는 교수자의 비언어적 행위가 원격학습자들의 참여에 영향을 준다고 하였습니다. 교수자가 카메라와 눈 맞춤을 시도하는 것, 적극적으로 몸짓하는 것, 학생들이 교수자의 표정을 볼 수 있도록 카메라 각도와 샷을 조절하는 것도 학습자들에게 영향을 주며, 유머나 긍정적인 격려와 개인적 모범 사례 제시 같은 언어적 행위도 중요하다고 하였습니다. 그는 학생들의 참여를 위해 다양한 질문 기법이나 필기시험, 형성평가를 활용하는 것도 권하였습니다.

원격수업에서 교수자가 학습자의 동기를 촉진하고 지속적인 학습을 독려하기 위해 다양한 상호작용 전략을 활용할 수 있습니다. 아이버슨(Iverson, 2005), 임정훈, 김미화, 신진주(2021)가 제시한 원격수업 상호작용 전략은 다음과 같습니다.

- 질문에 즉각적인 답변 제공: 학습자가 전화, 문자, 이메일, 게시판을 활용하여 질문한 내용은 가능한 빠른 시간 안에 답변을

제공합니다. 줌 수업 종료 시 질문 있는 학생을 남게 하여 개인 질문 시간을 제공하는 것도 좋은 방법입니다. 학생 전체에게 공유할 필요가 있는 좋은 질문은 본인에게 허락을 구한 후 전체 학생에게 공지합니다. 잦은 질문은 FAQ를 만들어 제공합니다.

- 공지는 구체적이고 명확하게 제공: 공지사항은 가능한 구체적일수록 좋으며, 기한 등 중요한 정보는 밑줄이나 색으로 강조합니다. 게시판 '공지사항'을 활용할 때는 푸시 기능이 없으므로 이를 확인하도록 메시지를 제공하는 것이 좋습니다. 불가피한 변동사항이 있을 수 있는 원격수업의 특성 때문에 카카오톡방과 같은 SNS를 적극 활용합니다.

- 기술적인 오류에 대한 즉각적인 도움: 원격수업 중의 기술적인 문제해결을 위해 수업 전에 기기 작동 등을 확인하도록 안내하고, 문제에 대한 해결방안을 제공합니다. 기술적인 도움을 줄 수 있는 학교 담당자의 연락처를 제공할 수도 있습니다. 잦은 기술적 오류에 대한 안내 목록을 미리 만들어 제공하면 좋습니다.

- 학습자의 이해도 점검: 학습자들이 내용을 어느 정도 이해하고 있는지를 확인하고 수업의 난이도를 조절하기 위해 다양한 퀴즈와 설문, 이모티콘, 수신호 등을 활용할 수 있습니다.

- 학습 활동의 진행상황 모니터링: 개인 활동(과제 등), 팀 활동(프로젝트, 토론 등)의 진행 상황을 모니터링하고 피드백을 제공할 수 있습니다.

3) 학습자 간 상호작용

COVID-19로 인해 원격수업으로 전환되면서 가장 큰 문제로 지적된 것은 기존에 학교와 교실에서 이루어지던 학생 간 교류가 어렵거나 불가능하게 된 점입니다. 공동체 의식과 정서 교육의 부실이 우려되고 있으며 코로나 블루 등의 우울증을 겪고 있는 학생도 많아진 것으로 나타나고 있습니다. 그동안 원격교육에서는 컴퓨터 지원 협력학습(Computer Supported Collaborative Learning: CSCL)에 대한 많은 학문적 성과를 쌓아 왔으며, 온라인 협업을 지원하는 플랫폼 기술은 원격수업에서 학습자 간 상호작용을 촉진할 수 있는 다양한 원격수업의 형태가 구현 가능하도록 지원합니다. 개정 2015 교육과정 시행 이후 학습자 활동 중심 수업을 위하여 혁신적인 수업 방법으로 거꾸로 학습이 활발히 시도해 왔습니다. 기업에서도 블렌디드 학습, 소셜 학습 등의 새로운 교육 방법이 시도되면서 코로나로 인한 원격수업에서도 단순히 교수자 중심의 강의형 수업이 아닌 다양한 형태로 학습자 간 협력을 촉진하는 활동형 수업에 대한 시도가 활발합니다.

개리슨(Garrison, 1990)은 교육에서 의사소통을 강조하면서 단순히 정보에 접근하는 것으로는 충분하지 않으며, 정보가 학습자에게 의미 있는 지식이 되기 위해서는 학습자 간에 정보를 공유하고, 비판적으로 분석하고 적용하는 교육적 경험이 있어야 한다고 하였습니다. 그는 많은 원격수업 콘텐츠가 미리 구조화되는 과정에서 교육적인 학습경험의 핵심 본질이 무시되고, 학습경험을 더욱 사적인 경험으로 만드는 위험이 있으며, 학습자의 시각과 관점을 발전시키는 기회를 박탈하는 경향을 보인다고 비판하였습니다.

메이(May, 1993)는 원격학습자들이 상호 간 협력의 가치에 대해 부정적인 경향이 있음을 연구하였는데, 특히 여성 학습자들은 고립을 부정적으로 보지 않았고, 상호작용하지 않거나 대화하지 않은 학생들의 경우 상호작용을 원하지 않았다고 밝혔습니다. 신나민(2007)은 메이의 연구 결과와 관련하여 원격수업에서의 물리적·심리적 거리에 대해 학습자와 교수자가 서로 상이한 관점을 가질 수 있음을 강조하였습니다. 교수자가 학습자의 고립을 완화하기 위해 면대면 모임을 원했을 때 학습자들은 부담을 느꼈는데, 학습자들이 원격수업의 가장 큰 장점인 장소와 시간이 주는 이점을 희생하고 싶어 하지 않았다는 것입니다. 상호작용과 관련한 교수자의 관점을 강요하기보다는 학습자의 상호작용에 대한 요구를 정확히 파악할 필요가 있음을 시사합니다.

아이버슨(Iverson, 2005)은 학습자를 집단에 포함시키는 것만으로는 효과적인 협력을 확신하기 어려우므로 명확한 목표와 집단작업 과정, 의사소통에 대한 주의 깊은 모니터링이 필요하다고 하였습니다. 아이버슨과 임정훈 등(2021)이 제시한 원격수업에서의 학습자 간 상호작용 전략은 다음과 같습니다.

- 다양하고 흥미로운 학습자 팀 활동 제공: 원격수업에서도 토론, 토의, 협력수업, 프로젝트 수업, 문제중심수업 등의 다양한 팀 기반의 수업을 설계하여 제공할 수 있습니다. 실시간 원격수

업에는 줌 소회의실 기능을 활용할 수 있고, 비실시간 원격수업 시간에는 토론 게시판과 SNS를 활용할 수 있습니다. 학생들이 적극적으로 참여하도록 활동을 흥미롭게 구성하는 것이 중요합니다.

- 다양한 온라인 협업도구 활용: 팀 학습의 공동 협업 활동을 지원하는 다양한 온라인 도구를 활용합니다. 구글문서 도구, 잼보드, 패들렛, 오케이 마인드맵(OK mindmap), 노션(notion) 등의 다양한 도구는 원격수업에서 학습자들이 원활한 팀 활동을 할 수 있도록 하고, 동시에 교수자는 학생들의 팀 활동 과정을 모니터링할 수 있습니다.

- 학습 결과물의 전체 학습자 공유: 개인 학습이나 팀 학습 활동의 구체적인 결과물을 수업에 참여한 전체 학습자가 공유할 수 있도록 하며 상호 피드백의 기회를 제공합니다.

- 팀 활동 방법과 절차의 구체적인 안내: 팀 활동에서 팀 구성 기준, 팀장 선정 기준, 팀 활동의 단계별 절차와 시간 배분, 참고자료, 활동 양식, 결과물 제출 방법 등은 구체적으로 안내되어야 하며, 팀 활동 과정 중에도 언제든지 참조 가능하도록 제공되어야 합니다.

2. 피드백을 활용한 상호작용 전략

COVID-19 이후 원격수업에 대한 조사에서 교사들은 수업상황에 대해 전반적으로 부정적임에도 불구하고 학생에게 개별 피드백을 제공할 수 있다는 점에 대해서는 긍정적이었습니다. 원격수업에서 온라인 피드백은 기록과 공유, 성찰에 있어서 전통적인 대면수업에서의 피드백보다 그 효과가 클 수 있습니다. 원격수업에서 어려움을 겪는 학습자와의 상호작용을 높이기 위해서도 피드백 전략을 적절히 활용할 필요가 있습니다. 원격수업에서 언제, 어떤 피드백을 어떻게 해야 하는지에 대한 구체적인 전략을 살펴보겠습니다.

1) 피드백의 개념

피드백의 개념은 지속적으로 확장되어 왔습니다. 초기에는 '교사 중심적'인 측면의 피드백이 강조되어 교수·학습이 진행되고 있는 유동적인 시기에 교수·학습 자료, 내용, 방법의 개선을 위해 활용되었지만, 이후 '학생 중심적'인 측면의 피드백이 강조되며 학습 진행과정에서 학생의 현 위치를 정확히 짚어 줌으로써 학습목표와의 간극을 좁힐 수 있도록 학생을 돕는 정보로 활용되어 왔습니다(김성숙, 김희경, 서민희, 성태제, 2015). 헤리티지(Heritage, 2007)는 피드백 영역을 인지적 측면을 넘어 정의적 측면으로 확대하였는데, 피드백을 "학생의 학습에 대하여 교사와 학생이 함께 교류하고 상호작용하는 의사소통 행위"라고 정의하였습니다. 피드백은 학습을 촉진하는 기능을 넘어 학생의 전반적인 성장을 유도하는 활동이라고 할 수 있습니다(지은림 외, 2014).

2) 피드백의 유형

피드백은 다양한 형태로 학생에게 제공할 수 있기 때문에 유형화할 필요가 있습니다. 먼저, 김성숙 등(2015)은 피드백의 목적이 무엇인지에 따라 가치판단 피드백, 교정적 피드백, 스캐폴딩 피드백, 동기유발 피드백으로 구분하였습니다.

- 가치판단 피드백(evaluative feedback): 학생의 수행에 대해 '잘했다'와 같은 칭찬, '노력 요망'과 같은 개선 요구의 피드백 유형입니다. 점수나 등급, 다른 학생과의 비교 형태가 많습니다. 학생의 수행은 요약해 주지만, 학생이 무엇을 어떻게 개선해야 하는지 구체적으로 알려 주지는 못한다는 단점이 있습니다.
- 교정적 피드백(corrective feedback): '잘했다'와' 못했다'의 판단보다는 사실적이고 객관적인 기준에 초점을 두어 피드백하는 유형입니다. 학생이 학습을 수정하고 개선하기 위해 필요한 구체적인 정보를 제공하는 것입니다. 향후 학습에 영향을 미치는 중요한 정보로 왜 맞고 틀린지에 대한 해설을 함께 제공하거나 특정 문제점, 부가 설명, 실연, 보충 설명을 포함하는

피드백을 제공합니다.

- 스캐폴딩 피드백(scaffolding feedback): 학생의 과제수행 중에 제공하는 피드백으로 방향 유지, 과제 지향, 과제 완성의 3개 수준으로 제시할 수 있습니다(McNaughton & Leyland, 1990). 방향 유지(direction maintenance) 피드백은 과제에 대한 관심을 지속시키기 위한 피드백으로 격려, 관심, 주의집중을 유도하는 것입니다. 과제 지향(task orientation) 피드백은 제안·수정을 유도하는 것이고, 과제 완성(task completion) 피드백은 힌트를 주는 등 과제의 특성 부분을 해결하여 과제를 완성하도록 지원하는 피드백입니다. 이 피드백은 학생이 스스로 문제를 해결하게 하여 성취감을 자극한다는 장점이 있습니다.
- 동기유발 피드백(motivational feedback): 학습을 계속 유지하도록 격려하는 피드백으로 긍정적·보상적·동기적 효과를 강조하는 강화를 활용할 수 있습니다.

해티와 팀펄리(Hattie & Timperley, 2007)는 피드백의 초점에 따라 유형화하여 결과에 대한, 과정에 대한, 학생 내면에 대한, 학생 개인에 대한 피드백으로 구분하였습니다. 결과에 대한 피드백은 정답 여부와 함께 오개념, 오류 등을 지적하는 것이며, 과정에 대한 피드백은 문제해결을 위해 활용한 전략이나 절차 등에 대해 정보를 제공하는 것입니다. 학생의 내면에 대해서는 칭찬, 다음 단계의 점검, 자기평가의 적절성에 대한 언급, 자기평가 능력을 키울 수 있는 정보 등을 제공할 수 있습니다. 한편, 개인에 대한 피드백은 가능한 한 피해야 하는데, 구체적으로 무엇을 잘했다, 못했다가 아니라 전체적으로 잘했다, 못했다는 개인에 대한 가치판단 정보가 될 수 있으므로 피해야 합니다.

피드백 유형은 시기에 따라 즉각적 피드백과 지연적 피드백으로 나눌 수 있습니다. 일반적으로 즉각적인 피드백이 효과적인 것으로 알려져 왔지만, 이와 관련된 여러 연구가 서로 상반된 연구 결과를 나타내어 합의에 도달하지 못하였습니다. 다만, 학습자 성취 수준에 따라 우수한 학생은 조금 지연된 피드백이 적절하며, 수업 중 과제수행의 경우에는 즉각적인 피드백이 적절하고, 어려운 과제수행의 경우에는 지연된 피드백이 적절하다고 밝혀졌습니다. 탈하이머(Thalheimer, 2008)는 즉각적인 피드백보다 1~2일 후에 하는 지연적 피드백이 장기적 학습 효과 유지에 적절하다고 하였습니다. 그러나 4일이 지나면 학습 효과가 다시 낮아지기 때문에 피드백을 4일 이상 지체하는 것은 바람직하지 않다고 합니다 (More, 1969). 피드백의 빈도는 새로운 학습과제를 가르치기 시작한 초기 단계, 복잡한 과제, 의존적이거나 자신감이 낮은 학생에게는 빈번하게 제공하는 것이 좋은 것으로 밝혀져 있습니다(김성숙 외, 2015).

3) 피드백의 유의사항

이 외에 피드백을 제공할 때 유의해야 할 사항은 다음과 같습니다(Brookhart, 2007).

- 학습자 개인에 대한 의견보다는 과제, 과정에 초점을 맞추어야 합니다.
- 과제 내용은 준거 참조(절대기준 참조) 피드백을, 수행과정이나 노력에 대해서는 규준 참조(상대기준 참조) 피드백을, 성공적이지 않은 학습자에게는 자기 참조(성장 참조) 피드백을 활용하는 것이 적절합니다.
- 평가나 판단은 하지 말고 설명하는 피드백을 제공합니다. 잘한 부분에 대한 긍정적 피드백을 제공하고, 수행에 대한 부정적인 설명을 해야 할 때는 개선을 위한 긍정적인 제안을 포함하여 제공합니다.
- 학생이 이해할 수 있는 명확한 어휘와 개념을 사용합니다. 학생과 과제에 따라 구체성의 정도를 조정해야 하는데, 무엇을 해야 하는지 학생이 알 수 있도록 구체적이어야 하지만 너무 구체적이지는 않아야 하며, 오류와 오류 유형에 대한 피드백을 주지만 모든 오류를 수정해 주지는 말아야 합니다. 학생과 학생의 수행을 존중하는 단어를 선택하고, 학생이 자신의 학습에 책임감을 가지게 하는 단어를 선택하여 피드백해야 합니다.
- 사실적인 지식은 즉각적으로, 학생들의 사고와 처리에 대한 고찰이 필요하면 지연된 피드백을, 가능한 한 피드백을 자주 제공해야 합니다.
- 우선순위 중 가장 중요한 부분, 목표와 관련된 부분을 먼저 피드백합니다. 가능한 한 대화를 통한 피드백이 가장 좋으며,

과제에 대해서는 서면 피드백, 예시가 필요하면 시연을 활용하여 피드백합니다.
- 개별 피드백, 집단 피드백 중에서 적절한 것을 골라 피드백합니다.

학생주도 피드백은 학생의 자기주도 능력을 기르기 위해 활용할 수 있습니다. 김성숙 등(2015)은 교사나 동료와 같은 타인에게서 받는 외적 피드백 외에도 학생 스스로 자신이 인식하고 학습 개선을 위한 정보를 얻는 과정을 내적 피드백이라고 설명하면서 학생이 스스로 자신의 학습을 성찰하고 모니터링하는 피드백을 활용하면 자신의 학습을 조절할 수 있는 능력이 향상될 수 있다고 하였습니다. 학생주도 피드백은 학습자가 자기 스스로 자기평가를 통해 학습을 개선하기 위한 정보를 찾을 수 있으며, 동료평가를 통해 동료에게서 피드백을 얻을 수 있습니다. 내적 피드백과 학생주도 피드백은 교사 중심의 피드백이 가지는 한계를 극복하여 학습자의 메타인지와 자기주도 학습능력을 길러 주는 데 도움을 줄 수 있습니다.

정의적 영역의 피드백을 효과적으로 하기 위한 방법을 고려할 수 있습니다. 인지적 영역 외에도 학습동기, 효능감 등을 긍정적으로 개선하도록 피드백을 활용할 수 있습니다. 원격수업에 대한 태도를 체크하고 만약 부정적인 태도를 가지고 있다면 이를 개선하기 위한 방안을 모색할 수 있습니다. 원격수업에서 성취도가 높았던 학생의 학습수기 등을 활용하여 태도를 변화시킬 수 있습니다.

4) 원격수업에서의 피드백 방법

원격수업에서 활용할 수 있는 피드백의 방법은 다음과 같습니다
(손지선 외, 2020).

- 이해도 확인을 위한 피드백 방법: 설문 기능을 활용하여 간단한
  퀴즈를 제공할 수 있습니다. 퀴즈에는 수업 영상을 꼭 봐야만
  풀 수 있는 문제를 포함해야 합니다. 퀴즈의 맨 아래 문항에
  는 수업을 수강할 때 떠오른 질문을 적도록 합니다. 질문하는
  학생과 하지 않는 학생, 응답 순서 등을 확인하면 누가 수업에
  어려움을 겪고 있는지, 누가 깊이 있는 질문을 하는지 파악하
  기가 용이합니다. 성취도가 낮은 학생들에게는 더욱 꼼꼼히
  피드백을 제공합니다. 설문을 활용한 질문은 비공개 질문이
  기 때문에 훨씬 다양한 질문이 나올 수 있습니다. 이를 모아
  단원 마무리에 Q&A 영상을 따로 제작하면 학습 효과를 높일
  수 있습니다.
- 학력격차를 줄이기 위한 피드백 방법: 면대면 수업에서는 옆의
  학생들이 해결한 과제를 보고 문제를 해결할 때도 있는데, 원
  격수업에서는 학생들이 내용이나 절차를 모를 때 도움을 받
  을 수 없습니다. 이러한 문제가 지속되면 학생들은 수업을 포
  기하게 됩니다. 때문에 학력이 낮은 학생들이 충분히 해결할
  수 있는 수준의 과제를 제시해야 합니다. 누가 수업에서 도태
  되고 있는지 찾아내기 위해 플랫폼의 저장 기능을 활용할 수

있습니다. 이들에게 보다 세심한 피드백을 제공하고 칭찬과 격려를 제공합니다.

• 과제수행에 대한 피드백 방법: 첨부 문서보다는 게시글 내용에 과제를 바로 올리게 하고 댓글로 바로 피드백을 주는 방법이 더욱 효과적입니다. 단, 알림이 가지 않으므로 피드백을 보도록 알려 줄 필요가 있습니다. 우수한 학생의 과제를 칭찬해 주면서 사례로 활용하며, 이때는 반드시 동의를 구해야 합니다. 학생이 피드백을 보았는지 확인하기 위해 대댓글로 피드백 후기를 작성하도록 안내할 수 있습니다. 토론방 등을 활용하여 과제를 올려 동료들과 결과를 공유하게 함으로써 상호 참조를 촉진할 수 있으며, 동료 피드백과 평가를 진행할 수도 있습니다.

원격수업에서 피해야 하는 피드백은 다음과 같습니다(김혜온, 2007).

• 너무 자세한 피드백
• 자존심을 건드리는 피드백
• 불필요한 설명이 포함된 피드백
• 지나친 칭찬이 포함된 피드백

3. 실재감을 활용한 상호작용 전략

1) 원격수업에서의 실재감

원격수업에서 강조되고 있는 개념 중에 하나는 실재감입니다. 원격수업의 많은 문제 중에서 특히 학습동기나 의욕이 낮은 학생들을 어떻게 원격수업에 몰입할 수 있도록 도울 수 있는가의 문제는 원격수업을 준비하는 교수자라면 모두 고민하는 문제입니다. 실재감(presence)은 여러 영역에서 연구되어 온 주제입니다. 특히 매체와 커뮤니케이션 분야에서 발전되어 왔는데, 그 의미가 다양하게 활용되어 온 까닭에 개념에 대한 명확한 이해가 어려운 주제이기도 합니다. 신나민(2007)은 실재감을 "매체에 의해 중재되지 않았다고 여기는 지각적 환상"이라고 정의하였습니다. 매체에 의해 중재된 커뮤니케이션 상황에 있으면서도 그 매체가 중재하고 있다는 느낌조차 없을 때, 매체를 활용하는 사용자는 실재감을 경험하고 있다고 설명하였습니다.

원격 실재감은 '지리적으로 흩어져 있는 집단의 구성원들이 테크놀로지를 이용하여 갖게 되는 공유된 실재감'으로서 사람과 매체의 소통만이 아니라 사람 간의 소통에서도 구성원 간에 일정한 실재감을 공유할 수 있습니다. 원격수업에서의 문제인 교수자와 학습자, 학습자 간의 '물리적 실재감의 부재'를 극복하기 위해 필요한 경험임을 알 수 있습니다. 사회적 실재감은 원격수업에서 더욱 선호되는 개념으로서 '상호작용에 있어 타자의 존재감이 드러나고, 그 결과 대인관계에서 그 존재감이 지속되는 정도'입니다. 사람들이 멀게 느껴지지 않고, 따뜻하고 친밀하며 가까이 있는 진짜 사람으로 인식되는 정도라고 할 수 있습니다.

사회적 실재감은 매체의 특성, 소통 내용, 이용자의 특성, 소통 경험 등 다양한 요인과 관련이 있는 것으로 연구되고 있습니다. 사회적 실재감은 '친밀성(intimacy)'의 의미로 해석되기도 합니다. 언어적 친밀성은 사적인 이야기로 예 들기, 질문하기, 유머 이용하기 등으로 측정하고 비언어적 친밀성은 몸동작의 정도와 빈도, 미소 짓기, 편안한 자세 취하기 등으로 측정합니다.

교류적 실재감(transactional presence)은 개별 학습자가 교류의 대상에 대해 인지하는 '활용 가능성'과 '연결성'에 대한 감각을 의미합니다. '활용 가능성'은 요구가 있을 때 필요한 것을 얻을 수 있다는 인식 정도, '연결성'은 관련된 주체들 사이에 상보적 관계가 존재한다는 주관적 느낌의 정도를 의미합니다. 원격수업에서 학습자에게 의미 있는 교류 대상은 교수자, 동료, 기관으로서 자신의 원격학습을 조력해 주고 있다고 학습자가 인식하고 느낄 때 원격수업에서 느끼는 고립감을 줄일 수 있음을 알 수 있습니다.

실재감은 상호작용과 밀접하게 관련이 있지만, 실재감이 학습자의 지각에 기초함에 비하면 상호작용은 두 명 이상의 사람들 간 사태나 과정, 상황이라고 할 수 있습니다. 원격수업에서는 상호작용을 무조건 높이는 것이 어렵습니다. 상호작용은 학습자의 직접적인 참여를 필요로 하는데, 이는 학습자의 자율성과 상충될 수 있고, 학습자마다 상호작용의 요구도가 다르기 때문에 어려움이 있습니다. 그러나 실재감은 '연결'되어 있지만 '거리'를 유지할 수 있기 때문에 상호작용보다 효과적으로 활용할 수 있습니다. 면대면 수업에서 교수자 실재감이 성취도와 몰입에 영향을 주는 것처럼 (Spaulding, 1995), 원격수업에서 교수자에 대한 실재감은 학습자의 학업 성취도에 영향을 주었고, 동료에 대한 실재감은 원격학습에 대한 만족도에 영향을 주는 것으로 나타났습니다(Shin, 2003).

2) 원격수업에서의 실재감 전략

신을진(2021)은 『온라인 수업, 교사 실재감이 답이다』라는 책에서 교사 실재감과 관련된 여러 학자의 의견을 종합하며 두 가지 시사점을 제시하였습니다.

첫째는 마틴 부버(Martin Buber)의 만남의 교육철학을 전제하는 교사 실재감 측면으로, 교사가 열린 마음으로 학생들을 대하고 적극적으로 관심을 표현하여 학생들이 교사의 존재감을 경험하게 해야 한다는 것입니다.

둘째는 상호작용을 많이 한다고 교사 실재감이 저절로 생기는 것이 아니기 때문에 교사는 학습 내용을 선정하고, 조직하고, 제시하고, 피드백하는 과정에서 교사의 수업 의도를 학생들이 분명하게 알아차리게 해야 학생들이 이를 경험할 수 있다고 하였습니다. 그는 기존의 교사 실재감 연구를 재구성하여 원격수업에서 교사가 실재감을 높일 수 있는 실천 원리를 다음과 같이 제시하였습니다.

- **연결되는 관계 만들기**: 온라인에서 만나고 학습하는 것이 낯설 뿐만 아니라 심리적 거리감을 느낄 수 있으므로 학생과 적극적으로 연결되는 관계를 만들어야 합니다. 학생들은 연결된다는 느낌을 지니지 못하면 '참여'가 아니라 수업을 '관찰'하거나 '구경'하는 존재가 될 수 있습니다. 학생들을 알기 위해 다양한 방법으로 노력해야 합니다. 학생들의 이름과 학생들의 과제 내용을 자주 언급해 줍니다. 교사도 자신을 개방해야 학생들이 자신을 드러낼 수 있습니다.

- **교사 존재감 나타내기**: 교사가 자신을 학생들을 위해 수업을 준비하고 설계하고 촉진하는 교육적 의도를 지닌 존재라고 드러내는 것입니다. 학생들은 수업에서 교사가 무엇을 중요하게 생각하는지 깨닫게 되고 다른 것으로 대체할 수 없는 교사의 수업에 초대된 느낌을 가지게 됩니다. 대면수업에서 자신의 특징과 장점을 온라인 수업에서도 살리려고 노력해야 합니다. 본인이 원하는 수업을 다양한 방식으로 시도합니다.

- **수업의 흐름 이끌기**: 계획한 수업목표에 도달하기 위해 교사가 수업 내용과 활동을 적극적으로 이끄는 것으로 대면수업에서보다 더 구체적인 전략이 필요합니다. 대면수업보다 학생들의 반응을 파악하기 어려우므로 학생보다 교육과정에 초점을 두기 쉽기 때문입니다. 학생들의 상태, 이해 여부, 흥미 여부 등을 파악하기 위해 의식적으로 노력해야 합니다.

- **피드백으로 다가가기**: 수업 차시의 중간 중간에 이번 학기의 수업 진행, 현재 진행 여부 등을 자주 짚어 주는 것이 필요합니

다. 개별 피드백뿐 아니라 집단 피드백도 유용하므로 게시판, 문자, 화상을 통해 간단한 내용도 주기적으로 안내해야 합니다. 수업 내용이나 과제수행에 대한 개별 피드백의 경우에 학생과의 관계 형성에 집중해서 피드백을 제공합니다. 학생들은 교사의 관심을 확인하고 싶어 하므로 피드백을 중요한 관계 형성의 통로로 활용하여 교사가 학생에게 관심을 두고 있음을 느낄 수 있도록 해야 합니다.

학습활동

❶ 활동명: 원격수업 컨설팅하기

❷ 활동 목적: 원격수업에 대한 교수자와 학습자 간 상호작용, 학습자 간의 상호작용을 촉진할 수 있는 수업전략을 개발할 수 있다.

❸ 활동 절차:

- 4개의 팀으로 구성한다.
- 원격수업에서 어려움을 겪고 있는 교사에 대한 문제중심학습(PBL) 문제를 제공하고 각 팀은 원격수업 담당 부장교사가 되어 제공된 컨설팅 양식을 활용하여 문제를 해결할 수 있는 수업전략을 작성한다.
- 팀장이 발표한다.
- 나머지 팀은 문제를 가지고 있는 해당 교사의 입장이 되어 댓글을 활용하여 질문을 한 가지씩 작성한다.
- 팀은 협력하여 질문에 답을 제시한다.
- 우수한 발표 팀과 우수한 질문을 평가한다.

❹ 원격수업 진행 시 줌의 소회의실 기능, 패들렛을 활용하여 팀 커뮤니케이션, 팀 협업, 팀 평가 및 개별 평가 등을 실시할 수 있다.

⧗ 문제

여러분은 ○○중학교의 원격수업 부장을 맡고 있는 교사입니다. 원격수업에서 문제를 겪고 있는 A 교사가 다음과 같은 내용으로 컨설팅을 요청해 왔습니다. 여러분은 그에게 도움을 줄 수 있는 컨설팅을 제공해야 합니다. 다음 컨설팅 양식을 활용하여 A 교사가 적용할 수 있는 수업 전략을 개발해 보기 바랍니다.

A 교사: 저는 올해 임용되어 새로 교사가 된 ○○○입니다. 1학년 국어과를 맡고 있습니다. 대학에 다닐 때나 임용시험 때 사이버 강의나 인터넷 강의를 수강한 경험이 많아 COVID-19로 인한 원격수업을 준비하며 걱정은 하지 않았습니다. 그러나 대면으로 학생들을 만나지 못한 채 원격수업으로 먼저 만나고 있다 보니 학생들과 친해지지 못하고 있습니다. 줌으로 원격수업을 하고 있으나, 학생들이 수업 때 반응이 없고 저를 잘 보고 있는지 내용을 이해하며 따라오는지도 잘 모르겠습니다. 어떻게 해야 학생들과 적극적으로 상호작용하며 원격수업을 진행할 수 있을까요?

⧖ 수업 컨설팅 양식

과목 정보	_____ 학년 _____ 과목 교사 이름: _____ 컨설턴트 이름: _____ 컨설팅 일시: _____
원격수업의 문제	
원격수업 문제의 원인	
원격수업 문제의 해결방안	

참고문헌

김성숙, 김희경, 서민희, 성태제(2015). 교수·학습과 하나되는 형성평가.
　　서울: 학지사.

김혜온(2007). e-러닝의 심리학적 기반. 서울: 학지사.

손지선, 고유라, 권도희, 김동욱, 박광한, 신윤정, 오소정, 윤효성, 이지
　　영, 차원준, 허도원(2020). 교사가 진짜 궁금해하는 온라인 수업: 실
　　시간 수업에서 온라인 학급 운영까지, 포스트 코로나 교육을 위한 친절
　　한 안내서. 서울: 학교도서관저널.

신나민(2007). 원격교육입문: 기술복제시대 교육에 대한 이해. 경기: 서현사.

신을진(2021). 온라인 수업, 교사 실재감이 답이다: 온라인과 오프라인을 넘
　　나드는 수업 전략. 서울: 우리학교.

임정훈, 김미화, 신진주(2021). 대학 비대면 수업에서 상호작용 활성화
　　를 위한 온라인 교수학습 전략 탐색. 교육정보미디어연구, 27(4),
　　1515-1544.

조미헌, 김민경, 김미량, 이옥화, 허희옥(2020). E-learning 컨텐츠 설계
　　(제4판). 경기: 교육과학사.

지은림, 원효헌, 이선경, 민경석, 강창혁, 손원숙, 김태일(2014). 중학교 자
　　유학기제 평가방안 연구. 한국교육개발원 연구보고, CR 2014-07.

Baker, M. H. (1995). Distance teaching with interactive television:
　　Strategies that promote interaction with remote-site students.
　　In C. Sorensen, C. Schlosser, M. Anderson, & M. Simonson
　　(Eds.), *Encyclopedia of distance education research in Iowa*
　　(pp. 107-115). Ames, Iowa: Teacher Education Alliance.

Brookhart, S. M. (2007). *Expanding views about formative classroom assessment: A review of the literature.* Formative classroom assessment: Theory into practice, 43-62.

Garrison, D. R. (1990). An analysis and evaluation of audio teleconferencing to facilitate education at a distance. *American Journal of Distance Education, 4*(3), 13-24.

Hattie, J., & Timperley, H. (2007). The power of feedback. *Review of Educational Research, 77*(1), 81-112.

Heritage, M. (2007). Formative assessment: What do teachers need to know and do?. *Phi Delta Kappan, 89*(2), 140-145.

Iverson, K. M. (2005). *E-learning games: Interactive learning strategies for digital delivery.* 심미자 역(2006). e-러닝 게임: 디지털 학습을 위한 상호작용 전략. 서울: 아카데미프레스.

May, S. (1993). Collaborative learning: More is not necessarily better. *American Journal of Distance Education, 7*(3), 39-50.

McNaughton, S., & Leyland, J. (1990). The shifting focus of maternal tutoring across different difficulty levels on a problem-solving task. *British Journal of Developmental Psychology, 8*(2), 147-155.

More, A. J. (1969). Delay of feedback and the acquisition and retention of verbal materials in the classroom. *Journal of Educational Psychology, 60*(5), 339-342.

Shin, N. (2003). Transactional presence as a critical predictor of success in distance learning. *Distance Education, 24*(1), 69-86.

Spaulding, C. L. (1995). Teachers' psychological presence on students' writing-task engagement. *The Journal of Educational Research, 88*(4), 210-219.

Thalheimer, W. (2008). *Providing learners with feedback—Part 1. Research-based recommendations for training, education, and e-learning.* Retrieved from https://immagic.com/eLibrary/ARCHIVES/GENERAL/QMARK_UK/Q080402T.pdf.

제13장

원격수업의 유형별 사례

1. 실시간 원격수업의 예시
2. 블렌디드 원격수업의 예시

학습목표

1. 실시간 원격수업의 절차를 설명할 수 있다.
2. 블렌디드 원격수업의 다양한 형태를 나열할 수 있다.

주요 용어

● 블렌디드 학습(blended learning): 혼합형 학습으로 두 가지 이상의 학습 방법을 결합하여 이루어지는 학습이다. 일반적으로 면대면 수업(등교 수업)과 온라인 수업을 결합한 수업 형태이다.

1. 실시간 원격수업의 예시

1) 학습자 참여형 서원대학교 교육학과 실시간 '교수학습 이론' 원격수업

줌을 기본 커뮤니케이션 도구로 활용하여 실시간 원격수업을 진행하며 다양한 학습자 참여형 수업을 구현할 수 있습니다. 구글 문서도구를 활용한 실시간 오프닝 활동, 패들렛을 활용한 실시간 온라인 팀 토의활동, 학습관리 시스템의 토론 댓글을 활용한 실시간 온라인 팀 토론활동, 실시간 대면 · 비대면 하이브리드 활동 수업의 예시를 살펴보겠습니다.

(1) 구글 문서도구를 활용한 실시간 온라인 팀 오프닝 활동 예시

원격수업의 줌을 기본 플랫폼으로 활용하면서 학습자의 활동을 촉진하고 모니터링하기 위하여 구글 문서도구를 활용할 수 있습니다. 구글 문서도구는 온라인에서 협업을 할 수 있는 도구입니다. 구글 문서도구를 저장하고 관리하는 플랫폼으로 구글 드라이브를 이용합니다. 구글 드라이브를 공유 드라이브로 활용할 때는 팀별로 폴더를 생성하여 활용할 수 있습니다. 구글 문서도구는 구글 문서, 구글 스프레드시트, 구글 프레젠테이션, 구글 폼 등의 유형이 있는데, 다양한 온라인 학습 활동의 특성을 고려하여 유형을 결정해야 합니다. 협력적 글쓰기를 지원하기 때문에 구성원들이 집단

지성을 발휘할 수 있으며, 다른 팀의 진행을 모니터링하면서 글쓰기가 가능합니다. 교수자는 전체 학생의 글쓰기 과정을 모니터링할 수 있기 때문에 줌 소회의실 활동에서 전체 모니터링이 어려운 단점을 보완할 수 있습니다. 활동 이력을 확인하거나 작업 중 오류로 문서가 사라지면 문서의 버전 기록을 활용하여 되돌리기를 할 수 있습니다.

① 학습관리 시스템 게시판에 팀 활동 절차 안내하기

어떠한 구글 문서도구를 활용하여 팀 활동을 어떻게 진행하는지에 대하여 공유하기 위해 활동의 절차와 주소를 포함한 안내를 제시합니다.

그림 13-1 학습관리 시스템 게시판에 팀 활동 절차 안내하기

② 협업을 위한 구글문서 도구 준비하기

팀별로 작성 페이지를 미리 할당하면, 모든 팀의 작업을 모니터

링할 수 있습니다. 자신의 팀에 할당된 페이지만 작성하도록 안내
합니다.

그림 13-2 협업을 위한 구글문서 도구 준비하기

③ 협업을 위한 구글문서 도구 공유 설정하기

링크가 있는 모든 사용자 공개로 편집을 가능하도록 설정하면
추가 로그인이 없어도 모두 글쓰기가 가능합니다.

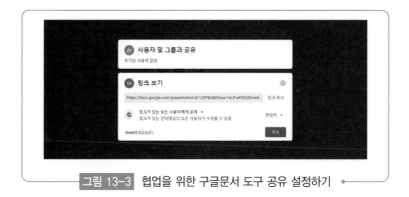

그림 13-3 협업을 위한 구글문서 도구 공유 설정하기

④ 평가를 위한 설문 준비하기

학습관리 시스템의 설문기능, 줌의 설문기능 등을 활용하여 동료평가를 실시할 수 있습니다.

그림 13-4 평가를 위한 설문 준비하기

⑤ 성찰을 위한 설문 준비하기

학습관리 시스템의 설문기능, 줌의 설문기능, 구글 설문 등을 활용하여 성찰활동을 계획할 수 있습니다.

그림 13-5 성찰을 위한 설문 준비하기

⑥ 구글문서 도구로 협업과정 모니터링하기

교수자는 모든 팀의 진행사항을 모니터링합니다. 학습자들도 다른 팀의 진행사항을 확인할 수 있습니다.

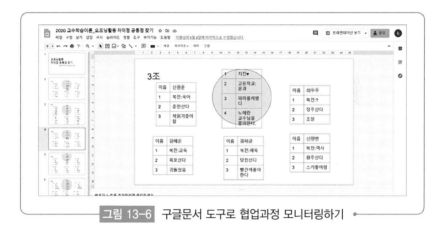

그림 13-6 구글문서 도구로 협업과정 모니터링하기

(2) 패들렛을 활용한 실시간 온라인 팀 토의 예시

패들렛을 활용한 수업의 예시는 줌 소회의실을 병행하여 활용한 수업입니다. 4개 팀으로 학생을 할당하고 칼럼별로 한 팀씩 배정하여 먼저 각자의 문제 경험을 작성하게 하고, 팀별로 1개를 뽑게 하여 색으로 이를 표시하게 하였습니다. 갤러리 워크라는 방법을 적용하여 다른 팀의 대표 게시물을 분석하여 문제와 해결방안을 제시하도록 하였습니다. 각 팀은 다른 팀이 제시한 분석 결과 중에서 가장 우수한 팀을 선택하여 발표하였습니다.

① 학습관리 시스템 게시판에 패들렛 활동 절차 안내하기

학습관리 시스템 게시판에 팀 토의 절차와 패들렛 주소를 공유합니다.

그림 13-7 학습관리 시스템 게시판에 패들렛 활동 절차 안내하기

② 협업을 위한 패들렛 준비하기

팀별 작성 칼럼을 미리 준비합니다.

그림 13-8 협업을 위한 패들렛 준비하기

③ 공유를 위한 패들렛 설정 변경하기

모두 작성이 가능하도록 설정을 변경합니다.

그림 13-9 공유를 위한 패들렛 설정 변경하기 •

④ 협업관리를 위한 패들렛 모니터링하기

교수자는 학습자들의 활동 진행을 모니터링하며 추가 시간 등을 조정합니다.

그림 13-10 협업관리를 위한 패들렛 모니터링하기 •

(3) 학습관리 시스템의 토론 댓글을 활용한 실시간 온라인 팀 토론 예시

대면 토의·토론 학습이 수업 시간에는 주로 언어적·비언어적 의사소통을 활용한다면, 비대면 토의·토론 학습은 실시간 화상 프로그램, 게시판이나 채팅방 의사소통을 활용할 수 있습니다. 매체를 매개한 문자나 음성언어를 통한 의사소통은 대면보다 메시지 전달에 한계가 있으며 의사소통 과정에서 지연 시간이 존재하지만, 심리적 부담에서는 다소 자유로운 장점이 있어(민혜리, 서윤경, 윤희정, 이상훈, 김경이, 2021) 내성적인 학생들의 참여를 높이는데 유리할 수 있습니다. 한편, 개인 공간이 없는 학생이 카페 등에서 줌에 접속하는 경우 화면의 흔들림, 마스크 착용, 잡음 삽입 등으로 토의·토론 수업을 위한 소통에 부정적인 영향을 주는 경향이 있으니 사전 안내가 필요합니다.

대부분의 대학에서 사용하고 있는 학습관리 시스템에는 과목별 토론방 운영이 가능합니다. 다음은 댓글을 활용한 토론수업을 진행하였으며 총 6개 팀으로 운영한 예입니다.

1팀과 2팀, 3팀과 4팀, 5팀과 6팀이 짝이 되어 대립토론을 진행하였습니다. 홀수 팀은 A를 지지하고, 짝수 팀은 B를 지지하도록 하였습니다. 팀장과 부팀장을 선출하도록 하였는데, 그 이유는 대면 토론과 달리 줌 소회의실 활동을 진행하며 팀을 이끌기 위해서는 토의·토론 절차의 숙지, 주제의 숙지, 진행 결정, 진행 관리, 팀원들의 참여 독려, 교수자의 브로드캐스팅 점검, 내용 작성 등 매우 많은 역할을 맡아야 함으로 부팀장을 선출하여 팀장과 역할을 나누도록 안내하였습니다.

입론 단계에서는 근거 2가지를 포함하여 내용을 작성하도록 하고 팀장이 근거를 발표하도록 하였습니다. 반론 단계에서는 질문 2가지를 포함하여 반론글을 댓글로 작성하도록 하고, 다음 단계에서는 모든 팀이 질문 2가지에 대한 반박글을 댓글로 작성하도록 하였습니다. 반박글은 부팀장이 발표하도록 하였습니다. 평가를 위해 자신이 속하지 않은 2개의 짝 팀에서 어느 팀이 더 논리적인 주장을 하였는지 선택하도록 하였습니다.

① 학습관리 시스템 게시판에 활동 절차 안내하기

　학습관리 시스템 게시판에 온라인 팀 토론의 활동 절차를 안내합니다.

그림 13-11 학습관리 시스템 게시판에 활동 절차 안내하기

② 평가 준비하기

토론 내용에 대한 동료평가를 위해 평가항목을 준비합니다.

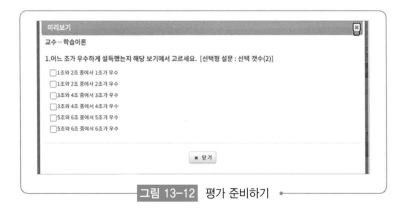

그림 13-12 평가 준비하기

③ 토론 과정 모니터링하기

교수자들은 학습자들의 토론활동을 모니터링하며 추가 시간을 조정합니다.

그림 13-13 토론 과정 모니터링하기

④ 평가 결과 공유하기

학생들의 동료평가 결과를 공유합니다.

활동 3 평가   📄 엑셀(문항별)   📄 엑셀(학생별)   📄 목록

| 1 | 어느 조가 우수하게 설득했는지 해당 보기에서 고르세요. [선택형 설문 : 선택 갯수(2)] |

1조와 2조 중에서 1조가 우수	42.86% (21명 중 9명)	9명
1조와 2조 중에서 2조가 우수	19.05% (21명 중 4명)	4명
3조와 4조 중에서 3조가 우수	33.33% (21명 중 7명)	7명
3조와 4조 중에서 4조가 우수	28.57% (21명 중 6명)	6명
5조와 6조 중에서 5조가 우수	47.62% (21명 중 10명)	10명
5조와 6조 중에서 6조가 우수	28.57% (21명 중 6명)	6명

그림 13-14 평가 결과 공유하기

(4) 줌을 활용한 실시간 대면, 비대면 하이브리드 활동 수업 예시

학교는 COVID-19로 인하여 대면과 비대면 수업 형태를 수시로 급작스럽게 변경해야 하는 상황에 자주 직면하고 있습니다. 비대면의 수업 원칙이 진행되는 동안 '교수학습 이론' 과목은 이론 중심의 콘텐츠 활용 수업과 팀 활동 중심의 줌 수업을 격주로 운영하는 플립러닝 형태의 수업으로 진행하였습니다. 대면수업으로 전환되는 기간에 콘텐츠 활용 수업은 그대로 유지하고, 줌으로 진행하는 팀 활동 중심 수업을 대면수업으로 전환하였습니다. 대면수업에 출석하지 못하는 학생들을 위하여 대면·비대면 실시간 하이브리드 수업을 적용하였습니다. 〈표 13-1〉은 교수학습 이론 중 하이브리드 수업의 주차별 운영 형태입니다.

〈표 13-1〉 하이브리드 수업의 주차별 운영 형태

주		1	2	3	4	5	6	7	8	9	10	11	12	13	14	15
비대면	비실시간	콘텐츠		콘텐츠		콘텐츠		콘텐츠	중간고사	콘텐츠		콘텐츠		콘텐츠		기말고사
	실시간		줌		줌		줌				줌		줌		줌	
대면											교실		교실		교실	

대면 · 비대면 하이브리드 수업이 이루어진 10, 12, 14주차의 경우 등교하지 못하는 학생들을 한팀으로 모아 줌으로 접속하는 방식과 팀에 고르게 배치하여 소회의실 기능을 활용하여 운영하는 방식으로 진행하였습니다.

• 출석하지 못한 학생을 한팀의 온라인 팀으로 구성하는 방식: 등교하지 못하는 학생이 많은 경우에는 이들만 줌으로 접속하게 하고, 빔프로젝트로 이들이 활동하는 모습을 보여 줍니다. 팀토의 시간에는 교실활동에 방해되지 않도록 스피커를 끄고 진행하며, 발표 시 스피커를 켜서 교실의 학생들과 상호작용하도록 합니다. 노트북의 카메라는 교실에 있는 학생들을 비추어 집에서 접속한 학생들도 교실의 상황을 볼 수 있도록 합니다.

그림 13-15 하이브리드 학습환경에서의 소그룹 활동 발표

- 출석하지 못한 학생을 교실 팀에 배정하는 방식: 등교하지 못한 학생이 많지 않거나 대면·비대면 학생 간 교류를 높이기 위해서 사용할 수 있는 방식으로 학생 수에 해당하는 노트북을 준비합니다. 교수자는 노트북을 각 팀에 배치하고 각각의 계정에 접속한 후 소회의실 기능을 활용하여 교수자 계정과 출석하지 못한 학생을 함께 나누어 배정합니다. 노트북에는 교수자의 계정과 학생 계정으로 소회의실을 만들고 이 화면으로 팀 활동을 진행합니다. 교실에 소리의 하울링이 일어나지 않도록 가능한 한 팀의 거리를 띄어서 배치합니다.

2) 미네르바 스쿨의 실시간 원격수업

'교육혁신'이나 '대학혁신'에 관심 있는 사람이라면 '미네르바 스쿨(Minerva Schools)'에 대해 한 번쯤 들어 봤을 것입니다. 캠퍼스 건물이 없고, 100% 온라인 토론식 수업을 진행하며 A, B, C, D, F의 학점평가가 없는 학생 참여형 학습 등으로 대변되는 미래형 대학인 미네르바 스쿨에서의 원격수업 방식을 살펴보고자 합니다(국가과학기술인력개발원, 2018; 이혜정, 임상훈, 강수민, 2019; 전종희, 2021).

(1) 미네르바 스쿨의 온라인 플랫폼

미네르바 스쿨의 모든 수업은 자체 개발된 온라인 '액티브 러닝 포럼(Active Learning Forum)'이라는 플랫폼에서 이루어집니다. 일방적인 강의나 녹화된 온라인 강의를 재생하는 방식이 아닌, 실시간 토론식 세미나 형태의 수업을 의미합니다. (미네르바 스쿨에서는 수업이라고 부르지 않고 세미나라고 부릅니다.)

한 세미나당 13~15명의 학생이 참여하고, 화상을 통해 서로 얼굴을 보고 대화를 주고받으며 세미나를 진행합니다. 액티브 러닝 포럼(active learning forum)에는 '능동적 학습(active learning)'을 돕는 여러 가지 장치가 포함되어 있습니다. 교수의 화면에 수업 시간 동안 어떤 학생이 덜 참여했는지 즉시 표시되는 것이 그 장치 중 하나입니다. 교수는 참여도가 낮은 학생에게 질문을 던지고 보다 적극적으로 참여하도록 유도할 수 있습니다. 학생들은 버튼 하나로 본인의 의견을 O, X로 표시하고, 학생 간의 팀별 활동을 위해 교수는 참여한 학생들의 생각이 어떻게 다른지 그래프 기능을 이용해 화면에 바로 띄워 줍니다. 교수는 같은 의견을 가진 학생들끼리 보고서를 작성하도록 제안합니다. 팀이 된 학생끼리는 팀별로 영상회의를 따로 할 수 있으며, 온라인 협업 도구를 이용해 보고서를 씁니다. 모든 수업은 녹화되고 교수는 녹화된 영상을 바탕으로 정확한 피드백을 줄 수 있습니다. 일반 강의실에서 팀별 활동을 할 때는 서로 자리를 옮기고 누구와 팀을 정하는 것부터 시간이 걸리지만, 미네르바 스쿨에서는 같은 의견을 가진 친구들이 저절로 모이고 구글 닥스 같은 협업도구를 통해 서로 의견을 교환하면서 보고서를 작성합니다.

　학생들의 성적을 평가하는 방식도 기존의 대학 시스템과는 많이 다릅니다(이혜정 외, 2019; 전종희, 2021). A, B, C 같은 점수를 주는 시스템이 아니며, 특히 시험 성적 하나로 학생을 평가하지 않습니다. 모든 시험, 과제, 프로젝트는 오픈북 형태로 제출하며 인터넷에 있는 자료를 참고해서 작성하라고 권유합니다. 왜냐하면 실제 세상에서 우리는 이미 온라인 자료를 참고하고 다른 사람들과 함께 일을 처리하고 있기에 프로젝트를 진행할 때 다른 사람들과 협

〈표 13-2〉 미네르바 스쿨 원격수업 플랫폼 기능

기능	설명
화상기능	• 웹에서 영상, 음성을 이용한 수업을 진행할 수 있도록 지원, 1:N, 1:1로 진행 및 참여자에게 발언권을 부여함
협업문서 작성 및 공유 기능	• 다양한 수업도구를 이용하여 강의, 토론, 그룹토론, 시뮬레이션, 퀴즈, 설문조사, 팀 프로젝트 등의 학습을 진행함
그룹토론 기능	
1:1 피드백 기능	• 공유하고 싶은 화면과 데이터를 공유, 설문·퀴즈 기능을 통해 학습자의 성취도를 확인, 채팅기능을 통해 의견과 질문을 자유롭게 게시함
관리 기능	• 수업 녹화, 학습자 참여 데이터, 시간 트래킹, 학습 결과 등의 정보는 모두 데이터베이스에 축적되어 관리함

출처: 국가과학기술인력개발원(2018).

업하고 다양한 자료를 참고하라고 권유한다고 합니다. 미네르바 스쿨 교수들은 녹화된 수업을 몇 번이고 돌려 보고 학생의 발표, 과제, 프로젝트 등을 종합적으로 고려해 학생을 평가합니다.

2. 블렌디드 원격수업의 예시

1) 비실시간-실시간 블렌디드 형식의 어바나-샴페인 일리노이 주립대학교 온라인 석사학위과정

미국 일리노이 주립대학교 사범대학의 석사학위과정은 온라인으로 진행되는데 매년 수많은 교사를 포함하여 현업에서 일하고 있는 직장인들의 재교육을 목적으로 운영하고 있습니다. 비실시간 원격수업과 실시간 원격수업이 결합된 블렌디드 형식으로 운영됩니다. 비실시간 원격수업을 위해서는 무들(Moodle)이라는 학습 플랫폼에 미리 제작된 교수자의 동영상 강의, 관련 교육자료, 비실시간 토론게시판에 논의 과제를 올려놓은 후 교수자와 전공 조교 한 명이 학습활동을 촉진합니다. 실시간 원격수업은 일주일에 한 번, 약 80분간의 화상수업을 진행합니다. 이때 실시간 화상수업은 Collaborate Web Conferencing(formerly Elluminate Live)이라는 화상수업 도구를 활용하며 매주 실시간 화상수업을 진행할 때는 테크니컬 컨설턴트가 교수자 옆에서 테크니컬 문제와 관련하여 즉각적인 지원을 합니다. 원격수업을 위해서 교수자, 교수활동의 내용적인 지원을 하는 전공 조교, 테크니컬 컨설턴트가 하나의 팀으로 수업을 운영하는 체제입니다.

석사과정이 시작되기 전에 온라인 오리엔테이션을 실시하여 신입생들이 무들과 Collaborate Web Conferencing 플랫폼이나 도구에 익숙하도록 지원합니다.

그림 13-16   온라인 화상회의 시스템인
Collaborate Web Conferencing Elluminate Live 화면

출처: https://www.campusvirtualsp.org/en/elluminate-live.

2) 실시간 형식의 온학교 사이트

초·중·고등학교에서의 원격수업은 지금까지 그리 흔하게 실행되지 않았던 교육 방식입니다. 주로 학교 대면수업을 진행하는 과정에서 해외 전문가의 간접경험을 듣기 위해서나 외국의 학생들과 함께 진행하는 프로젝트를 위한 교류 등에 활용되는 부가적인 학습 방법이었습니다. 그러나 2020년 갑작스럽게 발발한 COVID-19의 영향으로 초·중·고등학교에서 학교에 가지 못한 학생들에게 최소한의 학업을 제공하기 위해 원격수업을 실시하였습니다.

최근 경북교육청이 매일 저녁 7~8시 1일 2교시 초등학생의 학습공백을 최소화하고 학습격차 해소를 위해 '온학교.com'을 개설하였습니다. '온학교'는 '모든 학생을 위한 따뜻한 온라인 학습 공간'이라는 뜻으로 상시적으로 초등학생 학습자가 자기주도적 학습을 할 수 있는 원격학습 지원 플랫폼입니다. COVID-19로 인해 점차 학생들의 학력격차가 커진다는 지적에 초등학교 1~6학년의 국어, 수학, 사회, 과학 교과를 중심으로 하여 저녁 7시부터(1일 2교시·1교시 25분) 실시간 원격수업을 합니다. 실시간 원격수업은 유튜브를 활용하고 실시간 수업에 참여하지 못한 학생들을 위해서 온학교 사이트에 녹화된 수업 영상을 제공합니다. 영어와 통합 교

그림 13-17 온학교.com 홈페이지 화면

출처: https://sites.google.com/sc.gyo6.net/ontact.

과는 콘텐츠와 과제 중심 학습으로 운영합니다.

패들렛, 구글 설문 기능 등을 활용하여 비대면 학습상황에서도 학생들의 참여와 다양한 상호작용을 촉진하기 위한 다양한 학습 활동을 함께 운영하고 있으며 모바일로도 접속이 가능하다고 합니다.

그림 13-18 온학교 유튜브 실시간 수업 화면

출처: https://www.youtube.com/watch?v=Kr68_AZOirI.

3) 비실시간-대면 블렌디드 학습 형식의 숙명여자대학교 원격대학원 과정

숙명여자대학교의 원격대학원은 직장인들의 재교육을 위해 원격으로 운영되고 있습니다. '스노우보드'라는 숙명여자대학교의 플랫폼에 교수자가 녹화된 동영상 파일을 올려놓은 후 비실시간 토론 게시판을 활용하여 학습자들 간의 토론이나 과제 제출이 이루어집니다. 한 학기 동안 한 달에 한 번 학습자들의 학습동기 유발과 교수자와의 상호작용을 촉진하기 위해 면대면 강의를 실시하는 블렌디드 학습이 진행됩니다. 교수자의 동영상 강의는 교수학습센터에서 조교의 지원을 받아 녹화하거나 '콘텐츠 메이커'라는 저작도구를 활용하여 교수자가 직접 제작할 수도 있습니다. 일반적으로 저작도구(authoring tool)는 간단한 카메라와 마이크 그리고 컴퓨터용 소프트웨어 프로그램을 활용하여 동영상 강의나 교육자료 녹화 혹은 화이트보드와 교수자의 영상을 동시에 제작하여 플랫폼에 재생할 수 있도록 녹화, 녹음, 편집을 지원합니다.

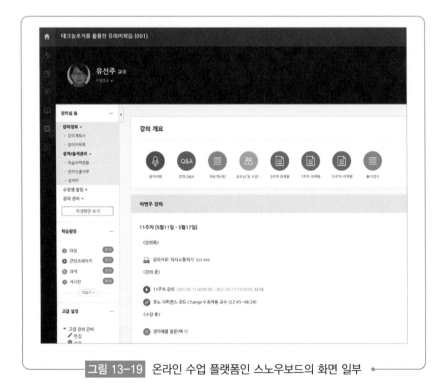

그림 13-19 온라인 수업 플랫폼인 스노우보드의 화면 일부

출처: https://snowboard.sookmyung.ac.kr.

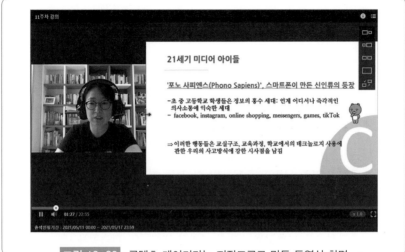

그림 13-20 콘텐츠 메이커라는 저작도구로 만든 동영상 화면

학습활동

1. 미네르바 스쿨은 '세상을 위한 비판적 지혜의 양성'과 '성공하는 학생'의 미션을 바탕으로 혁신적 고등교육을 실천하는 교육 중심 대학입니다. 액티브 러닝 포럼(Active Learning Forum)이라고 불리는 온라인 교육 플랫폼에서 이루어지는 실시간 온라인 수업으로 유명하지만, 우리가 주목해야 할 점은 철저한 역량 중심 교육과정(competency-based curriculum)의 구성과 운영입니다.
비판적 사고하기, 창의적으로 사고하기, 효과적으로 의사소통하기, 효과적으로 상호작용하기 등 4개의 역량군이 학습목표, 학습과정, 학습 결과에 대한 평가 등에 모두 적용되었다고 합니다. 미네르바 스쿨을 조사하면서 앞의 4가지 역량군이 학습목표, 학습과정, 학습 결과에 대한 평가 방법에 어떻게 적용되었는지를 조사 · 분석하여 발표해 봅시다.

2. 국내 사이버대학교나 국외의 원격교육 사이트 중의 1곳을 선정하여 기관의 특징, 학습 플랫폼이나 도구, 교육과정 개발과 운영의 특징, 학습자들의 평가 등을 조사 · 분석하여 발표해 봅시다.

참고문헌

국가과학기술인력개발원(2018). 실시간 온라인교육 플랫폼 개념설계 방안. 비공식 자료. https://www.kird.re.kr/repository/uploadfiles/board/1591746841798.pdf

민혜리, 서윤경, 윤희정, 이상훈, 김경이(2021). 온라인 수업·강의 A2Z. 서울: 학이시습.

이혜정, 임상훈, 강수민(2019). 4차 산업혁명 시대 대학교육 혁신 방안 탐색: 미네르바스쿨 사례를 중심으로. 평생학습사회, 15(2), 59-84.

전종희(2021). 교육중심대학인 미네르바 스쿨 사례를 토대로 한 향후 대학교육 방향 모색 연구. 학습자중심교과교육연구, 21(18), 105-128.

숙명여자대학교 스노우보드. https://snowboard.sookmyung.ac.kr.

온라인 교육 혁명 MOOC(무크)에서 미네르바대학까지. https://www.brainmedia.co.kr/BrainTraining/20863

온학교 실시간 1학년 수학(2월 24일). https://www.youtube.com/watch?v=Kr68_AZOirI.

온학교.com. https://sites.google.com/sc.gyo6.net/ontact.

Elluminate live. Virtual Campus for public Health(VCPH/PAHO). https://www.campusvirtualsp.org/en/elluminate-live.

Moodle. https://moodle.com.

University of Illinois at Urbana-Champaign. https://education.illinois.edu.

찾아보기

▶ 저자 소개

유선주(Yoo, Sun Joo) ─────────────────────
일리노이 주립대학교 어바나-샴페인 인적자원개발학 박사
전 삼성SDS HR 수석컨설턴트
현 숙명여자대학교 특수대학원 초빙대우교수

〈주요 저서〉
Social Networking and Education: Global Perspectives(공저, Springer, 2018)
Encyclopedia of Terminology for Educational Communications and Technology(공저, Springer, 2013)

〈주요 논문〉
Asia-pacific students' awareness and behaviour regarding social networking in the education sector(공동, Journal of Global Information Management, 2019)
Can e-learning system enhance learning culture in the workplace? A comparison among companies in South Korea(공동, British Journal of Educational Technology, 2015)
Motivational support in Web 2.0 learning environments: A regression analysis based on the integrative theory of motivation, volition and performance(공동, Innovations in Education and Teaching International, 2013)

E-mail: sunjooyoo@sookmyung.ac.kr

노혜란(Roh, Hye Lan) ─────────────────────────

한양대학교 교육공학과 박사

전 한양대학교 교수학습센터 책임연구원

현 서원대학교 교육학과 교수

⟨주요 저서 및 역서⟩

교육방법 및 교육공학(공저, 교육과학사, 2018)

교육목표 설계와 평가(공역, 아카데미프레스, 2015)

교육방법 및 교육공학(2판, 공저, 교육과학사, 2012)

구성주의 기반의 교수설계(공저, 한국이러닝산업협회, 2011)

⟨주요 논문⟩

대학생의 모바일러닝 집중도 차이에 따른 학습행태, 만족도에 관한 연구
    (공동, 교육방법연구, 2019)

대학이러닝 학습자의 모바일학습에서 학습행태, 학습스타일, 학업성취도
    에 대한 연구(공동, 교육정보미디어연구, 2019)

가상훈련 콘텐츠를 사용한 온라인 교육의 사례 연구(공동, 실천공학교육논
    문지, 2019)

E-mail: helen@seowon.ac.kr

박미혜(Park, Mi Hye) ──────────────────────────
서울과학종합대학원 경영학 박사 수료
전 CJ인재원 계층교육팀장
현 한스코칭 B2B 솔루션 연구소장

〈주요 저서〉
추락하는 e러닝에도 날개가 있다: e러닝 e렇게 하자(공저, 문음사, 2002)

〈주요 논문〉
하버드 비즈니스 스쿨과 aSSIST 경영대학원의 하이브리드 학습: 공평성,
    협업, 실험, 혁신의 사례연구(공동, 창조와 혁신, 2022)
인터넷과 화상회의를 활용한 원격수업 운영에 관한 사례연구: 네덜란
    드 University of Twente의 코스 운영을 중심으로(공동, 교육공학연구,
    2000)

E-mail: storytellerseojin@gmail.com

원격수업의 설계와 운영

-미래교육을 이끄는 수업 지침서-

Design and Implementation of Remote Instruction

2022년 3월 25일 1판 1쇄 인쇄
2022년 3월 30일 1판 1쇄 발행

지은이 • 유선주 · 노혜란 · 박미혜
펴낸이 • 김진환
펴낸곳 • (주) **학지사**

04031 서울특별시 마포구 양화로 15길 20 마인드월드빌딩
대표전화 • 02)330-5114   팩스 • 02)324-2345
등록번호 • 제313-2006-000265호

홈페이지 • http://www.hakjisa.co.kr
페이스북 • https://www.facebook.com/hakjisabook

ISBN 978-89-997-2656-9 93370

정가 16,000원

출판 · 교육 · 미디어기업 **학지사**

간호보건의학출판 **학지사메디컬** www.hakjisamd.co.kr
심리검사연구소 **인싸이트** www.inpsyt.co.kr
학술논문서비스 **뉴논문** www.newnonmun.com
교육연수원 **카운피아** www.counpia.com